Die
Deutsche Bank

Friedhelm Schwarz ist Autor und Experte für das Thema Machtkonzentration, sei es in der Wirtschaft, sei es in der Politik.

Friedhelm Schwarz

Die Deutsche Bank

Riese auf tönernen Füßen

Campus Verlag
Frankfurt/New York

Bibliografische Information der Deutschen Bibliothek
Die Deutsche Bibliothek verzeichnet diese Publikation in der
Deutschen Nationalbibliografie. Detaillierte biografische Daten sind
im Internet über http://dnb.ddb.de abrufbar.

ISBN 3-593-37212-6

Umschlaggestaltung: mancini-design, Frankfurt am Main
Umschlagmotiv: © Getty Images Deutschland, München
Satz: Satzspiegel, Nörten-Hardenberg
Druck und Bindung: Friedrich Pustet, Regensburg
Gedruckt auf säurefreiem und chlorfrei gebleichtem Papier
Printed in Germany

Inhalt

Einleitung

Die Deutsche Bank hat ein großes Problem: sich selbst. Denn es gelingt ihr nicht, den Mitarbeitern, den Kunden und letzten Endes der gesamten Gesellschaft zu erklären, wer sie ist und wofür sie steht. Das Gebilde Deutsche Bank ist nicht aus einem Guss. Es setzt sich aus zu vielen und zum Teil höchst unterschiedlichen Elementen zusammen, die miteinander, aber auch gegeneinander agieren, die sich eigenständig entwickeln, nach eigenen Prinzipien arbeiten und eigenen Wertesystemen folgen. All das ist nicht kompatibel. Deshalb gelingt es der Deutschen Bank auch nicht, sich selbst schlüssig als ein fertiges Ganzes zu definieren und sich als solches der Öffentlichkeit zu präsentieren.

Wie die großen Kathedralen, die über Jahrhunderte entstanden und nie ganz fertig wurden, ist auch die Deutsche Bank eine dauernde Baustelle. Was das Unternehmen Deutsche Bank in der Gegenwart ausmacht, lässt sich weder aus einer historischen Betrachtung ableiten noch durch eine Momentaufnahme dauerhaft fixieren. Nur der Wandel ist Kontinuität.

Um die Komplexität zu erfassen, mit der man es bei diesem Thema zu tun hat, muss man sich vor Augen führen, dass sich das Gebilde, was Deutsche Bank genannt wird, aus über 2 100 Unternehmen und Beteiligungen zusammensetzt. Sie reichen vom hundertprozentigen Tochterunternehmen bis hin zu Minderheitsbeteiligungen an börsennotierten und nicht börsennotierten Unternehmen. Viele dieser Banktöchter sind ihrerseits wiederum Holding-Gesellschaften, die entweder untereinander oder auch wieder mit anderen Unternehmen verschachtelt sind oder weitere Verschachtelungen halten.

Wahrscheinlich vergeht kein Tag, an dem in diesem Firmenimperium nicht ganze Unternehmen oder Teile einer Gesellschaft gekauft oder verkauft werden oder an dem nicht ein Unternehmen gegründet oder fusioniert wird, seine Rechtsform oder seinen Namen ändert. Wollte man allen Verästelungen, Verzweigungen und Veränderungen auch nur eines Jahres nachspüren, so würde schon allein die Liste der aufzuführenden Namen dieses Buch füllen. Alles ist in ständiger Bewegung und auch in der Deutschen Bank gibt es niemanden mehr, der jedes Detail kennt.

Um dem Leser trotzdem einen Einblick zu geben, finden sich in diesem Buch zehn Abschnitte, in denen die Deutsche Bank jeweils unter einer bestimmten Perspektive betrachtet wird. Es werden Verbindungslinien und Zusammenhänge sichtbar gemacht, sodass am Ende für den Leser doch wieder ein Eindruck vom großen Ganzen entsteht.

Die Geschichte der Deutschen Bank von ihrer Gründung im Jahre 1870 bis in die Gegenwart wird nur kurz abgehandelt. Einerseits gibt es andere Publikationen, die sich ausgiebig und umfassend mit der Geschichte der Deutschen Bank befassen, andererseits bin ich der Ansicht, dass selbst viele Entwicklungen und Veränderungen, die erst nach dem Zweiten Weltkrieg stattfanden, inzwischen schon wieder revidiert worden sind oder durch neue Tatbestände abgelöst wurden.

Gerade in der Zeit, als das Manuskript zu diesem Buch entstand, also seit Herbst 2001, wartete die Deutsche Bank im Abstand von oft nur wenigen Wochen mit immer neuen und zum Teil gravierenden Veränderungen in der Organisation, in der personellen Besetzung und in der Struktur der Beteiligungen auf. Die Verbindungen zur Vergangenheit sind gekappt und gelebte Traditionen wird man nirgends mehr entdecken. Selbst der gerade wieder entdeckte Deutsche Bank Schriftzug und das quadratische Logo wurden erst Anfang der Siebzigerjahre von Anton Stankowski entworfen und haben daher kaum eine historische Dimension.

Noch bis in die Neunzigerjahre hinein spielte der Besitz der Deutschen Bank, speziell ihre Industriebeteiligungen, eine herausragende Rolle in der öffentlichen Diskussion über die Macht der Banken. Auch das hat sich geändert. Einerseits haben sich die einst prall gefüllten Taschen der Deutschen Bank drastisch geleert und sie hat sich von vielen Beteiligungen getrennt oder ist gerade dabei, sich jetzt zu trennen, andererseits werden gerade Industriebeteiligungen in Zeiten einer stagnierenden Wirtschaft neu bewertet und verlieren als Machtfaktoren erkennbar an Bedeutung. Viele Entwicklungen, die noch Mitte der Achtzigerjahre im Brennpunkt der Aufmerksamkeit standen, sind inzwischen an den Rand gedrängt worden. Und selbst Namen wie etwa Flick sind der breiten Öffentlichkeit schon längst nicht mehr allgemein geläufig.

Ein besonderes Augenmerk wird in diesem Buch auf die Organisation und auf die Führung der Deutschen Bank gelegt. Denn gerade hier finden sich zum Teil extreme Unterschiede zu anderen Dienstleistungsunternehmen oder zur produzierenden Wirtschaft. Während zum Beispiel Helmut Maucher, der langjährige Chef des multinationalen Nahrungsmittelherstellers Nestlé, stets davon gesprochen hat, dass für ihn zwar ein Team mit Spitze, aber niemals ein Team als Spitze vorstellbar sei, war genau dies das Modell, mit dem die Deutsche Bank über mehr als 130 Jahre arbeitete. Zweifel an der Funktionsfähigkeit des Kollegialprinzips hat es immer gegeben, nicht ohne Grund wurde es unter Josef Ackermann praktisch aufgegeben.

Bei aller Bedeutung, die in diesem Buch der Organisation beigemessen wird, darf man nicht übersehen, dass sie letzten Endes nur ein Instrument darstellt, das von Menschen bedient wird. Die meisten der Vorstände der Deutschen Bank blieben für die Öffentlichkeit ohne Konturen, und diejenigen, die sichtbar waren, bekamen oft genug klischeehafte Rollen zugewiesen, die sie mehr oder weniger gut ausfüllten.

Noch heute bemüht sich die Deutsche Bank eher ihre Führungskräfte zu verstecken, was bei dem Tempo, mit dem sich das Personalkarussell dreht, auch nicht verwundern dürfte.

Der wichtigste Aspekt zum Verständnis der Deutschen Bank ist sicherlich der Übergang von der industriellen zur nachindustriellen Gesellschaft. Die damit verbundenen gesellschaftlichen und ökonomischen Veränderungen haben sich in keinem anderen Bereich der Wirtschaft so schnell und so gravierend ausgewirkt wie bei den Finanzdienstleistern. Das Thema Größe und Internationalität bestimmt seit 1990 jede Diskussion über die Deutsche Bank. Auch hier wird ein heftiger Schlingerkurs sichtbar, wie ihn kein anderes Großunternehmen zeigt.

Der Aufstieg in die Spitzenposition der verschiedenen Ranglisten erfolgte oft ebenso schnell wie der anschließende Absturz in die Bedeutungslosigkeit. Kein anderes Großunternehmen hat so heftig und so öffentlich darüber diskutiert, wo die Zentrale liegen soll, ob in Frankfurt oder London. Das mag manchen verwundern. Dem internationalen Erfolg Nestlés hat es zum Beispiel nie Abbruch getan, dass die Konzernzentrale im Städtchen Vevey am Genfer See liegt, das nicht einmal über einen eigenen Flughafen verfügt.

Auch innerhalb der Bank gab es ganz wesentliche Verlagerungen und Neugewichtungen. Nicht mehr die Kreditvergabe stand im Mittelpunkt der Aktivitäten, sondern das viel größere Gewinne versprechende Investment-Banking. Damit gerieten nicht nur Strukturen in Bewegung, sondern es änderten sich auch die Wertsysteme, die das Handeln der Mitarbeiter bestimmten. So ist es kein Wunder, dass sich in der Folge auch die Wirtschaftsskandale häuften, in die die Deutsche Bank verwickelt war. Wie in einem riesigen Uhrwerk reichte oft schon die Bewegung eines kleinen Zahnrädchens, um die Zeiger auf eine neue Zeit zu stellen. Und dass für die Deutsche Bank eine neue Zeit angebrochen ist, steht außer Zweifel.

Die Fahne im Wind – Geschichte, aber keine Tradition

Schon wenige Jahre nach ihrer Gründung 1870 wurde die Deutsche Bank zu einem wichtigen Instrument der Industrialisierung. Die Großindustrie brauchte Großbanken, um das Kapital für ihre Projekte zu beschaffen. Eisenbahnen in Deutschland, in Europa und Übersee mussten ebenso finanziert werden wie Erdölraffinerien, Elektrizitätswerke und Stahlkochereien. Diese Entwicklung setzte sich auch nach dem Ersten Weltkrieg nahezu ungebrochen fort und bekam erst mit dem Beginn der nationalsozialistischen Herrschaft eine andere Richtung.

Den größten Teil ihrer Industriebeteiligungen erwarb die Deutsche Bank zwischen den beiden Weltkriegen. Und nach ihrer Restrukturierung im Jahr 1957 setzte sie praktisch nahtlos wieder dort an, wo sie auf Druck der Alliierten 1945 hatte aufhören müssen. Erst 1959, also 89 Jahre nach ihrer Gründung, öffnete sich die Deutsche Bank auch für die weniger vermögenden Privatkunden. Doch blieben die Industriebeteiligungen und dorthin vergebene Kredite noch bis in die Neunzigerjahre hinein die Haupteinnahmequelle der Bank.

Anders als die produzierenden Unternehmen, die oft über mehr als hundert Jahre bis in die Gegenwart von den Ideen der Unternehmensgründer zehren können, die Erfindungen machten, die die Welt veränderten, und die Entwicklung vorantrieben, die Marken schufen, die

Kriege überdauerten und globale Bekanntheit erlangten, war die Deutsche Bank immer nur Wegbereiter für die Ideen der anderen. Ein mächtiger Erfüllungsgehilfe, der Allianzen schmiedete und der nur einem vertraute: der Macht des Geldes. So war es zumindest in den ersten hundert Jahren, nachdem die Deutsche Bank 1870 gegründet worden war.

Die Anfänge – von der Außenhandels- zur Universalbank (1870 bis 1880)

Die Gründung der Deutschen Bank fand weder mit Glanz und Gloria statt, noch wurde sie von der deutschen Wirtschaft jener Zeit besonders beachtet und gewürdigt. Sie war von purer Zweckmäßigkeit bestimmt. Es ging um den »Betrieb von Bankgeschäften aller Art«, insbesondere aber um die »Förderung und Erleichterung der Handelsbeziehungen zwischen Deutschland, den übrigen Europäischen Ländern und überseeischen Märkten.« Bislang lag die Finanzierung des Außenhandels fest in den Händen englischer Banken.

Der erste Geschäftssitz der Deutschen Bank war keineswegs prachtvoll, es handelte sich um Räume in einem nicht gerade repräsentativen Mietshaus in der Französischen Straße in Berlin. Dem Vorstand, damals noch Direktion genannt, gehörten Georg von Siemens, Wilhelm Platenius und Hermann Wallich an. Sie hatten keine große Ahnung vom Bankgeschäft, aber das war nicht so wichtig, denn die Direktion durfte sowieso nicht eigenständig handeln. Das Sagen hatte der 24-köpfige Verwaltungsrat beziehungsweise ein Fünferrat aus diesem Gremium. Dies änderte sich erst mit der Aktienrechtsreform von 1884.

Die Deutsche Bank engagierte sich also vor allem im internationalen Geldverkehr. In den 1880er-Jahren kamen dann ausländische Investitionen hinzu. Das Inlandsgeschäft spielte eine untergeordnete Rolle. Es galt die Regel, hier nur mit dem Kapital zu arbeiten, das gerade nicht im

Auslandsgeschäft gebraucht wurde. Man konzentrierte sich im Inland zunächst auf das Depositengeschäft (Depositen = Einlagen) und dann auch auf Emissionsgeschäfte für preußische Staatsanleihen und Reichsanleihen.

Die tiefen Wurzeln des Geldes – Eisenbahnen, Industrie und Energie (1880 bis 1933)

Wenn man Ende des 19. Jahrhunderts viel Geld verdienen wollte, dann investierte man in Eisenbahnen. Sie ließen alle Wirtschaftszweige aufblühen, indem sie große Mengen von Gütern zur rechten Zeit an den rechten Ort transportierten. Sie schufen die Verbindungen zwischen den Wirtschaftszentren, den Häfen und dem Hinterland. Der Transport über die Straßen bildete auch noch sieben Jahrzehnte später keine adäquate Alternative zur Eisenbahn.

Das erste internationale Großprojekt der Deutschen Bank war 1883 die Beteiligung an der Eisenbahngesellschaft Northern Pacific Railroad Company, die eine Strecke zwischen dem Lake Superior und der Vancouver-Bucht errichtet hat. Und im Herbst 1888 erhielt ein Konsortium unter der Führung der Deutschen Bank die erste Konzession für den Bau und Betrieb der Anatolischen Eisenbahn. Die erste Verbindung zwischen Istanbul und Ankara wurde Ende 1892 eröffnet, der letzte Abschnitt der insgesamt 3 200 km langen Strecke bis Bagdad erst 1940 fertiggestellt. Mit dem Erwerb der Betriebs-Gesellschaft der Orientalischen Eisenbahnen (gemeinsam mit dem Wiener Bankverein) erlangte die Deutsche Bank in 1890 die Kontrolle über die Eisenbahnen im europäischen Teil des Osmanischen Reiches.

Aber die Deutsche Bank war auch durchaus bereit, Risiken einzugehen und in Zukunftstechnologien zu investieren. In Spanien beteiligte sie sich 1895 am Bau verschiedener Elektrizitätswerke und der Elektrifizierung von Straßenbahnen. 1903 erwarb die Deutsche Bank die rumänische Erdölgesellschaft Steaua Romana, reorganisierte diese und gründete die Deutsche Petroleum-Aktien-Gesellschaft (DPAG), eine Holding, in der ihre gesamten Erdölinteressen vereinigt waren.

Der eigentliche Einstieg der Deutschen Bank in das industrielle Gründungsgeschäft erfolgte im Jahr 1887. Durch die Beteiligung an der Gründung der verschiedensten Unternehmen sicherte sich die Bank maßgeblichen Einfluss. So war die Deutsche Bank 1887 bei der Umwandlung der Deutschen Edison Gesellschaft in die Allgemeine Elektricitäts-Gesellschaft (AEG) dabei, 1890 bei der Gründung der Deutsch-Österreichischen Mannesmannröhren-Werke AG und 1897 bei der Umwandlung der Kommandit-Gesellschaft Siemens & Halske in die Siemens AG.

Hermann Wallich, Vorstand der Deutschen Bank von 1870 bis 1894, sagte über Georg von Siemens: »Die Geschäfte, die mein genialer Kollege eingeleitet, standen gewissermaßen auf geschraubten Füßen, absorbierten unsere flüssigen Mittel und lähmten oft unsere Bewegungsfreiheit nach anderer Richtung. Aber das Publikum, wie gesagt, hatte keine Ahnung von unserer schwachen Position, die eingeleiteten waghalsigen Operationen liefen glücklich aus und mein Kollege wurde als Genie gefeiert.« Diese Einschätzung dürfte auch noch für viele der später folgenden Aktivitäten der Deutschen Bank Geltung haben.

Im Jahr 1916 war die Bank bei der Gründung von verschiedenen Schifffahrtsgesellschaften mit im Boot, ebenso bei der Gründung der Mitropa Schlaf- und Speisewagen-Aktien-Gesellschaft und 1917 bei der Universum Film Aktien-Gesellschaft (UFA) sowie der Philipp Holzmann AG.

Nach dem Ersten Weltkrieg boomte das Gründungsgeschäft der Deutschen Bank. Sie beteiligte sich unter anderem an folgenden Unternehmensgründungen: IG Farbenindustrie, Deutsche Lufthansa, Vereinigte Stahlwerke, Vereinigte Oberschlesische Hüttenwerke, Süddeutsche Zucker-AG, Daimler-Benz AG, Zeiss Ikon AG, NSU Vereinigte Fahrzeugwerke AG, Kali Chemie, Maschinenfabrik Buckau R. Wolf und J.D. Riedel – E. de Haen AG.

Zwischen der Inflation 1923/24 und der Weltwirtschaftskrise 1929 bis 1932 wandelte sich das Pech der einen zum Profit der Deutschen Bank. Es wurden nicht nur unzählige Filialen anderer Finanzinstitute geschluckt, sondern auch die Beteiligungen an Produktions- und Handelsunternehmen aufgestockt. So war der Warenhauskonzern Karstadt 1932 und 1933 zu einem hoffnungslosen Sanierungsfall geworden. Die Banken, darunter auch die Deutsche Bank, wandelten ihre Forderungen in Beteiligungen um. In den Fünfzigerjahren stockte die Deutsche Bank dann ihre 10,2-prozentige Beteiligung auf 25 Prozent auf.

Bei der Kölner Schokoladenfirma Gebrüder Stollwerck stieg die Deutsche Bank schon 1923 ein, weil die Nachkommen des Firmengründers eine anstehende Kapitalerhöhung nicht mehr finanzieren konnten. Diese Beteiligung wurde dann in den Sechzigerjahren ebenfalls aufgestockt und das Unternehmen Anfang der Siebziger verkauft.

Auf solche und ähnliche Weise kam die Deutsche Bank auch noch zu Anteilen an den Didier Werken AG, die Feuerfesterzeugnisse herstellte, an der Samtweberei Girmes in Krefeld und an den Lokomotivenfabriken Krauss & Comp. AG und J.A. Maffei AG. Auch die Landmaschinenfabrik Heinrich Lanz AG ging zu einem Teil in den Besitz der Deutschen Bank über, als die Forderungen in Aktien umgewandelt wurden.

Die Komplizenschaft des Geldes und das vorläufige Ende (1933 bis 1948)

Die Deutsche Bank hat zwar eine Geschichte, die untrennbar mit der Deutschlands verknüpft ist, aber sie hat kaum eine Tradition, auf die sie besonders stolz sein kann. Die Bank war immer mit den Mächtigen verbunden und wurde damit stets selbst zu einem Teil der Macht. Besonders fatal wurde diese Verbindung in der Zeit der nationalsozialistischen Diktatur.

Der staatliche Wirtschaftssektor finanzierte sich und die Wiederaufrüstung Deutschlands mit Reichsanleihen über das Bankensystem. Ein fester Bestandteil des nationalsozialistischen Gedankenguts war, dass es »eine freie, das heißt ausschließlich sich selbst überlassene, Wirtschaft heute nicht mehr geben kann«. Dieser eher sozialistische Aspekt wurde und wird immer noch geflissentlich übersehen. Der Wirtschaft und vor allem den Banken wurde in dieser Zeit nur noch eine dienende Funktion zugewiesen.

Wirtschaft und Politik verfolgten nicht mehr unterschiedliche Ziele, sondern bildeten eine Einheit. Für die Deutsche Bank bedeutete das einerseits, sich gegen die Zerstörung der Wirtschaftsordnung zu verteidigen, in der die Existenz von Banken überhaupt sinnvoll ist, sich aber auch andererseits anzupassen und Kompromissbereitschaft zu zeigen. Auch aus diesen Gründen wurde der Hamburger Zigarettenmagnat Philipp Reemtsma in den Aufsichtsrat der Deutschen Bank geholt. Zum einen hatte er eine starke Stellung in der Wirtschaft des »Roten Hamburgs«, zum anderen verfügte er über gute Verbindungen zu Hermann Göring.

Es gehörte bekanntlich zum Programm des nationalsozialistischen Terrorregimes, nicht nur jüdische Unternehmer aus der deutschen Wirtschaft zu vertreiben, sondern auch jüdische Führungskräfte und Arbeitnehmer. Die verharmlosende Bezeichnung dafür war »Arisierung«. Im Jahr 1938 standen immer mehr jüdische Unternehmen zum Verkauf. Die Abwicklung solcher Transaktionen fand meist über Banken statt. Die Zahl der Unternehmensübertragungen, an denen die Deutsche Bank beteiligt war, soll im November 1938 bei rund 330 Unternehmen gelegen haben.

Die Banken, und in diesem Punkt machte die Deutsche Bank keine Ausnahme, gliederten sich nahezu reibungslos in das Netzwerk des nationalsozialistischen Machtapparates ein, sie verdienten nicht nur an der

Arisierung, sondern sie dienten damit auch ganz eindeutig politischen und nicht mehr rein wirtschaftlichen Zielen.

Mit dem Ende des Krieges und mit dem Ende des Nationalsozialismus kam auch das vorläufige Ende der Deutschen Bank. Sie wurde von den Besatzungsmächten 1947 in zehn Teilinstitute zerlegt. Der von Berlin nach Hamburg ausgelagerte Führungsstab der Bank wurde am 30. September 1948 aufgelöst.

Haben statt Sein – Beteiligungen und Besitz geben neue Macht (1948 bis heute)

Bereits 1952 ist alles, was in den 12 Jahren des Tausendjährigen Reichs geschehen ist und in den Akten der Alliierten anschließend dokumentiert wurde, vergangen, vergessen und vorüber. Das gilt zumindest für die Deutsche Bank. Im so genannten Großbankengesetz vom 29. März 1952 werden die Nachfolgeinstitute der Deutschen Bank in drei Aktiengesellschaften zusammengefasst, und zwar in die Norddeutsche Bank AG, Hamburg, die Rheinisch-Westfälische Bank AG, Düsseldorf, und die Süddeutsche Bank AG, München.

Bei der Gründung der drei Nachfolgebanken standen sich die Altaktionäre der Deutschen Bank deutlich besser als die Bundesbürger, die vor der Währungsreform nur Geldvermögen besessen hatten. Das Umtauschverhältnis lag immerhin bei zehn zu 6,25, das heißt, für Altaktien im Wert von 1 000 Reichsmark erhielten sie neue Aktien im Wert von 625 Mark. Zwei Jahre später, Mitte Oktober 1954, notierten die Aktien bei rund 180 Prozent.

Wer also schon vor dem Krieg Aktien der Deutschen Bank besaß, hatte jetzt das nötige Kapital, um ins Wirtschaftswunder zu starten. Die Investitionstätigkeit und die Kreditnachfrage erlebten einen ersten Höhepunkt. Aber nicht nur der Aktienbesitz war so über den Zusammenbruch des

Tausendjährigen Reiches hinweggerettet worden, auch die alten Führungskräfte spielten wieder eine Rolle.

Den Vorstand der Norddeutschen Bank AG bildeten der Sprecher Erich Bechtolf, Karl Klasen und Franz-Heinrich Ulrich, alles Namen, die mit der weiteren Entwicklung der Deutschen Bank eng verbunden sind. Der Vorstand der Rheinisch-Westfälischen Bank AG bestand aus Clemens Plassmann als Sprecher, Oswald Rösler, Fritz Gröning, Hans Janberg und Jean Baptist Rath. Hermann Josef Abs war der Sprecher der Süddeutschen Bank AG und im Vorstand saßen außer ihm noch Robert Frowein, Heinz Osterwind und Walter Tron.

Das einzige wirklich Neue waren die Arbeitnehmervertreter, die in den Aufsichtsräten saßen. Zu jener Zeit war von den Arbeitnehmern noch nicht einmal beabsichtigt, betriebsfremde Vertreter in den Aufsichtsrat zu entsenden. Die Harmonie wurde also durch nichts gestört. Um an die alten Zeiten anzuknüpfen, tagten die Vorstände der Schwesterbanken sogar gemeinsam. De jure existierte zwar noch die Trennung, de facto aber nicht mehr. Dass die Deutsche Bank dann 1957 wieder zu einem Institut zusammenwachsen konnte, war nur noch eine Äußerlichkeit und für das Geschäft ohnehin ohne Bedeutung.

In der Zeit zwischen 1954, dem Beginn des deutschen Wirtschaftswunders, und dem Beginn der Weltrezession 1974 kehrte die Deutsche Bank nicht nur zur alten Größe zurück, sondern erlebte dank günstiger Rahmenbedingungen einen gewaltigen Wachstumsschub. Sie kaufte ein buntes Sammelsurium von Beteiligungen, von der Filmwirtschaft über Reedereien, von Familienunternehmen, Beteiligungen an Energieversorgern wie VEW, aber auch Beteiligungen an der Allianz Versicherung oder an den Horten-Kaufhäusern.

Bei der Zerlegung der Flick Gruppe sicherte sich die Deutsche Bank 29 Prozent des Aktienkapitals der Daimler-Benz AG. Aber natürlich verdiente sie auch am ersten deutschen Börsenboom, der 1958 begann und erst Mitte der Sechzigerjahre abebbte. 1961 führte sie die Platzierung der Aktien bei der Privatisierung der Volkswagen AG und auch 1965 war sie bei der Teilprivatisierung der Veba AG maßgeblich beteiligt. Es war eine Zeit, in der in Deutschland ohne die Deutsche Bank nichts ging – und gegen sie schon gar nichts.

In den Wirtschaftswunderjahren übernahm die Deutsche Bank sehr schnell die Führung der »Deutschland AG« und Hermann Josef Abs wurde zum geräuschlosen Drahtzieher zwischen Wirtschaft und Politik. Doch er war, wie auch die Deutsche Bank selbst, ein Fossil des industriellen Zeitalters, ein »Auslaufmodell«, das an anderer Stelle längst nicht mehr existierte.

Hermann Josef Abs, Jahrgang 1901, wurde bereits 1935 Teilhaber des privaten Bankhauses Delbrück, Schickler & Co. in Berlin. Aber schon nach zwei Jahren wechselte er in den Vorstand der Deutschen Bank und war damit eines der jüngsten Vorstandsmitglieder, die die Bank jemals hatte. Ab 1938 fiel auch die Arisierung jüdischen Vermögens in seinen Aufgabenbereich. 1940 bekam er das erste wirklich wichtige Aufsichtsratsmandat bei I.G. Farben, wo man im großen Stil und mit Wissen aller Führungskräfte KZ-Häftlinge zur Arbeit einsetzte.

Den Alliierten war es ein Dorn im Auge, dass Leute wie Abs auch im Nachkriegsdeutschland wieder eine führende Position einnehmen durften. Doch in der Adenauer-Republik wurde es nicht als Manko angesehen, sich mit dem Dritten Reich arrangiert zu haben. Wer schon in der Zeit vorher Geld, Macht und Ehre hatte, hielt schon bald wieder die Fäden in der Hand. Bereits 1951 beauftragte Konrad Adenauer Hermann Josef Abs damit, in London über die deutschen Auslandsschulden zu verhandeln – mit Erfolg. Seine Finanzdiplomatie verschaffte ihm zumindestens innerhalb der Branche Weltruhm und Anerkennung.

Abs war durchaus ein selbstkritischer Mensch, er wusste jedoch stets zwischen persönlicher und öffentlicher Position zu unterscheiden. Zu seinem 90. Geburtstag sagte er: »Ich habe mich getäuscht, ich habe mich geirrt, ich habe Fehler begangen. Das gehört in den Beichtstuhl, aber nicht in eine öffentliche Erklärung.« Offensichtlich hat Abs nicht nur dort die Absolution erhalten. Denn selbst der Sozialdemokrat Johannes

Rau hängte das Mäntelchen des Vergessens über die dunklen Seiten in der Vergangenheit des Bankiers. Besonders deutlich wurde dies, als Rau 1992 Abs für seine Leistungen als Förderer der Kunst den Staatspreis Nordrhein-Westfalens verlieh, ihn als Patrioten lobte und in seiner Laudatio nur die Lichtseiten im Leben des über Neunzigjährigen hervorhub.

Hermann Josef Abs konnte bis 1967 als letzter Vertreter der alten Ideen in der noch einmal kurz auflebenden Industriegesellschaft Nachkriegsdeutschlands die unbeschränkte Macht des Geldes auskosten. Seine Nachfolger hingegen mussten sich schon bald der Aufgabe stellen, die Deutsche Bank an die Bedingungen der sich schnell verändernden deutschen Gesellschaft und Wirtschaft anzupassen. Zunächst geschah das, ohne alte Positionen aufzugeben, dann mit immer tieferen Eingriffen und Einschnitten. Das erzeugte heftige Reibungen und Widerstände auf allen Ebenen der Bank.

Berührungspunkte zwischen der Deutschen Bank unter Abs und der Deutschen Bank in der Gegenwart gibt es nur noch wenige. Zu unterschiedlich sind inzwischen die Strukturen, die Denk- und Handlungsweisen. Wenn Abs etwas Probleme hätte bereiten können, dann wären es die Gespenster der Vergangenheit gewesen. Aber die wurden 1999 durch die Beteiligung der Deutschen Bank am Entschädigungsfond für ehemalige Zwangsarbeiter während der Zeit des Nationalsozialismus endgültig gebannt. Was heute droht, sind die Gespenster der Globalisierung mit all ihren Risiken und Folgeerscheinungen.

Im Jahr 2002 ist die Deutsche Bank als Universalbank in allen wesentlichen Bereichen des Finanzgeschäfts tätig und beschäftigt weltweit rund 77 400 Mitarbeiter. Sie besitzt insgesamt über 2 100 Beteiligungen im Finanzbereich, an Industrieunternehmen sowie Grundstücks-, Wohnungsbau-, Vermietungs- und Verwaltungsgesellschaften. Die Beteiligungen an Continental, der Deutschen Börse und Buderus wurden mit Gewinn verkauft und der Anteil an Südzucker reduziert. Die wichtigsten Beteiligungen im Nichtbankenbereich sind geblieben, darunter Allianz, Borussia Dortmund, DaimlerChrysler, Heidelberger Zement, Herlitz,

Linde, mg technologies, Phoenix, Vossloh und WMF. Die Zahl der Aufsichtsratsmandate von Vorstandsmitgliedern und dem höheren Management liegt bei rund 200.

Josef Ackermann hat 2002 in wenigen Monaten den Konzern drastisch verschlankt. Er hat es geschafft, die operativen Kosten um 3,8 Milliarden Euro oder 17 Prozent zu senken. Über 11 000 Stellen wurden abgebaut. Damit verbesserte sich die bereinigte Aufwand-Ertrag-Relation von 87 auf 83 Prozent. Obwohl die Erträge von 29,5 auf 26,5 Milliarden Euro zurückgegangen sind, erhöhte sich der Gewinn vor Steuern von 1,8 auf 3,5 Milliarden Euro. Bereinigt von Sondereffekten, vor allem aus dem Beteiligungsverkauf, bleiben 1,9 Milliarden Euro Gewinn gegenüber 2,2 Milliarden ein Jahr zuvor.

Agabu bei der Deutschen Bank – ein Einblick in die Strukturen

Die Deutsche Bank ist als Finanzinstitut Teil einer ganz besonderen Welt, die innerhalb der Wirtschaft und der Gesellschaft nach ganz speziellen Regeln funktioniert. Diese sind nicht jedem vertraut. Darüber hinaus hatte sich aber gerade die Deutsche Bank ein eigenes System mit eigenen Regeln geschaffen, das ihre Macht stärken sollte und durch das sie Macht ausübte. Und für dieses System gibt es auch ein Motto: »Alles ganz anders bei uns« (Agabu).

100 Jahre nach der Gründung der Deutschen Bank tauchte aber das Problem auf, dass genau die Strukturen, Abläufe und Regeln, die die Deutsche Bank zur mächtigsten Wirtschaftsinstitution Deutschlands werden ließen, sich in ihrer Wirkung immer mehr ins Gegenteil verkehrten. Alles, was früher als notwendig und nützlich erkannt worden war, wirkte jetzt kontraproduktiv. Man war lange Zeit so sehr im eigenen Netz der Macht und des Erfolgs gefangen, dass nicht einmal die eigene Betriebsblindheit erkannt wurde.

Über die Macht der Banken ist in den vergangenen Jahrzehnten viel diskutiert worden, bestritten wurde sie nie. Wahrscheinlich haben sich die Quellen der Macht verändert und wahrscheinlich haben sich auch die Interessen, wo und wie Macht ausgeübt wird, verschoben. Aber die Macht der Deutsche Bank besteht nach wie vor und verschafft ihr Handlungsfreiräume, die eben nicht nur als Vorteilsbringer genutzt werden können. Sie können auch so eingesetzt werden, dass sie anderen schaden. Ob das geschieht oder nicht, ist dann nicht mehr nur eine Frage der Macht, sondern der Moral.

Das Regionalprinzip, die Gemeinschaftsverantwortung und das Relationship-Banking bildeten gemeinsam das Fundament, auf dem der Erfolg der Deutschen Bank ruhte. Deshalb haben auch diese Faktoren etwas mit der Macht der Deutschen Bank zu tun. Das wurde bisher von der kritischen Öffentlichkeit übersehen, die sich hauptsächlich auf die Beteiligungen und Aufsichtsratsmandate der Bank konzentrierte.

In der Regionalisierung verbarg sich das Prinzip Macht durch Präsenz. Wie beim Wettrennen von Hase und Igel konnte die Deutsche Bank fast überall in Deutschland sagen: »Ich bin schon da.« Man darf die Wirkung dieser Präsenz keineswegs unterschätzen. Im Privatkundengeschäft ist sie vielleicht noch durch Bankautomaten oder das Internet-Banking substituierbar, nicht aber, wenn es um Geschäftsbeziehungen geht. Die Macht der Präsenz ist ganz eng mit der Macht durch Beziehungen verbunden. Eine Institution kann keine Beziehung aufbauen. Es ist also nicht verwunderlich, wenn von allen drei Säulen des Fundaments das Relationship-Banking heute das wichtigste ist, so wichtig, dass es sich sogar im Organigramm der Bank wiederfindet.

Relationship Management, was gleichbedeutend mit Relationship Banking ist, ist Teil des Geschäftsbereichs Corporate Finance, der wiederum zum Unternehmensbereich Corporate Banking and Securities gehört. Dieser Unternehmensbereich ist neben dem Global Transaction Banking Teil des Konzernbereichs Corporate and Investment Bank, in dem die Deutsche Bank im Februar 2001 ihr globales Investment-Banking-Geschäft und ihr europäisches Firmenkundengeschäft zusammengeführt hat.

Aber auch die Gemeinschaftsverantwortung ist ein Instrument der Macht. Gerade weil sie die Macht der einzelnen Person innerhalb der Organisation schmälert, stärkt sie gleichzeitig die Macht der Institution.

Sie bringt jeden Mitarbeiter in eine Abhängigkeit, die weit über die Rechte und Pflichten des Arbeitsvertrages hinausgeht. Die Bank ist alles, du bist nichts, lautet der Grundsatz. Wer die Bank verlässt, gibt auch seine Identität auf.

Die Gemeinschaftsverantwortung entpersonalisiert die Macht, nimmt sie dem Einzelnen, um sie ihm dann wieder solange zu verleihen, wie er Teil der Institution bleibt. Es ist also nicht verwunderlich, wenn pensionierte Vorstände oder Aufsichtsratsmitglieder ihr Büro in der Bank behalten und dort auch ohne offizielle Funktion Weichen stellen und Entscheidungen zumindest beeinflussen. Ob nun F. Wilhelm Christians noch fast täglich in seinem Büro in der Düsseldorfer Filiale der Deutschen Bank erschien oder ob Hilmar Kopper sogar weiterhin neben einer Villa der Deutschen Bank in direkter Nachbarschaft zur Zentrale lebt, die Verbindung zur Institution bleibt erhalten.

Die Deutsche Bank hat also Macht über ihre Mitarbeiter, weil sie ihnen lebenslange Macht verleiht – solange sie sich nicht von der Bank abwenden. Wer ihr den Rücken kehrt oder in Ungnade fällt, muss sich seine Identität neu erarbeiten. Eine Erfahrung, die bisher nur wenige Führungskräfte machen mussten. Das Ausmaß der Veränderung, die in der Deutschen Bank stattfindet, indem das Prinzip der Gemeinschaftsverantwortung durch Einzelverantwortung abgelöst wird, lässt sich zurzeit noch kaum abschätzen. Es dürfte für die klassischen Banker eine der einschneidendsten Erfahrungen gewesen sein.

Die Türme der Macht stehen in der Provinz

Die Deutsche Bank war im Prinzip noch bis in die Ära von Rolf-E. Breuer hinein keineswegs eine Zentrale mit Filialen, sondern eine Konföderation von weitgehend selbstständig agierenden regionalen Universalbanken, in denen jeweils alle Bankfunktionen, von der Wertpapieradministration bis hin zur Entwicklung eigener, neuer Produkte, vereint waren. Das Einzige, was zentral gemanagt wurde, waren das Going Public und Mergers & Acquisitions, allerdings auch nur bezogen auf Deutschland.

Die eigentlichen Chefs und Entscheider der Deutschen Bank waren die Hauptfilialleiter, sozusagen Vorstände im Miniaturformat. Sie verfügten zwar nur über einen räumlich begrenzten Herrschaftsbereich, dafür war ihre Macht umso größer. Das Sprichwort, lieber in einem Dorf der Erste sein als in einem Königreich der Zweite, beschreibt sehr genau ihre Wirkungsweise.

Nicht Synergien, sondern Wettbewerb bestimmte das Verhältnis der Regionen untereinander. Allein in sieben Hauptfilialen gab es Wertpapierabteilungen, die jeweils über eine eigene technische Infrastruktur verfügten und wo jede für sich genau das tat, was die anderen auch machten. Die Deutsche Bank leistete sich nicht etwa nur Doppelarbeit, sondern gleich sieben Mal dasselbe.

Man darf sich die Deutsche Bank in ihrer Organisationsform zu jener Zeit ruhig so vorstellen wie Deutschland vor der Gründung des Deutschen Reiches. Kirchturmdenken, wohin man blickte, und Ineffizienz hoch sieben. Kein Wunder, dass die Deutsche Bank bis heute als so genannter High-Cost-Producer gilt.

Wenn die Deutsche Bank seit ihrer offiziellen Restrukturierung 1957 wuchs, dann wuchs sie weniger in die Höhe, sondern eher in die Breite. Nicht der Glaspalast in Frankfurt ist das richtige Symbol, sondern ein flacher Hefeteig, der sich aufbläht. Und um diesen formlosen Kloß einigermaßen im Auge behalten zu können, installierte der Vorstand immer mehr Kontroll- und Koordinationsinstitutionen. Ende der Achtzigerjahre umfasste der unproduktive, aber höchst kostenintensive Wasserkopf der Deutschen Bank rund 30 Konzernausschüsse, deren Kompetenzspektrum von der Baufinanzierung bis zum Investment-Banking reichte.

Diese Ausschüsse durften alles regeln, aber nichts bestimmen. Ihre Koordinatoren waren Herrscher ohne Macht. Weder die Hauptfilialleiter noch die Vorstände in der Zentrale waren bereit, etwas von ihren Kompetenzen abzugeben. Die Regel lautete: »Sie dürfen alles entscheiden, sie brauchen mich bloß um Erlaubnis zu fragen.« Und wenn es dann einem der Koordinatoren tatsächlich gelang, sich einzelne Kompetenzen anzueignen, dann teilte man seine Macht einfach auf und stellte ihm einen zweiten Gleichberechtigten für dasselbe Fachgebiet zur Seite.

Die als Koordinatoren tätigen Direktoren mögen vielleicht zahnlose Tiger gewesen sein, genug Brot zum Kauen hatten sie auf jeden Fall. Ihre Jahresgehälter lagen zwischen 500 000 und 800 000 Mark und damit über dem, was Hauptfilialleiter verdienten, aber immer noch etwas unter den Bezügen der Vorstände, die 1989 pro Kopf rund 1,3 Millionen Mark kassierten.

Um nun dieses Chaos in Ordnung zu bringen, fand man eine ganz einfache Lösung: Man schrieb ein dickes Organisationseinheiten-Handbuch, da konnte jeder nachschlagen, wofür er selbst und mit Sicherheit auch noch jemand anderes verantwortlich ist.

Management by No-Responsibility

Da es niemals nur einen einzigen Hauptfilialleiter gab, sondern die Zahl je nach Größe dieser so genannten Kopfstelle zwischen zwei und sechs schwankte, waren auch sie nie persönlich für irgendetwas verantwortlich. Denn auch hier, wie in der gesamten Deutschen Bank, galt das Prinzip der Kollegialverantwortung. Alle für einen, aber nicht einer für alle.

Natürlich trugen auch die Vorstände in Frankfurt keine persönliche Verantwortung. Dort war laut Geschäftsverteilungsplan jeder Vorstand für einen Inlands- und einen Auslandsbereich zuständig sowie für eine ganz bestimmte Funktion, also entweder eine Kundengruppe oder eine Produktgruppe. Wie auf der Filialebene lag auch im Spitzengremium die Gewinnverantwortung nur beim Kollektiv.

Auch wenn die Sprecher der Deutschen Bank nach außen wie Vorstandsvorsitzende agierten, waren sie doch nur Sprecher eines Kollegiums, das nicht mit Stimmenmehrheiten, sondern stets mit Einstimmigkeit Entscheidungen traf. Die Macht der Sprecher war nur von der Institution des Vorstands geliehen. Das heißt weiter, auch für Fehlentscheidungen war nie ein Einzelner verantwortlich und es wurden deshalb auch nie personelle Konsequenzen gezogen. Die große Zahl der Aufsichtsratsmandate blähte zwar die Macht der Deutschen Bank optisch auf, führte aber de facto zu Ineffizienz, zu immer gröberen Fehlern und damit letztlich zu einer Schwächung.

Dass die Deutsche Bank von Kunden und von Wettbewerbern immer weniger respektiert wurde, dass das Vertrauen schwand und sich die Fehlermeldungen häuften, lag nicht allein an ihrem öffentlichen Auftreten, das je nach Sachlage zwischen Trotz und Beleidigtsein, zwischen Arroganz und Ignoranz oder zwischen Selbstmitleid und Verstocktheit schwankte. Es häuften sich zunehmend handfeste Entscheidungsfehler des Vorstands und der Führung insgesamt, die sich nicht nur negativ auf das Image auswirkten, sondern auch auf die Gewinne.

Beziehungspflege als Machtinstrument – Relationship-Banking

Der Begriff Relationship-Banking wird von der Deutschen Bank häufig benutzt. Er ist also offensichtlich von zentraler Bedeutung. Doch was verbirgt sich dahinter?

Beim Relationship-Banking geht es in aller erster Linie darum, dass bestimmte Entscheidungen und Vorgänge von der Sachebene auf die Beziehungsebene verlagert werden. Anschließend werden sie dann wiederum zumindest von einer Seite, und zwar vonseiten der Deutschen Bank, professionell gemanagt. Das so genannte Beziehungsmanagement umfasst die systematische Planung, Steuerung und Kontrolle der Kunde-

Bank-Beziehung, allerdings weniger vonseiten des Kunden als vonseiten der Bank.

Es soll Vertrauen aufgebaut werden, denn, wie der frühere Slogan der Deutschen Bank sagte, Vertrauen ist der Anfang von allem. Dass allerdings Vertrauen gut, Kontrolle aber besser ist, wie Lenin feststellte, merkt der Bankkunde spätestens in dem Moment, wenn er sein Konto überzieht. Relationship-Banking meint also im Grunde weniger ein vertrauensvolles Miteinander, sondern eine raffinierte Verlagerung der Entscheidungsebenen. Relationship-Banking soll beim Kunden das Kosten-Nutzen-Denken durch gute Gefühle ersetzen.

Dass die Bank das Kosten-Nutzen-Denken dabei nicht aus den Augen verliert, darf als selbstverständlich vorausgesetzt werden, ebenso wie kühle Entscheidungs- und Ausleseprozesse, wenn es darum geht, ob jemand noch Kunde ist oder nicht und ob er kreditwürdig ist oder nicht.

Die Grundlage des Relationship-Bankings bildet beim einfachen Privatkunden die so genannte Bankloyalität. Gemeint ist damit Folgendes: Wenn man sich einmal für eine Bank entschieden hat, soll man gefälligst bei ihr bleiben und dort alle Leistungen aus einer Hand beziehen. Was diese Bankloyalität in der Praxis wert ist, hat das Hin und Her im Privatkundengeschäft der Deutschen Bank besonders deutlich gemacht. Der Name für diesen Geschäftsbereich wechselte mancherorts schneller als die Namenschilder, die über der Tür hingen.

Loyalität kann nicht zwischen Menschen und Institutionen wachsen, sondern nur zwischen Menschen untereinander. Und wenn etwas nicht zusammenpasst, dann ist es Loyalität und Personalabbau. Es fällt auch schwer, Loyalität zu vermitteln, wenn Filialen geschlossen und Konten verschoben werden. Im Idealfall soll Bankloyalität dem Kunden den Wechsel von einer Bank zur anderen erschweren. Allerdings hätte die Realität des Privatkundengeschäfts bei der Deutschen Bank, in dem der kleine Kunde nur noch Zählmasse und verschiebbare Menge war, eigentlich eher etwas anderes bewirken müssen. Aber offensichtlich ist die Leidensfähigkeit der Kunden größer als gedacht.

Im Bereich der Firmenkunden ist die Bankloyalität für die Deutsche Bank von ungleich größerer Bedeutung als bei den Privatkunden. Hier taucht der Begriff Hausbank auf. Die Hausbank ist ein Kreditinstitut, mit dem ein Unternehmen den überwiegenden Teil seiner Bankgeschäfte abwickelt. Im Gegenzug bleibt die Hausbank ihrem Kunden treu und unterstützt ihn auch dann, wenn es ihm wirtschaftlich nicht mehr so gut geht. Allerdings hat auch das seine Grenzen.

Und weil das auch die Unternehmen gemerkt haben und die Beziehungsebene in der Wirtschaft im Vergleich zu Facts and Figures eine immer geringere Rolle spielt, geht bei vielen Firmenkunden die Tendenz hin zum Transaction-Banking. Ihnen ist nämlich auch klar geworden, dass gute Beziehungen nur einen unsicheren Wechsel auf die Zukunft darstellen sie in erster Linie durch hohe Gebühren honoriert werden müssen.

Beim Transaction-Banking stehen in erster Linie die Preise und Konditionen zur Diskussion. Der Nutzen, der sich aus einem einzelnen Geschäft ergibt, ist wichtiger als die Hoffnung auf Hilfe in einer ungewissen Zukunft. Aber nichtsdestotrotz hält die Deutsche Bank am Relationship-Banking fest. Schließlich umfasst dieser Ansatz viele zum Teil seit Jahrzehnten geübte Praktiken, auf die man nicht ohne Not verzichten möchte.

Heute ist das Relationship Management oder Relationship Banking offizieller Bestandteil des Geschäftsbereichs Corporate Finance der Deutschen Bank. Definiert wird es im Geschäftsbericht als »Betreuungsansatz im nationalen und internationalen Firmenkundengeschäft«, oder allgemein: »In Kombination mit Produktspezialisten betreuen qualifizierte Firmenkundenberater ausgewählte Firmenkunden in einem definierten Betreuungsmarkt.«

Das Netzwerk der Dankbarkeit – Beiräte

Kein anderes deutsches Unternehmen hat das Instrument der Beiräte mit einer solchen Perfektion ausgebaut wie die Deutsche Bank. Die offizielle Aufgabe der Beiräte besteht darin, die Direktionen der Niederlassungen oder auch der Zentrale bei der Geschäftsführung zu beraten. Das war schon lange vor dem Zweiten Weltkrieg so und wurde nach der Restrukturierung der Deutschen Bank in den Fünfzigerjahren als Tradition fortgesetzt.

Tatsächlich geht es aber bei den Beiräten darum, einerseits Bankkunden geschäftlich stärker an die Deutsche Bank zu binden und andererseits mögliche Neugeschäfte über die Beziehungen zu initiieren. Die Deutsche Bank verfügt über hunderte von Beiräten auf den verschiedenen Geschäftsebenen und das Verzeichnis der Beiräte der größeren Regionen liest sich wie ein Who-is-who der deutschen Wirtschaft, vor allem der mittelständischen Wirtschaft.

Dabei fällt auf, dass Politiker in diesen Gremien im Vergleich zu Beiräten andernorts deutlich unterrepräsentiert sind. Entweder ist ihr Ratschlag nicht so sehr gefragt oder sie werden im Amt zu schnell ausgewechselt. Aber natürlich kann es auch sein, dass sie als Vertreter von Staatsorganen einfach nur finanzschwache Kunden repräsentieren.

Druck machen – auf die überlegene Art

1987 erwarb die Deutsche Bank zunächst 24 Prozent der Unternehmensberatungsgesellschaft Roland Berger & Partner Holding GmbH, stockte diese Beteiligung jedoch zum Ende desselben Jahres auf 75,01 Prozent auf. Natürlich lässt sich mit einer Unternehmensberatung gut Geld verdienen, immerhin wuchs der Umsatz bei Roland Berger jährlich um 18,2 Prozent und der Gewinn sogar um 24,2 Prozent. Aber das war nicht der eigentliche Grund, weshalb Alfred Herrhausen auf dieses Engagement der Deutschen Bank so großen Wert legte.

Er sagte: »Mit der Beteiligung an Roland Berger & Partner wächst uns nun ein zusätzliches Beratungspotenzial zu, wie es in nicht allzu ferner Zukunft als selbstverständlich zur Angebotspalette eines international tätigen Kreditinstituts gehören wird.« Seiner Meinung nach würden Banken sich zu umfassenden multinationalen Dienstleistungskonzernen entwickeln, die über Finanzierungen hinaus als neue Akzente im Relationship-Banking auch Unternehmensberatung anbieten müssten.

Dieses Consulting-Banking ist ein typisches Beispiel für die revolutionären Veränderungen, die Alfred Herrhausen voraussah und auf die er die Deutsche Bank vorbereiten wollte. Doch als dann die Revolution durch Herrhausens Tod so plötzlich wieder zum Erliegen kam, entdeckte man neue Nutzenaspekte. Warum sollten Unternehmensberater nicht auch Bankempfehlungen aussprechen, sozusagen als Vertreter durch die Hintertür?

Angefangen hatte Roland Berger 1967 mit einem Ein-Mann-Betrieb als Roland Berger International Marketing Consultants. Doch schon in den Siebzigerjahren wandelte sich das Unternehmen von einer Marketingagentur in eine Unternehmensberatung. Als die Deutsche Bank dann bei Roland Berger einstieg, konnte dieser zwar durchaus die Türen bei großen Unternehmen öffnen, aber nicht im Mittelstand. Mittelständische Unternehmen haben seit jeher Vorbehalte gegen Berater mit arrogant-besserwisserischen Attitüden und exorbitanten Honoraren.

Deshalb gründeten 1988 Roland Berger & Partner und die Deutsche Bank die Deutsche Gesellschaft für Mittelstandberatung mbH (DGM), die wie Roland Berger auch ihren Sitz in München hatte. Schon kurze Zeit später gingen sämtliche Anteile an die Deutsche Bank. Bei der DGM verwischten sich die Grenzen zwischen der Finanzberatung und der Unternehmensberatung ganz im Sinne der Bank, während bei Roland Berger die Macht der Partner wuchs.

1997 verkaufte Roland Berger nochmals einen 20-prozentigen Anteil an seiner Unternehmensberatung an die Deutsche Bank, deren Beteiligung dadurch auf 95,1 Prozent aufgestockt wurde. Der Preis für dieses Paket soll bei rund 100 Millionen Mark gelegen haben. Rolf-E. Breuer spielte das Engagement der Bank runter. Es sei eine reine Finanzbeteiligung gewesen, die sich wegen der guten Gewinne gelohnt habe. Mehr

Einfluss oder gar eine Instrumentalisierung der Berater wäre damit nicht verbunden gewesen. Ganz so war es wohl nicht.

Denn 1998 kauften die 46 Partner Roland Bergers 90 Prozent der Anteile der Beratungsfirma von der Deutschen Bank zurück. Einerseits heißt es, die Bankbeteiligung hätte nach den restriktiven amerikanischen Bankgesetzen Roland Berger eine Expansion in die USA verboten. Andererseits wollten diejenigen, die die Verantwortung trugen und die Arbeit machten, auch stärker am Gewinn beteiligt werden und nicht nur als Lohnsklaven das Vermögen der Deutschen Bank mehren. So kam es zum Management-Buy-out. Roland Berger selbst schwebte zu der Zeit schon längst über den Dingen.

Er ist unter anderem Aufsichtsrat und Anteilseigner an der WMP EuroCom AG, Berlin. Wie er es selbst einmal definierte, handelt es sich dabei um eine »Bellheim-Organisation auf hohem Niveau«. WMP EuroCom erbringt Beratung für Public Affairs, allerdings nicht mit den Methoden eines Moritz Hunzinger, sondern mit einer so »hochrangigen konzeptionellen und personellen Konstellation«, wie sie es bisher in Deutschland noch nicht gab.

Immerhin ist der Vorsitzende des Aufsichtsrats Hans-Dietrich Genscher, Bundesminister des Auswärtigen a. D., der auch an der Entwicklung der Idee mitgestrickt hat. Außerdem sitzen im Aufsichtsrat Ulf Rittinghaus, Vorsitzender des Vorstandes der Sachsenring Automobiltechnik AG und Peter Danckert, SPD-Bundestagsabgeordneter mit weit reichenden Beziehungen. Auch Ulrich Marseille, einer der maßgeblichen Finanziers der Hamburger Schill-Partei, und Gert Schukies, Sprecher der Deutschen Post World Net AG und Postbank AG, gehören dazu.

Den Vorstand der Gesellschaft bilden Günter Rexrodt, Bundesminister für Wirtschaft a. D. sowie Hans-Erich Bilges, früher Gruner + Jahr, und Hans-Hermann Tiedje, früher unter anderem Chefredakteur von *Bild* und *Bunte*.

In dieser Konstellation ist die WMP EuroCom AG einer der effektivsten Drahtzieher im Netzwerk von Wirtschaft, Medien und Politik. Ein

Kunde, der weniger als eine Viertelmillion Euro pro Jahr auf den Tisch legen kann, braucht sich bei WMP gar nicht erst zu melden. Schließlich arbeitet man unter anderem für den Mineralölkonzern BP und auch für die Übernahme der Ruhrgas AG durch E.on.

Vor diesem Hintergrund ist es nur zu verständlich, dass Roland Berger auch beim früheren nordrhein-westfälischen Ministerpräsidenten Wolfgang Clement auftauchte, um dort in Sachen Mannesmann-Affäre einiges für Ackermann, Esser und Zwickel gerade zu biegen. Und dass selbst Bundeskanzler Gerhard Schröder verlauten ließ, er habe mit Ackermann und Zwickel gut zusammengearbeitet, ist auch nicht besonders verwunderlich, wenn man weiß, dass Roland Berger ein Duzfreund von Schröder ist.

Unter anderem aus diesem Grund wurde auch das Gespräch zwischen Bundeskanzler Schröder sowie den Ministern Eichel und Clement und den Vorständen verschiedener großer deutscher Banken Anfang 2003 ebenfalls von Roland Berger vorbereitet und moderiert.

Roland Berger versteht es, nicht nur in den Medien, sondern immer häufiger in den viel wirksameren persönlichen Gesprächen auf subtile, aber doch überlegene Art Druck auszuüben – ohne jedoch ganz preiszugeben, in wessen Auftrag er gerade handelt, auch wenn die Interessenlage klar ist. Auf jeden Fall hat die Deutsche Bank dank dieser engen Beziehung immer ein paar mehr Asse im Ärmel als andere, wenn es darum geht, die öffentliche Meinung und die Meinung der Entscheider für sich zu mobilisieren.

Darf's ein Pöstchen mehr sein? – Aufsichtsratsmandate

Die Zahl der Aufsichtsratsmandate mag heute bei der Deutschen Bank nicht mehr so groß sein wie in den Fünfziger- und Sechzigerjahren. Aber sie ist immer noch groß genug, um nicht ganz aus den Augen verloren zu werden. Allerdings haben sich auch hier die Verhältnisse gewandelt. Auch wenn die Deutsche Bank in einem Aufsichtsrat sitzt, ist sie noch gestellten Frage »Gehen wir mit der uns jeweils zur Verfügung stehenden Macht denn auch wirklich verantwortungsbewusst um?«

Macht war für ihn ein Phänomen, aus dem man den Aspekt der Moral nicht ausblenden könne. Doch er warnte davor plurale Machtpotenziale wegen irrationaler Missbrauchsbefürchtungen zu ersticken. Denn aus seiner Sicht verschwinde Macht nicht, sie werde nur verlagert. Letzten Endes mündete sein Vortrag immer wieder in der Forderung: »In der pluralen Machtkonstellation unseres Gesellschaftssystems haben auch Banken Macht. Deren diskursiver Behandlung müssen wir uns stellen. Die kritische Prüfung sollte allerdings an Tatsachen, nicht aber an Vorurteilen festmachen. Und alle Maßnahmen – wenn man denn wirklich glaubt, sie ergreifen zu müssen – sollten den Grundsatz beherzigen: ›Respice finem‹ – Bedenken wir das Ende.«

Trotz all dieser aufgeführten Argumente blieb auch bei Herrhausen ein Unbehagen. »Ich glaube, wir haben den richtigen Ton noch nicht gefunden. Vielleicht sind wir noch zu sehr Institut, ja Institution, und zu wenig Person. Manches erscheint mir zu perfekt, zu steril zu sein.« Er hatte offensichtlich erkannt, dass seine Argumente zwar logisch und vernünftig waren, ihnen doch Entscheidendes fehlte.

Zu Herrhausens Zeit gab es zwar schon den Forschungsbereich Behavioral Economics (Verhaltensökonomie), aber er wurde kaum wahrgenommen. Die Verhaltensökonomie befasst sich mit dem Beweis und Nachweis, dass der Mensch sich auch in wirtschaftlichen Fragen nicht vernünftig und logisch verhält. Wenn Herrhausen hätte davon ausgehen dürfen, dass sich alle Führungskräfte in der Deutschen Bank und in den anderen Banken so verhalten würden wie er selbst und so denken würden, wie er es tat, dann wäre seine Beweisführung, dass Macht nicht immer auch Machtmissbrauch bedeutet, richtig gewesen.

Aber genau das war sein Irrtum und sein großer Denkfehler. Andere nutzen und benutzen Macht durchaus auch zu eigenen Zwecken und werden dabei keineswegs nur vom Gemeinwohl geleitet. Dass Macht an sich und Machtausübung ein Lebensmotiv sein kann und nicht nur ein längst nicht die Hausbank des jeweiligen Unternehmens und wird oft nicht einmal bei größeren Transaktionen bevorzugt – auch wenn sie es sich wünschen würde.

Hilmar Kopper behauptete sogar, dass die Bank selbst gar kein Interesse daran hätte, Aufsichtsratsmandate zu übernehmen, sondern das vielmehr die Unternehmen darum bitten würden, um Finanz-Know-how auch im Aufsichtsrat zu etablieren. Vielleicht war diese Äußerung Koppers aber nur eine Momentaufnahme. Als das Firmenkundengeschäft schwieriger wurde, griff auch die Deutsche Bank nach jedem Strohhalm, durch den sich Geschäfte absichern und vielleicht auch neue initiieren lassen würden. Und dazu zählten auch die Aufsichtsratsmandate.

Geballte Meinungsmacht – Depotstimmrecht

Das so genannte Depotstimmrecht oder Vollmachtstimmrecht hat wohl unter allen Instrumenten des Relationship-Bankings die geringsten Auswirkungen. Die Aktionäre können die ihr Depot führenden Banken beauftragen, sie auf einer Hauptversammlung bei Abstimmungen zu vertreten. Dabei können sie den Kreditinstituten konkrete Weisung erteilen, in der Praxis folgen sie aber wohl mehrheitlich den Vorschlägen der Banken.

Das Vollmachtstimmrecht schützt im Prinzip davor, dass auf Hauptversammlungen bei geringer Aktionärspräsenz Zufallsmehrheiten dominieren können und Entscheidungen verabschiedet werden, die nicht im Sinne der Mehrheit der Aktionäre sind. Für die Banken bedeutet das Depotstimmrecht eher eine Möglichkeit, die Beziehung zu Kunden zu pflegen und ihnen die Bedeutung der Bank als zuverlässiger Partner vor Augen zu führen.

Häufig wird vermutet, dass das Vollmachtstimmrecht die Macht der Banken stärken würde. Da aber die Bevollmächtigung nicht im Entscheidungsbereich der Banken liegt, sondern jeweils im Einzelfall von den

Aktionären auch verweigert werden kann, dürfte die sich daraus ableitende Machtposition recht schwach, wenn nicht sogar unbedeutend, sein. Ob Aktionäre tatsächlich die Macht ihrer Bank stärken würden, und das im Zweifelsfall auf Kosten des Unternehmens, an dem sie beteiligt sind, ist höchst zweifelhaft.

Ein bemerkenswertes Interview

Anfang 1994 gab Hilmar Kopper dem britischen Finanzmagazin *Euromoney* ein siebenstündiges Interview, das auf 16 Seiten veröffentlicht wurde. Was er bei diesem Gespräch als Selbstverständlichkeiten zum Besten gab, erschütterte nicht nur den Aufsichtsrat der Deutschen Bank, sondern auch die Öffentlichkeit. Bis heute bleibt dieses Interview daher unvergessen.

Als besonders brisant stellt sich aus heutiger Sicht das Verhältnis zwischen Aufsichtsrat und Vorstand der Deutschen Bank dar. Der Aufsichtsrat greife »überhaupt nicht« in die Führung der Bank ein. »Wir bei der Deutschen Bank haben eine ganz besondere Unternehmenskultur. Sie hat sich im Laufe der Jahrzehnte entwickelt, und beide Gremien halten sich exakt daran. Manchmal frage ich mich: Habe ich Christians auch alles gesagt, was ich ihm hätte sagen müssen? Manchmal vergesse ich etwas, und wenn er es dann aus der Presse erfährt, fragt er schon nach, was da los war. Dann muss ich mich natürlich entschuldigen.

Wenn er jedoch eine konkrete Frage hat, kommt er direkt zu mir. Er erkundigt sich nicht bei einem meiner Kollegen. Ich bin für ihn die entscheidende Kontaktperson ... Eigentlich spreche ich jede Woche mit ihm. Jetzt habe ich ihn zwar seit zwei Wochen nicht mehr gesprochen – ich muss ihn aber unbedingt anrufen. Ich werde es morgen vom Auto aus versuchen, da wir in knapp einer Woche eine Aufsichtsratssitzung haben und ich vorher einige Dinge mit ihm abklären muss.

Neuernennungen von Vorstandsmitgliedern werden traditionsgemäß dem Vorstand überlassen. Wir legen die Entscheidung dann dem Aufsichtsrat zur Genehmigung vor. Bisher hat der Aufsichtsrat noch nie seine Zustimmung verweigert. Ich bin überzeugt, dass der Vorstand die richtige Stelle dafür ist. Wir müssen ja schließlich mit dem Menschen auskommen.«

Ganz offensichtlich hatte die Deutsche Bank das Aktienrecht durch ihre Unternehmenskultur ersetzt. De facto kam die beschriebene Verfahrensweise einer Entmachtung des Aufsichtsrats gleich, der dadurch nicht nur auf Rechte, sondern auch auf die Wahrnehmung von Pflichten verzichtete. Offensichtlich war man bei der Deutschen Bank so harmoniesüchtig, dass man grundsätzlich auf fremdes Gedankengut verzichten wollte.

Auch die Meinung von Kopper über die Mitbestimmung war bemerkenswert. »Wichtige richtungsweisende Maßnahmen sind mit dem Aufsichtsrat zu besprechen. Das geschieht jedoch immer weniger, da in Deutschland die Hälfte der Aufsichtsratsmitglieder Angestellte oder Gewerkschaftler sind. Seit Einführung der Mitbestimmung sind die deutschen Aufsichtsräte lange nicht mehr so kompetent. ... Die meisten Gewerkschaftsmitglieder ... verstehen nichts vom Bankgeschäft. Aber wie kann ich von einem Arbeitnehmervertreter erwarten, dass er meinen Kreditausschuss gut berät? Er mag ja durchaus gewillt sein, aber ihm fehlen einfach die nötigen fachlichen Qualifikationen. ... Es ist alles zu weit gegangen. Wir haben die Mitbestimmung jetzt seit 20 Jahren, und es ist zu spät, eine Änderung herbeizuführen.«

Vom Aufsichtsrat wird nicht erwartet, dass er als Superspezialist alles noch besser kann und jedes Detail besser weiß als der Vorstand oder die diesem nachgeordneten Fachleute. Der Aufsichtsrat soll, wie der Name schon sagt, alles beaufsichtigen, dazu muss er alles wissen. Dass das jedoch bei der Deutschen Bank offenbar nicht so war, zeigt folgender Textabschnitt aus dem Interview:

»Kürzlich sprach ich mit dem Aufsichtsrat über unsere Geschäftsstrategie im Versicherungsgeschäft. Als er (Henning Schulte-Noelle, Allianz-

Vorstandssprecher und Deutsche Bank Aufsichtsrat) den Punkt auf der Tagesordnung sah, bot er mir an, den Raum zu verlassen. Ich sagte: Nein, warum bleiben Sie nicht? Wir haben keine Geheimnisse, und vielleicht können Sie uns ja den einen oder andern wertvollen Tipp geben.«

Hier zeigte sich, dass in diesem Feld die eigentliche Macht weder beim Aufsichtsratsvorsitzenden noch beim Aufsichtsrat selbst lag. Es war der Vorstand, der regierte. Wenn es eine Interessenkollision zwischen Aufsichtstätigkeit und eigener unternehmerischer Tätigkeit gab, dann musste das Aufsichtsratsmitglied die Konsequenzen ziehen und ausscheiden, aber sich nicht seiner Verantwortung entziehen.

Dass Hilmar Kopper auch für seine eigene Aufsichtsratstätigkeit andere Maßstäbe anlegte als die gesetzlich vorgesehenen, zeigen seine Ausführungen über seine Funktion als Aufsichtsratsvorsitzender bei Daimler-Benz. »Wenn man als Vorsitzender mit der Art der Unternehmensführung nicht einverstanden ist, können Sie mit dem Vorstand darüber sprechen. Wenn das zu keinem Ergebnis führt, bleibt Ihnen nichts anderes übrig, als den Vorstand rauszuwerfen und durch neue Leute zu ersetzen. Ansonsten muss man sich auf das verlassen, was sie einem sagen.«

Auf die Frage, ob Kopper die Daimler-Strategie auch schon mal zur Debatte stelle, sagte er: »Ja, das kommt vor. Weniger bei den Sitzungen selbst als davor ... Dem Finanzvorstand von Daimler steht es frei, mit der Bank zusammenzuarbeiten, die ihm die besten Konditionen einräumt – mit Ausnahme von aufsehenerregenden Geschäften wie Bezugsrechtsemissionen.«

Hier verlagerte Kopper seine Kontrolltätigkeit aus dem eigentlich vorgesehenen Gremium heraus in Gespräche, an denen nicht alle Aufsichtsräte teilhaben. Dass es dem Finanzvorstand aus seiner Sicht nicht freistehe, zumindestens bei »aufsehenerregenden Geschäften« mit der Bank zusammenzuarbeiten, gibt ebenfalls zu denken. Denn genau dieser Punkt weckte immer wieder die Kritik an der Fülle der Aufsichtsratsmandate, die bei der Deutschen Bank versammelt sind.

Dass Kopper nicht gern in offiziellen Gremien handelte, sondern lieber eine »Unter-uns-Kultur« pflegt, zeigt auch der nächste Interview-Ausschnitt. »Als Aufsichtsratsmitglied wird man oft privat angesprochen. ... Wenn ein Unternehmen etwas tut, was nach meiner Meinung vollkommen falsch oder dumm ist, würde ich darüber mit dem Aufsichtsratsvorsitzenden unter vier Augen sprechen. Alternativ würde ich mit dem Vorstandsvorsitzenden sprechen und ihm erklären: Ich möchte über diese Angelegenheit nicht öffentlich sprechen, nicht einmal auf einer Sitzung. Ich glaube jedoch, Sie sollten diesen Schritt überdenken.«

Insgesamt ergab sich der Eindruck, dass das deutsche Recht offensichtlich doch nicht für alle zu gelten hat und einige gleicher sind als andere. Was Kopper hier offenbart hatte, war mehr als seine persönliche Meinung. Es war die Politik der Bank, die ihre Maßstäbe offensichtlich nicht aus einer allgemein verbindlichen Gesetzgebung bezog, sondern aus Nützlichkeitsüberlegungen, um Macht und Einfluss nicht zu teilen, sondern für sich zu bewahren.

Wer führt die Deutsche Bank? Die Sprecher zwischen Macht und Ohnmacht

Als 1988 rund 80 000 Menschen in Berlin gegen die Politik der Weltbank demonstrierten, tönte auch der Ruf »Kommt Zeit, kommt Rat, kommt Attentat!« Und wenige Tage nach der Ermordung Alfred Herrhausens am 30. November 1989 durch die Rote Armee Fraktion (RAF) zogen zirka tausend maskierte Demonstranten durch Frankfurt die riefen, »Wer das Geld hat, hat die Macht, bis es unterm Auto kracht!« Niemand hinderte sie daran, aber eine sachliche und seriöse Diskussion über die Macht der Banken war nach diesen Ereignissen lange Zeit nicht mehr möglich.

Dabei war es gerade Alfred Herrhausen gewesen, der den Anliegen einer demokratischen Öffentlichkeit Rechnung tragen wollte, der Macht ohne Verantwortung als nicht legitim betrachtete. Doch es wollte ihm weder die Öffentlichkeit zuhören, noch wollten seine Vorstandskollegen seiner neuen Politik und seinem internen Reformkurs folgen.

Wäre Herrhausen nicht ermordet worden, sähe das heutige Deutschland mit Sicherheit anders aus. Unter der Mitwirkung Herrhausens, ob als Berater des Kanzlers Helmut Kohl oder in einer neuen Funktion im Staat, wäre die deutsche Wiedervereinigung sowohl wirtschaftlich als auch politisch anders verlaufen, und das nicht nur in Nuancen. Das geht auch aus dem Text einer Rede hervor, die Herrhausen am 4. Dezember 1989 in New York halten wollte und die nach seinem Tode in der Wochenzeitung *Die Zeit* veröffentlicht wurde. Dieser Text zeigt, dass Herrhausen bereits zu diesem frühen Zeitpunkt sehr konkrete Vorstellungen darüber hatte, wie eine Wiedervereinigung abzulaufen habe und welche wirtschaftlichen Reformen notwendig seien.

Die Rote Armee Fraktion beabsichtigte, ihre eigene Macht und die Verletzlichkeit des Systems zu beweisen, indem sie einen der wichtigsten Repräsentanten tötete. Weder ihr noch der breiten Öffentlichkeit war damals bewusst, wie tiefgreifend sie damit wahrscheinlich in die Entwicklung Deutschlands eingegriffen hat.

In den Folgejahren wurde von der Deutschen Bank ganz bewusst versucht, die Bedeutung und den Einfluss Herrhausens herunterzuspielen. Hilmar Kopper antwortete schon knapp ein Jahr nach dem Tode Herrhausens auf die Frage, was von ihm bliebe: »Viel. Das Historische Kolleg in München ... die Initiative Ruhrgebiet ... Witten/Herdecke ... Also vielleicht weniger Dinge in der Bank ...« Kein Wort von den Reformen, keines zur politischen Bedeutung Herrhausens.

Diese Haltung entsprach offenbar den Intentionen des Vorstandskollegiums, das sich endlich wieder aus dem intellektuellen Schattendasein befreien wollte, in das es sich in den internen Auseinandersetzungen mit Herrhausen manövriert hatte. Erst mit der Berufung Josef Ackermanns und den von ihm durchgeführten Veränderungen sind Herrhausens Ideen endgültig Wirklichkeit geworden.

Denn alles, was zwischen 1989 und heute in der Deutschen Bank verändert und verbessert wurde, beruhte im Grundsatz auf den Analysen und Plänen Herrhausens. Allerdings wurden diese immer wieder stark verwässert und nur zögerlich umgesetzt. Man ging nicht direkt auf ein Ziel zu, sondern machte Umwege, stolperte in Sackgassen und blieb immer wieder in halbherzigen Kompromissen stecken. Deshalb befindet sich die Bank selbst heute noch in einer inzwischen mehr als 15 Jahre anhaltenden Dauerkrise.

Darüber können weder das Wachstum noch die Erfolge und die in manchen Jahren exorbitant hohen Gewinne hinwegtäuschen. Oft waren sie nur der günstigen Entwicklung der Weltwirtschaft zu verdanken. Die Flut hebt eben alle Schiffe. Viele Probleme waren dagegen eindeutig hausgemacht. Reagieren statt agieren oder regieren – diese Haltung bestimmte das Tagesgeschäft.

Das schmälert allerdings nicht die Bemühungen und Leistungen des Vorstandskollegiums mit seinen immer wieder wechselnden Besetzungen und erst recht nicht die Verdienste von Kopper und Breuer, die die Erfolge und Misserfolge als Vorstandssprecher in der Öffentlichkeit zu vertreten hatten. Was sie repräsentierten und wie sie sich darstellten, formte das Bild der Bank nach innen und außen.

Herrhausen – der mächtigste Mann Deutschlands?

Dass gerade Alfred Herrhausen 1970 Mitglied des Vorstands der Deutschen Bank wurde, war keineswegs ein Zufall. Er stand auch auf der Wunschliste anderer Unternehmen, denn es herrschte überall in Deutschland Aufbruchstimmung, seit der neu gewählte Bundeskanzler Willy Brandt 1969 verkündete: »Wir stehen nicht am Ende unserer Demokratie, wir fangen erst richtig an.« Schnelle und radikale Veränderungen waren typische Kennzeichen jener Zeit und es mangelte an Führungskräften, denen man zutraute, den Wandel erfolgreich zu managen.

Genau deshalb hatte auch die Deutsche Bank schon länger nach einer Persönlichkeit Ausschau gehalten, die, mit einer ganz bestimmten Kombination von Eigenschaften ausgestattet, im eigenen Hause nicht zu finden war: im richtigen Alter, brillant im Denken, offen für Neues, analytisch, lösungsorientiert und mit Blick für die Zukunft, sprachbegabt, machtbewusst, durchsetzungsstark und mit dem Willen, Veränderungen voranzutreiben. Noch wenige Jahre zuvor hätte ein Seiteneinsteiger und selbst ein brillanter Kopf wie Herrhausen keine Chance gehabt, in das erlauchte Gremium aufgenommen zu werden. Das war jetzt anders.

Bis dahin galt es bei der Deutschen Bank als ein Prinzip, »öffentliches Aufsehen« in jeder Form zu vermeiden. Die wachsende Politisierung der Öffentlichkeit machte es nun aber dringend notwendig, dass die Bank neben den Vorstandssprechern, die die klassischen Werte verkörperten, auch jemanden vorzuweisen hatte, der moderne Standpunkte nicht nur formulieren, sondern auch zeitgemäß und glaubhaft vertreten konnte. Dafür war Herrhausen genau der richtige Mann.

Ursprünglich wollte er Philosophie studieren, doch er bekam an der Kölner Universität keinen Platz in diesem Fachbereich, weil die Kriegsheimkehrer zu jener Zeit Vorrang hatten. Nur deshalb wich er auf das Studium der Wirtschaftswissenschaften aus. Herrhausen, Jahrgang 1930, machte 1952 seinen Studienabschluss und promovierte drei Jahre später. Noch im selben Jahr erhielt er eine Anstellung als Assistent des Vorstandsmitglieds der Ruhrgas AG Fritz Gummert, der für ihn zu einem väterlichen Mentor und Förderer wurde.

1955 wechselte Herrhausen dann zu den Vereinigten Elektrizitätswerken Westfalen AG (VEW) in Dortmund. Dort erhielt er bereits im Alter von 29 Jahren Prokura und er bekam die Gelegenheit, ein Jahr in den USA bei der Empire Trust Company in New York eine Fortbildung zu machen. Das war sein erster enger Kontakt mit einer Großbank; in dieser Zeit erwarb er sich Kenntnisse in der Kreditwirtschaft und sein Interesse an den internationalen Finanzmärkten wurde geweckt. 1967, mit 37 Jahren, übernahm Herrhausen als Vorstandsmitglied die Leitung des Finanzressorts der VEW.

Zu jener Zeit wurde F. Wilhelm Christians, Vorstandsmitglied der Deutschen Bank und Aufsichtsrat bei VEW, auf ihn aufmerksam. Von ihm kam die Empfehlung, Herrhausen zur Deutschen Bank zu holen. Herrhausen unterschätzte die Bedeutung von Mentoren in keiner Weise. Sein Vater verhalf ihm zu seiner ersten Anstellung bei der Ruhrgas AG und der Vater seiner ersten Frau zu seiner Position bei VEW. Karriere machte er allerdings anschließend immer durch eigenes Können.

Herrhausen war im höchsten Maße wahrheitsliebend und gleichzeitig auch machtbewusst. Eine ungewöhnliche Mischung. Statt auf Winkelzüge und Tricks setzte er mehr auf Charakter und gegenseitiges Vertrauen. Herrhausen sagte: »Es bedarf des Mutes, unpopuläre Wahrheiten auszusprechen und nicht zu unterdrücken, übertriebene Hoffnungen zu dämpfen und nicht zu stimulieren, keine Versprechungen zu machen, die man hinterher nicht einhalten kann.«

Lorenz Schwegler, der damalige Vorsitzende der Gewerkschaft Handel, Banken und Versicherungen, erinnert sich, dass Herrhausen stets zehn Jahre jünger wirkte, als er tatsächlich war. Wer ihn persönlich kennen lernte, war von seiner Natürlichkeit beeindruckt, weil Herrhausen auf die Posen der Erfolgreichen verzichtete und mit anderen Meinungen ehrlich und direkt umging, vorausgesetzt, dass sie gut begründet waren. Geduld gehörte allerdings nicht zu seinen Stärken.

Über keinen Sprecher der Deutschen Bank wurde so viel psychologisiert wie über Alfred Herrhausen. Man beschäftigte sich sogar mit seiner Jugend und Kindheit. Vielleicht lassen sich aus den daraus gewonnenen Erkenntnissen einige Wesenszüge erklären, aber nicht die Bedeutung, die er für die Deutsche Bank und deren Ausrichtung nach 1989 hatte.

Der wichtigste Aspekt ist vielleicht der, dass es zwischen seiner Innenwirkung und Außenwirkung einen ganz erheblichen Unterschied gab. Journalisten beschrieben ihn als Typ wie Alain Delon, aus Samt und Stahl zugleich. Aus der Ferne wirkte er oft arrogant und durch die Prägnanz und Eindeutigkeit seiner Aussagen kalt und beherrscht. Das machte ihn nicht nur zur Zielscheibe einer ganzen Generation von außerparlamentarischen Opponenten, sondern schließlich auch – als Repräsentant einer verhassten gesellschaftlichen Gruppe – zur Zielscheibe der Roten Armee Fraktion.

Banker ohne »Stallgeruch«

Obgleich Herrhausen schon seit 1985 gemeinsam mit Christians Sprecher der Deutschen Bank war und sie später ab 1988 sogar allein vertrat, hatte er nie den »Stallgeruch« eines echten Deutschbankers. Es war nicht die Bank, die ihm ihre Identität verliehen hat, sondern er war es, der der Bank eine neue Identität gab. Herrhausen galt den traditionellen Deutschbankern jedoch auf Grund seines beruflichen Werdegangs als »Elektriker«. Viele waren der Ansicht, dass er niemals ein typischer Deutschbanker werden würde, weil er nicht aus deren Maschinerie kam und einfach anders dachte. Er war von Anfang an ein Seiteneinsteiger und damit auch irgendwie ein Außenseiter und blieb es bis zum Schluss.

Dabei hatte er schon 1971, als er, statt wie üblich nach drei Jahren bereits nach nur einem Jahr vom stellvertretenden zum ordentlichen Vorstandsmitglied aufrückte, die Verantwortung für das internationale Geschäft in Nord- und Südamerika, Australien und Neuseeland sowie Südafrika, für die Außenhandelsfinanzierung und für volkswirtschaftliche Fragen. Außerdem war er für den Filialbereich Essen, also seinen früheren Wirkungsbereich, zuständig.

Herrhausen besaß einerseits den konservativ-industriellen Background, wie man ihn zu jener Zeit im Ruhrgebiet noch brauchte, um von der Schwerindustrie akzeptiert zu werden. Andererseits verfügte er aber auch über die hohe Flexibilität, um sowohl das internationale Geschäft als auch die politische Funktion, die mit dem volkswirtschaftlichen Bereich verbunden war, zu vertreten. Er war somit in der Lage, eine Brückenfunktion zwischen der Denkweise der alten Industriegesellschaft und der neuen nachindustriellen Gesellschaft einnehmen zu können und prädestiniert dafür, den Übergang zu moderieren.

1982 gehörte Herrhausen zusammen mit Markus Bierich von Bosch zu den Stahlmoderatoren, die von der Bundesregierung beauftragt waren, ein Konzept zur Sanierung der Stahlindustrie zu entwerfen. Politisch beriet Alfred Herrhausen Bundeskanzler Helmut Kohl.

Herrhausen unterschied sich von anderen Topbankern auch dadurch, dass er keine Nebengeschäfte machte, die ihm auf seriöser und legaler Grundlage durchaus möglich gewesen wären.

Dass Alfred Herrhausen nach dem Ausscheiden von Christians aus dem Vorstand der Deutschen Bank alleiniger Sprecher wurde, war keineswegs selbstverständlich. Etliche Vorstandsmitglieder waren mit dieser Regelung nicht einverstanden. Sie wollten bei der Zweier-Lösung bleiben. Deshalb gab es 1987 ein ziemlich zähes und, wie es heißt, für Herrhausen quälendes Ringen und Taktieren um eine einvernehmliche Lösung. Sie wurde letzten Endes zu dem Preis erkauft, dass Herrhausen zwar alleiniger Sprecher sein durfte, aber in seinen Entscheidungsbefugnissen deutlich beschnitten wurde. Seine Außenwirkung wurde zwar noch größer als in den vergangenen Jahren, aber nach innen schränkten seine Vorstandskollegen seine Spielräume deutlich ein und teilten die Macht neu unter sich auf.

Herrhausen hatte als Sprecher der Deutschen Bank keineswegs eine andere Position als seine übrigen Vorstandskollegen und war deshalb auch nicht mit einem Vorstandsvorsitzenden zu vergleichen. Das lässt sich auch daran ablesen, dass er das gleiche Gehalt bezog wie sie, nämlich jährlich rund 1,3 Millionen Mark.

Visionär oder Analytiker?

Herrhausen wird heute gern als »Visionär« bezeichnet, um ihn von seinen Nachfolgern Hilmar Kopper, dem »Pragmatiker«, und Breuer, dem »Moderator«, zu unterscheiden. Dabei wird Vision von manchen Deutschbankern immer noch gern süffisant als Trugbild gedeutet, nach dem Motto: »Wer Visionen hat, sollte zum Arzt gehen.«

Herrhausen als Visionär zu bezeichnen, wird ihm jedoch nicht gerecht. Er war eher ein Analytiker, der bestehende und sich abzeichnende Entwicklungen erkannte und stets bereit war, daraus die Konsequenzen zu ziehen. Unabhängig davon, ob diese für ihn Vor- oder Nachteile brachten. »Die meiste Zeit geht dadurch verloren, dass man nicht zu Ende denkt«, sagte er. Für ihn kam der abgeschlossene Denkprozess vor dem Entschluss zur Tat.

Tagesfragen interessierten Herrhausen dabei weniger. Er fühlte sich eher fürs große Ganze zuständig. Für ihn waren die drei S besonders wichtig: Strategien, Strukturen und Steuerungen. Herrhausen sagte: »Ich habe immer an optimalen Sachlösungen gehangen. Wenn man den Menschen klar, einfach und unmissverständlich, ehrlich und fair sagt, worin das Problem besteht und was man tun muss, um es zu lösen, dann werden sie die Lösung akzeptieren.« Hier irrte er.

Das zeigte sich auch bei seinen Vorträgen, die bis aufs i-Tüpfelchen hervorragend formuliert und meist von schneidender Logik waren. Trotzdem verfehlten sie in der Breite oft ihre Wirkung oder wurden sogar bewusst missverstanden. Was fehlte, war das Zugeständnis, dass eben nicht alle Menschen perfekt waren, nicht sein konnten oder sein wollten und dass nicht alle Menschen wie er, Herrhausen, zumindest im Beruf und im Geschäft als homo oeconomicus funktionierten. Kurz: Es fehlte das Emotionale.

Herrhausen wusste durchaus um die Möglichkeit, sich der öffentlichen Kontrolle zu entziehen, indem bestimmte Tatsachen nicht mehr kommuniziert würden. Doch genau das wollte er vermeiden. Einen geschlossenen Führungsklüngel, der Informationen für sich behielt oder zumindest daraus nicht die richtigen Konsequenzen zog, der also vielmehr eigeninteressengesteuert war, entsprach nicht seinem Gesellschaftsmodell. Herrhausen hatte den Mut, Geltendes infrage zu stellen, selbst wenn es die behagliche Ordnung und Ruhe zu stören drohte. Er war ein Außenseiter, der sich dem Zwang unterworfen sah, fehlerfrei zu denken. Das hat er auch in verschiedenen Vorträgen immer wieder betont.

Herrhausen sah eine Gefahr darin, dass Freiheit und Wohlstand schleichend demontiert werden könnten, indem man Fehlentwicklungen einfach verschwieg. Er hielt es für notwendig und für ein Gebot der

Vernunft, die Öffentlichkeit darauf vorzubereiten, dass die Bäume nicht in den Himmel wachsen. Seiner Meinung nach war es illusionär, anzunehmen, dass eine Gesellschaft unaufhaltsam Wachstumsraten produzieren könnte.

Herrhausen erkannte jedoch auch eine gewisse Art von Robotismus, ein rein mechanisches Beibehalten vorhandener Vorgehensweisen. Das größte wirtschaftspolitische Unglück wäre für ihn ein Rückfall in eine staats-interventionistische zentral geplante Wirtschaft gewesen. Es wäre aus seiner Sicht dadurch nicht mehr, sondern weniger Freiheit entstanden.

Die Deutsche Bank und die Macht

Bereits 1974 hielt Herrhausen Vorträge, in denen er sich offen zur Macht der Deutschen Bank bekannte. Damit setzte er sich deutlich von der bis dahin praktizierten Verschleierungstaktik der Bank ab. Herrhausen versuchte stets, die vorhandene Spannung zwischen Macht und Moral aufzuheben und eine akzeptable Antwort auf die Frage nach der Machtlegitimation zu geben. In seinen Vorträgen folgte er im Prinzip immer denselben Grundgedanken, auch wenn er sie überarbeitete und aktualisierte:

Er überprüfte den Wahrheitswert der Aussage, dass Banken »besonders mächtig« seien. Meist war dies nicht anerkennend gemeint. Er zerlegte das Problem in zwei Bereiche. Er stellte zum einen die Frage nach der Funktionalität, das heißt, welche Erfordernisse zu erfüllen seien, welche Fehler gemacht würden und ob die Leistungsfähigkeit einer Institution gesichert sei. Und er stellte zum anderen die Frage nach der Akzeptanz, nach den normativen Maßstäben und der Legitimation.

Die Funktion stellte kein Problem dar, es ging eher um die Legitimation. Selbst 1989 kreiste die Diskussion aus der Sicht Herrhausens thematisch noch immer um die gleichen Stichworte wie schon vor zehn oder zwanzig Jahren. »Wenn von Macht die Rede ist, klingt immer gleich der Verdacht des Machtmissbrauchs durch. Die Feststellung, ja selbst die Vermutung gesellschaftlicher, wirtschaftlicher, politischer Macht scheint die umstandslose Verurteilung gleich mitzuliefern. Sie ruft quasi selbstverständlich nach Kritik.«

Macht war für Alfred Herrhausen die Möglichkeit, gesellschaftliche Prozesse im Sinne eigener Zielsetzung zu beeinflussen. Er sah eine pluralistische Gesellschaft mit ausdifferenzierten Einflussebenen und einer großen Zahl selbstständiger Machtzentren vor sich. Man habe in der Bundesrepublik eine Vielzahl von autonomen Machtträgern, deren Einfluss und Gestaltungsvermögen an den Grenzen der jeweils anderen endet. So ergab sich für ihn eine Machtbalance als gesellschaftspolitisches Ordnungsmodell, in dem auch die Banken ihren Platz hätten, ebenso wie andere wirtschaftliche, soziale, kulturelle oder politische Gruppierungen.

Herrhausen ließ jedoch durchaus die Frage zu, ob nicht einzelne Machtzentren ein zu großes Einfluss- und Gestaltungspotenzial hätten. Bei einer solchen Frage gehe es jedoch nicht um die Macht als solche, sondern um ihr Ausmaß. Er wandte sich dann in der Regel verschiedenen Bankfunktionen zu, zum Beispiel der Kreditvergabe. Aus seiner Sicht war die »Kreditkompetenz nicht Ausdruck von Macht, sondern Ausdruck von gesetzlich aufgetragener Funktion, die wir wahrnehmen müssen, so lange es das Gesetz gibt.« Schließlich würde die Bank treuhänderisch das Geld ihrer Anleger verwalten. Nicht sie begründe also die Kreditwürdigkeit eines Kreditnehmers, sondern dieser selbst.

Auch zum Thema Depotstimmrecht äußerte sich Herrhausen im Zusammenhang mit der Bankenmacht. Die Problematik hatte er wohl erkannt, und er erklärte auch, dass die Deutsche Bank nicht an diesem Vollmachtstimmrecht klebe. Aber »wenn man das abschafft, muss man allerdings etwas Besseres an seine Stelle setzen. Es ist hier so wie in der repräsentativen Demokratie, in der wir leben. Große Massen – und es gibt nun einmal schätzungsweise vier Millionen Aktionäre in Deutschland (1989) – können sich nur in beauftragten Vertretern repräsentieren oder sie bleiben ohnmächtig.«

»Ein weiterer Sachverhalt, an dem der Vorwurf einer die Akzeptanz-Schwelle überschreitenden Bankmacht festgemacht wird, sind ihre Industrie- und Handelsbeteiligungen.« Zumindest in seiner letzten Rede zu diesem Thema im Jahr 1989 versuchte Herrhausen den zahlenmäßigen Beweis zu erbringen, dass die Banken nicht die Industrie beherrschten, sondern dass sie Industriebeteiligungen nur aus drei Gründen hielten: dem Streben nach wertbeständigen Daueranlagen, der Vertiefung von Geschäftsbeziehungen und der Abwehr von Überfremdungen. Ganz deutlich sagte er »Wir wollen nicht die Mehrheit bei einer Gesellschaft anstreben und keine unternehmerische Mitverantwortung übernehmen.«

Und natürlich beschäftigte sich Herrhausen auch mit dem Thema Aufsichtsratsmandate. Aus seiner Sicht war aus dem gesetzlich vorgeschriebenen Überwachungsorgan ein Beratungsorgan des Vorstandes geworden. »Der eigentliche Sinn der Kontrolle wird nicht mehr nur darin gesehen, gemachte Fehler aufzudecken, sondern darin, solche zu verhindern.« Seine differenzierte Betrachtung der Wirklichkeit ergab für ihn ein anderes Bild, als es von den Kritikern der Banken entworfen wurde.

Aber Herrhausen war sogar bereit, in seiner Argumentation noch weiter zu gehen. Er befasste sich mit der Frage, ob sich Banken bereits im Vorfeld von Unternehmensentscheidungen einschalteten und Einfluss ausübten. Das klinge wie Verschwörung, sagte er. Allerdings würde sich eine Bank niemals zu technischen Problemen äußern. Ihr Potenzial läge im finanziellen Know-how, dessen sich die Kunden und Geschäftsfreunde bedienen können.

Macht war aus seiner Sicht in einer demokratischen Gesellschaft nur dann akzeptabel, wenn sie wirksam in Grenzen gehalten werden könne. Es müsse Instanzen oder Mechanismen geben, die die Macht der Banken in einer die Gesellschaft zufriedenstellende Weise limitiere. Diese Mechanismen existierten aus seiner Sicht in Form von Gesetzen und Aufsichtsorganen. Dennoch kam er zu der seiner Meinung nach zu Recht

sorgfältig zu nutzendes Instrument, kam Herrhausen nicht in den Sinn. Er war kein Machiavelli, dem jede List und jedes Mittel recht war, um zu erreichen, was er wollte. Die Wahrheit zu erkennen und die Wahrheit zu sagen, ging ihm über alles.

Ihm ist sicherlich bewusst gewesen, dass das bei anderen Menschen nicht so war, aber akzeptieren wollte er es nicht. Genau hier setzten seine Kritiker zu Recht an. Macht funktioniert nicht nur auf der Sachebene, sondern sie besitzt auch eine Beziehungsebene. Wie sie gebraucht wird, ist entscheidender als alles andere. Herrhausen konnte die Argumente seiner Kritiker nicht wirksam entkräften, weil ihm der Blick auf diesen Aspekt einfach fehlte.

Und noch etwas übersah er bei der Diskussion um die Macht der Banken: dass nämlich Systeme eine eigene Dynamik und auch eigene Gesetze haben. Größe, Reichtum und Macht wachsen besonders dort, wo sie schon kumuliert sind. Die Reichen werden fast automatisch noch reicher, die Großen noch größer und die Mächtigen auch ohne ihr Zutun noch mächtiger. Das hat die Forschung im Rahmen der Komplexitätstheorie sowohl an mathematischen Modellen als auch an praktischen Beispielen bewiesen.Und weil das so ist, kann es nur gut sein, den Ausführungen Herrhausens skeptisch gegenüber zu stehen, auch wenn sie logisch durchdacht sind.

Wenn Herrhausen die Position der Deutschen Bank beschrieb, dann oft mit dem Satz: »Wir sind obener als oben.« Zu Herrhausens Zeiten verfügte die Deutsche Bank noch über Kapitalreserven und Vermögen von rund 30 Milliarden Mark. Herrhausen hatte erkannt, dass die Kosten der Deutschen Bank zu hoch waren und dass sie, wenn sie nicht über das riesige Vermögen verfügte, weit weniger gut dastehen würde. Dennoch befand sich die Deutsche Bank auf dem Gipfel ihrer Macht. Sie führte 5,5 Millionen Konten und war der größte Kreditgeber auch für die Dritte Welt.

In seine Rede auf der Hauptversammlung der Deutschen Bank 1989 sagte Herrhausen unter anderem, er bedauere es, dass viele äußerliche

Eindrücke in der Öffentlichkeit eher eine Distanz zur Bank schafften als Nähe. Das liege unter anderem daran, dass das Produkt und die Dienstleistung selbst nicht recht fassbar seien. Eine unverständliche Fachsprache mache das Abstrakte der Geschäfte noch unverständlicher und die Globalität der Geschäfte, die keine nationalen Grenzen mehr kennen, würde das Gefühl unbegrenzter Macht noch verstärken.

Sein Ziel sei es, diese Distanz zu überwinden, weil in einer emanzipierten Gesellschaft auch die Deutsche Bank auf öffentliche Akzeptanz angewiesen sei. Herrhausen hielt es für nötig den Stil der Bank zu ändern. »Die Deutsche Bank muss, weil sie eine bestimmte Größe hat, eine bestimmte Autorität, eine bestimmte Position hier und draußen in der Welt gesellschaftliche Verantwortung übernehmen. Wir müssen eine Art ethischer Verpflichtung akzeptieren. Handlung muss durch Haltung begründet werden«, so Herrhausen wörtlich.

Wege aus der Schuldenkrise

Herrhausen brach endgültig mit den Banktraditionen, als er 1989 im Rahmen der Schuldenkrise der Dritten Welt über vollkommen neue Lösungsansätze nachdachte. Diese fanden keineswegs den Beifall seiner Kollegen in der Deutschen Bank, aber auch die anderen internationalen Banken reagierten zurückhaltend.

Herrhausen wollte nicht akzeptieren, so sagte einer seiner engeren Freunde, dass einige wenige aus der Wirtschaft sehr hohen Profit zogen und viele andere dabei unter die Räder kamen. Das war nicht seine Vorstellung von einer geordneten Welt. Aber es gab nun einmal zu viele, denen es ausschließlich um ihre eigenen Renditen ging.

Wörtlich sagte Herrhausen: »Von Anbeginn an gab es zwei mögliche Opfer der Krise, die Gläubigerbanken und die Schuldner. Die gibt es immer noch. Aber die Stärke der Banken ist größer, die der Schuldner geringer geworden.« Deshalb plädierte er für einen Schuldenerlass und wandte sich gegen immer neue Kredite, die den Bevölkerungen der ohnehin armen Länder aufgeladen würden, ohne dass es jemals eine Möglichkeit zur Entschuldung gebe. Die Deutsche Bank und auch die anderen Banken seien durchaus in der Lage, einen Teil ihrer Forderungen abzuschreiben und für andere Forderungen einen Ausgleich in anderen Leistungen, zum Beispiel ökologischen Projekten, zu akzeptieren. Umgesetzt wurde der Herrhausen-Plan allerdings nicht. Zu komplex war das Geflecht aus den Eigeninteressen der beteiligten Banken, Regierungen und Aufsichtsbehörden, zu unterschiedlich waren die Rechtsvorschriften in den betroffenen Ländern. Nur in speziellen Einzelfällen, etwa für Polen, den Sudan oder Madagaskar, fanden sich die Banken und die Schuldnerländer zu Initiativen zusammen, die aber für die Schuldenkrise keine generelle Lösung brachten.

Die unvollendete Strukturreform

Herrhausen strebte an, dass die Deutsche Bank auf den Finanzmärkten »Round the Globe and Around the Clock« präsent sein sollte. Er wollte die Bank deshalb grundlegend umbauen. Als er 1989 zur großen Kulturrevolution ansetzte, hatte er noch fünfeinhalb Jahre bis zum Erreichen der Pensionsgrenze vor sich. Ihm war die Knappheit dieser Zeit für die von ihm geplanten Veränderungen durchaus bewusst. Aber er wollte das, was er als richtig erkannt hatte, auch noch in die Tat umsetzen.

Damit überforderte er nicht nur seine Vorstandskollegen, sondern auch das übrige Topmanagement der Deutschen Bank. Das, was er für fünf Jahre geplant hatte, wurde im Endeffekt in rund fünfzehn Jahren umgesetzt. Nicht seine Planungen waren falsch, er hatte vielmehr die Fähigkeiten der anderen zur Veränderung maßlos überschätzt.

Bereits im Februar 1988 ließ Herrhausen in einem Vortrag vor dem Frankfurter Institut für Kapitalmarktforschung durchblicken, was er für die Zukunft plante: »Wir brauchen neue geschäftspolitische Ansätze, neue Strategien. Solche neuen Strategien verlangen ihrerseits neue Strukturen, diese verlangen neue Steuerungsmechanismen. Alles drei verlangt eine neue Kultur – Corporate Culture –, und sie endlich verlangt eine neue Art der Kommunikation, das heißt, neue PR nach innen und außen.« Dabei solle die Deutsche Bank ihre Perspektiven nicht auf Europa beschränken, sondern globale Ziele verfolgen.

Es ist bezeichnend, dass dieser Vortrag öffentlich gehalten wurde und nicht vor den Bankmitarbeitern. Damit war bereits der erste folgenschwere Fehler gemacht. In der Folge erfuhr die Mehrzahl der Führungskräfte und Mitarbeiter der Deutschen Bank mehr über Herrhausens Denkweise und Pläne aus der Presse als durch interne Mitteilungen. Das kann man nicht allein Herrhausen anlasten. Dem modernen Manager fehlten innerhalb der Bank einfach die entsprechenden modernen Instrumente.

Herrhausens Plan bestand zunächst einmal darin, die Deutsche Bank im europäischen Binnenmarkt als Universalbank im weitesten Sinne zu etablieren und im globalen Maßstab als Investmentbank anzutreten. Wie das zu machen sei, wollte er von den beiden Unternehmensberatungen McKinsey und Roland Berger erfahren. Deshalb befragten die Teams der beiden Unternehmen acht Monate lang Führungskräfte in der Zentrale der Deutschen Bank.

Wer nicht gefragt wurde, waren die mächtigen Herrscher in den Hauptfilialen. Die dort sitzenden Bremser sollten nicht durch voreilige Schlüsse aus Fragen und Gesprächen zum Widerstand animiert werden, bevor Herrhausen selbst genau wusste, was er letztlich wollte. Der Widerstand würde schon noch früh genug kommen. Aber natürlich sickerten doch Informationen und – noch schlimmer – Gerüchte durch. Das war der zweite große Fehler.

Die von Herrhausen schon Anfang der Siebzigerjahre gegründete Abteilung für Konzernentwicklung (AFK) bildete eine Art Brain-Trust und als solches das Scharnier zwischen den externen Beratern und der Bank. Geführt wurde das ganze Projekt von einem Lenkungsausschuss, zu dem neben Herrhausen die Vorstände Ellen-Ruth Schneider-Lenné, Michael Endres und Ulrich Weiss gehörten.

Anfang Februar 1989 legten die Beratergruppen ihre Ergebnisse vor. Sie sprachen sich für eine mehr marktorientierte Spezialisierung und für den Vorrang der vertikalen Spartengliederung nach Kunden und Produkten aus. Dem bisher praktizierten regionalen Universalbankprinzip erteilten sie eine klare Absage. Die Konsequenzen wären gravierend. Würde die Deutsche Bank diesen Vorschlägen folgen, dann verlören die bisher de facto selbstständig agierenden Hauptfilialen, die so genannten Kopfstellen, ihren Status als Universalbank und Profit-Center.

Sowohl das Retail- als auch das Investment-Banking sollten nach den Vorstellungen von McKinsey und Roland Berger als Profit-Center direkt im Vorstand verankert werden. Würde dieses Modell umgesetzt, könnte man die Organisation deutlich straffen und auf einen Großteil der teuren Führungskräfte im regionalen Bereich verzichten. Die Pläne sahen vor, dass statt der 17 Kopfstellen, bestehend aus 14 Hauptfilialen und Tochterunternehmen in Berlin, Saarbrücken und Lübeck, gerade einmal die Hälfte ausreichen würde. Die Deutsche Bank hatte im Verhältnis zu den Indianern eindeutig zu viele Häuptlinge.

Eines der wichtigsten Ziele der von Herrhausen angestrebten Reform war es, die Komplexität der Strukturen der Deutschen Bank zu reduzieren. Damit würden allerdings auch gleichzeitig Scheinkompetenzen und Privilegien vieler Führungskräfte beschnitten werden. Ein Aspekt, der für viele viel wichtiger war als ein sauberes und schnelleres Funktionieren des Gesamtapparates.

Internationalisierung statt Regionalfürstentum

Herrhausen hatte aber noch mehr Ziele. Er wollte die stark inlandslastige Ergebnisstruktur des Instituts besser ausbalancieren und er wollte die internationale Position ausbauen, die durch neue Wettbewerber in

Gefahr geraten war. Die Deutsche Bank sollte nicht mehr länger das sein, was sie war: eine Inlandsbank von A bis Z, von Angebot bis Zentrale. Aber diese Pläne liefen natürlich dem Prinzip zuwider, das bis dahin in der Deutschen Bank vorherrschte: kleinkariertes Regionalfürstentum.

1989 war die Deutsche Bank die elftgrößte Geschäftsbank der Welt, aber sie erzielte 62 Prozent des Konzerngeschäftsvolumens und 83 Prozent der Betriebsergebnisse im Inland. Auch wenn im Ausland 191 Filialen und Töchter agierten, erwirtschafteten sie doch nur 17 Prozent des Ertrags. Der teilte sich wiederum in 13 Prozent für Europa und nur je 2 Prozent für Nord- und Südamerika beziehungsweise Asien und Australien auf.

Viele der Auslandsniederlassungen schrieben sogar rote Zahlen, zum Beispiel Paris und New York, während andere in Tokio und Manchester gerade einmal eine schwarze Null erreichten. Wenn die Deutsche Bank ein globales Institut sein wollte, müsse sich das auch in den Zahlen und Ergebnissen niederschlagen, war Herrhausens Forderung. Denn selbst das inländische Ergebnis war nicht etwa auf besondere Leistungen zurückzuführen, sondern stammte zu etwa 30 Prozent aus dem ruhenden Vermögen, während weitere 30 Prozent aus dem Eigenhandel mit Effekten, Devisen und Edelmetallen herrührten.

Die Kunden spielten kaum eine Rolle. Nur jeweils 20 Prozent des Inlandsergebnisses stammten aus dem Geschäft mit Firmen- und Privatkunden. Obgleich die Deutsche Bank zu jener Zeit in 400 Aufsichtsräten saß, gelang es ihr trotzdem oder vielleicht auch gerade deshalb nicht, dort mehr Umsätze zu generieren. Sie war in erster Linie deswegen so ertragskräftig, weil sie sich aus einem hohen Anteil relativ billiger Sicht- und Spareinlagen refinanzieren konnte.

Herrhausen störte sich vor allem daran, dass das Betriebsergebnis im Jahr 1988 zwar rund 41 Prozent über dem Vorjahreswert lag, der Ertrag aber um mehrere hundert Millionen Mark im Verhältnis zu den Vorjahren geschrumpft war. Seit 1984 hatte sich das Geschäftsvolumen um insgesamt 50 Milliarden Mark ausgedehnt, ohne dass eine einzige Mark zusätzlicher Gewinn eingespielt worden war.

Das, was Herrhausen im globalen Maßstab wollte, war selbst für die Deutsche Bank nicht zu bezahlen. Neue Institute in Frankreich, England und den USA hätten rund 20 Milliarden Mark gekostet. Wo sollte die Bank das Geld hernehmen, wenn sie nicht einmal genau wusste, wo sie es verdiente? Die Kosten in den Hauptfilialen ließen sich nicht den Gewinnen zuordnen und umgekehrt.

Zu viel auf einmal?

Am 29. April 1989 entschied sich der neu besetzte Lenkungsausschuss für eine Divisionalisierung der Deutschen Bank. Verantwortlich zeichneten Herrhausen, Zapp, Kopper, Weiss, Cartellieri und Endres. Man wollte vier neue Säulen schaffen: das Privatkundengeschäft (Retail Banking), das Firmenkundengeschäft (Wholesale Banking), Handel/Asset Management und den Bereich Service/Logistik. Für einzelne Bereiche sollten jeweils zwei oder drei Vorstände gewinnverantwortlich sein.

Den Vorteil dieser Lösung sah man darin, dass die Zahl der Vorstandsmitglieder nicht schrumpfte, sondern sie untereinander nur Kompetenzen und Funktionen austauschten. Mit der Verlagerung der Zuständigkeit in den Vorstand würden die Regionalfürsten endgültig entmachtet werden und das Zweigstellennetz ein völlig neues Gesicht bekommen. Doch so schön die Ideen dieser Vordenker auch waren, der Gesamtvorstand hatte keineswegs vor, mitzuziehen, und trat stattdessen voll auf die Bremse. Die Strukturreform geriet ins Stocken.

»Es gab Widerstände in der ganzen Bank, jeder war überrascht von der Krassheit des angestrebten Strukturwandels und jeder fragt sich natürlich in einem solchen Moment, was bedeutet das für mich. Und viele mussten sich darüber im Klaren sein, dass der Wandel auch die ganz persönliche Position betreffen würde, und das war der Grund für immense emotionale Widerstände«, so Rolf-E. Breuer heute.

Er erklärt auch die Widerstände gegen die damals kurz bevorstehende Eingliederung der Londoner Investmentbank Morgan Grenfell und die Berufung ihres CEO in den Vorstand der Deutschen Bank mit »Scheu vor Neuem, auch Aversionen gegen zu Modernistisches, ein auf provinziellen Denkweisen aufbauender Fremdenhass, Hass gegen das, was aus dem angelsächsischen, angloamerikanischen Wirtschaftskreis hier importiert werden sollte und Ähnliches«. Äußerst deprimiert schied Herrhausen aus der Vorstandssitzung am 28. November 1989, die dann seine letzte werden sollte.

Auch Hilmar Kopper erinnert sich: »Es war zu viel auf einmal. Der Sprung war zu weit und alle hatten Angst mitzuspringen, weil sie Angst hatten, sie landen im Graben – und mit ihnen die ganze Bank. Ich fand auch, dass er ein bisschen zu sehr angehoben hatte und dass er in der Gefahr war, und er hat es selbst gemerkt, dabei die Verbindung, das Band zu der Bank und allem, was er mitziehen muss, in einen Höhenflug hinein zu verlieren.«

Brauch ich Popper? Bin ich Kopper – back to the roots

Die Berufung von Hilmar Kopper in den Vorstand der Deutschen Bank im Jahr 1977 hing eng mit der Person Alfred Herrhausens zusammen. Das Vorstandskollegium suchte nach einem Gegengewicht zum »Überflieger« Herrhausen. Es sollte jemand sein, der nicht nur die traditionellen Werte und die Denkweise der Deutschen Bank vertrat, sondern er sollte auch macht- und kraftvoll genug sein, um Herrhausen Paroli bieten zu können.

Kopper brachte all diese Eigenschaften mit. Er war Herrhausen intellektuell gewachsen, zwar nicht so eloquent wie dieser, aber keineswegs auf den Mund gefallen. Kopper zeichnete aus, dass er immer er selbst blieb und seine eigene Meinung vertrat. Er war kein Opportunist, aber auch kein Daueropponent, der alles boykottierte was von den »falschen« Leuten vorgeschlagen wurde. Kopper zog bei bestimmten Projekten mit Herrhausen mit, bei anderen nicht.

Hilmar Kopper neigte dazu, schwierige Sachverhalte zur Vereinfachung in »witzige« Sprachbilder zu verpacken. Die Bezeichnung »Peanuts« für Summen, die keine Rolle spielen, selbst wenn es sich um Millionenbeträge handelt, kostete ihn in der Öffentlichkeit eine Menge Sympathien. Mit dem Wortspiel »Brauch ich Popper? Bin ich Kopper« distanzierte er sich nicht nur von der Intellektualität Herrhausens, der sich gern auf den britischen Philosophen Sir Karl R. Popper bezog und ihn zitierte. Kopper machte auch gleichzeitig deutlich, dass er solche geistigen Krücken nicht unbedingt brauchte, um eine Sache zu vertreten.

Im Gegensatz zu Herrhausen musste Kopper nicht mühsam darum ringen, alleiniger Vorstandssprecher zu werden. Als er am 12. Dezember 1989 das Amt übernahm, ergänzte er sein Aufgabenportfolio, bestehend aus dem Emissions- und Konsortialgeschäft und der Region Nordamerika, nur noch um die Bereiche Konzernplanung und Kommunikation.

Manche Insider hatten erwartet, dass die Deutsche Bank wieder von einem Sprecher-Tandem geführt werden würde. Aber anders als zu Zeiten von Abs, der glaubte, dass sein Aufgabenspektrum nur von zwei Personen zu bewältigen wäre und die Teilung der Macht auch zum eigenen Machterhalt nutzen wollte, gab es nach Herrhausens Tod eben kein Machtvakuum, das hätte aufgefüllt werden müssen.

Diener der Bank

Kopper fühlte sich stets als Diener der Bank und nicht als ihr Repräsentant. »Ich bin mir zutiefst darüber bewusst, dass die Deutsche Bank eine Plattform ist, auf der wir stehen. Nur ihr verdanken wir diese Höhe und sonst niemandem. Eines Tages wird die Plattform weggezogen, das ist so gewollt und auch richtig so. Nur: Da möchte ich nicht fallen.«

Tatsächlich hat Kopper niemals versucht, sich mit der geliehenen Macht des Amtes aufzuwerten. Er hatte das auch gar nicht nötig. Ob sein Führungsstil nun eher beinhart oder nachgiebig war, hing wahrscheinlich hauptsächlich von der Situation und von den jeweiligen Menschen ab, mit denen er es zu tun hatte. In Sachfragen hatte er stets eine klare Meinung. Nur vertrat er sie nicht immer so diplomatisch, wie es sich viele vom Sprecher der Deutschen Bank gewünscht hätten.

In der Frage, wie die Schuldenkrise der Dritten Welt zu beheben sei, war Kopper nie einer Meinung mit Herrhausen und ist es auch heute noch nicht. »Herrhausen hatte gesagt, dass man ganz oder auf Teile dieser Forderungen verzichtete, denn dann existieren sie nicht mehr, dann hat das Problem sich aufgelöst. Das war eine typisch intellektuelle Bemerkung, also zu sagen, ja wenn man das alles theoretisch durchgeht, kann man auch ein Problem beseitigen, indem man den Ursprung des Problems nicht mehr weiter bestehen lässt …

Das hat ihm eine wahnsinnige Unterstützung der damals schon in die Jahre und in die Funktionen kommenden 68er eingebracht. Die waren alle für Schuldenverzicht, es war ja nicht ihr Geld, das war das Geld der bösen Banken, das konnte man ruhig vernichten. Das haben sie eben davon, dass sie den Brasilianern Kredit geben.«

Kopper teilte jedoch Herrhausens Ansicht, dass die Deutsche Bank aus der Provinzialität herausgeführt werden müsste: »Es wird in Zukunft nicht ausreichen, international zu sein. Wir müssen multinational denken, entscheiden und führen.« Es darf nicht vergessen werden, dass es Kopper war, der den Kauf der Banca d'America e d'Italia (BAI) ebenso vorantrieb wie, noch gemeinsam mit Herrhausen, die Übernahme der Londoner Investmentbank Morgan Grenfell.

Hilmar Kopper hat 1954 als Lehrling bei der Deutschen Bank angefangen und dann eine geradlinige Karriere gemacht. Er hat nicht nur an verschiedenen Bankplätzen in Deutschland gearbeitet und auch eine Trainee-Zeit bei der New Yorker J. Henry Schroder Investmentbank absolviert, er sagt auch von sich, dass es wohl keinen Vorstandsbereich gibt, den er nicht als Dezernent betreut hätte.

Kopper war immer der Meinung, dass er sich nicht wie ein Politiker zu allem und jedem äußern müsse. Handeln war ihm immer wichtiger als Reden. Bezogen auf die Macht der Banken sagt er: »Wir müssen durch vernünftiges Handeln beweisen, dass wir nicht das sind, zu dem man uns machen will.« Für Hilmar Kopper stand die Deutsche Bank eindeutig im Mittelpunkt seiner Tätigkeit. Weder spektakuläre öffentliche Auftritte noch eine beratende Rolle im Umfeld des Kanzlers waren ihm wichtig. Tatsächlich hatte Kopper das Unpolitische zum Programm erhoben.

Viele Mitarbeiter atmeten regelrecht auf, als Hilmar Kopper an die Stelle von Alfred Herrhausen trat. Endlich wieder ein Mann an der Spitze, der nicht scheinbar unerfüllbare Forderungen stellte, sondern der sich wieder ums Tagesgeschäft kümmerte. Aber schon wenige Jahre später wehte der Wind wieder in die entgegengesetzte Richtung. Der Versuch, mit Lean Banking Kosten zu sparen, hatte die Nerven der Mitarbeiter erneut blank gelegt. Kämpfe um Reviere und Pfründe waren an der Tagesordnung und der Umgangston innerhalb der Bank konnte nicht gerade als sachorientiert und gentleman-like bezeichnet werden. Viele Mitarbeiter, die es sich leisten konnten, wechselten zu Wettbewerbern.

Die von Alfred Herrhausen angedachte Strukturreform war nur halbherzig in Angriff genommen worden. Das lag durchaus im Interesse des Vorstandes und fast aller Führungskräfte. Die Komplexität der Organisation hatte eher zu- als abgenommen.

Aber auch extern häuften sich Pleiten, Pech und Pannen. Für die Medien waren die Fehler dieser Institution, die sich lange für unfehlbar gehalten hatte, ein gefundenes Fressen. Den Kopf dafür hinhalten musste nur einer, Hilmar Kopper.

Innerhalb der Bank begann man den Glanz der alten Zeiten zu vermissen und idealisierte die Vergangenheit. Man diskutierte in aller Öffentlichkeit, ob Kopper noch der geeignete Mann sei, um die immer notwendiger werdenden Veränderungen in der Bank durchzuführen. Plötzlich entdeckte man, dass sein joviales Verhalten der Deutschen Bank nicht angemessen sei, dass er es gegenüber den Mitarbeitern an Loyalität fehlen ließe, dass seine Regentschaft rücksichtslos und diffamierend sei.

Allerdings ist gleich anzumerken, dass sich diese Einschätzung sofort wieder änderte, nachdem er aus dem Amt geschieden war. Gegenüber Breuer, der die chirurgisch scharfen Schnitte liebte, sei er, Kopper, doch eher ein Gefühlsmensch gewesen.

Zwanzig Jahre sind genug

Schon 1994 erklärte Hilmar Kopper, dass für ihn im Jahr 1997 Schluss sein sollte. Das geriet allerdings wieder in Vergessenheit. Und so kam seine Ankündigung, den Aufsichtsratsvorsitz zu übernehmen, als Christians dort aus Altersgründen ausschied, für viele überraschend, denn sein Vertrag lief noch bis 1998. Zwanzig Jahre im Vorstand der Deutschen Bank seien genug, befand Kopper. Und die Vorstellung, den Aufsichtsratsvorsitz jemand anderem zu überlassen als dem als Interimskandidaten auserkorenen Horst Burgard, der dann wegen Krankheit ausfiel, gefiel ihm auch nicht.

Allerdings gab es für Kopper eigentlich keinen idealen Nachfolger. Ulrich Cartellieri kam aus Altersgründen nicht infrage, er wechselte 1997 selbst in den Aufsichtsrat. Boehm-Bezing galt als zu stark inlandsbezogen, auch wenn er vom Alter her exakt in das klassische Deutsche-Bank-Schema gepasst hätte, und Krumnow war zu jung und hatte noch nicht genung Profil bewiesen. So folgte 1997 Rolf-E. Breuer auf Kopper, obgleich er nur wenige Jahre jünger war und seine Amtszeit deshalb im Jahr 2002 vorhersehbar enden würde.

So kam es, dass die Deutsche Bank mit Hilmar Kopper zum ersten Mal einen Aufsichtsratsvorsitzenden hatte, der sich gelegentlich auch öffentlich in die Geschäfte des Vorstands einmischte. Er war es auch, der intern die Weichen stellte, damit endlich wieder ein Mann an die Spitze der Bank treten konnte, der von vornherein dafür ausgewählt worden war: Josef Ackermann.

Breuer – ein Mann für alle Fälle

Als Hilmar Kopper 1997 das Amt des Vorstandssprechers abgab, war er 62 Jahre alt. Rolf- E. Breuer, sein Nachfolger, wurde im Jahr der Amtsübernahme auch schon 60. Allerdings sah er wesentlich jünger aus. »Italian Stepdancer« war der Spitzname, den seine Kollegen ihm gegeben hatten, weil er immer so elegant braungebrannt und mit einem südländischen Flair daherkam. Dabei ist Breuer ein bekennender Rheinländer. Manche nannten ihn auch »Hackklötzchen«, »lächelnder Eisschrank« und natürlich viele »Mister Finanzplatz«, was er wahrscheinlich am liebsten hörte.

Rolf-E. Breuer trat nicht als Kronprinz, sondern nur als Wachablösung für Hilmar Kopper an. Er sollte als gewiefter Kommunikator die Deutsche Bank aus dem Imagetal führen, das durch verschiedene Flops und zum Teil auch durch Koppersche Sprachverirrungen verursacht worden war. Aber es wäre falsch, Breuer als eine Verlegenheitslösung anzusehen. Er war der richtige Mann zur richtigen Zeit.

Schon von Anfang an war klar, dass Breuer nicht die Rolle des Nachlassverwalters von Koppers Erbe spielen würde. Er hatte vor, eigene Akzente zu setzen, ebenso wie Kopper dies auch als neuer Vorsitzender des Aufsichtsrats zu tun beabsichtigte. Der Aufsichtsratsvorsitzende der

Deutschen Bank würde nicht nur nach innen seinen Einfluss geltend machen, sondern seine Macht auch nach außen demonstrieren.

Es heißt, Kopper habe es Breuer nie verziehen, dass er seine Lebensgefährtin Brigitte Seebacher-Brandt aus der Bank gedrängt habe. Noch zu Lebzeiten Willy Brandts, 1992, war seine Frau ins Kuratorium der Alfred-Herrhausen-Gesellschaft berufen worden. 1994 begann die Historikerin dann, Reden für Hilmar Kopper zu schreiben. Zum 125. Jubiläum gründete die Deutsche Bank eine Kulturstiftung mit einem Stiftungsvermögen von 100 Millionen Mark und einer Jahresausschüttung von sieben Millionen.

In diesem Zusammenhang wurde Brigitte Seebacher-Brandt zur Bankdirektorin berufen und übernahm die Verantwortung für die Abteilung Kultur und Gesellschaft. 1999 machte sie dann ihre Liaison mit dem damals noch verheirateten Hilmar Kopper öffentlich. Das blieb nicht ohne Folgen. Sie musste die Deutsche Bank Ende 1999 verlassen. Wahrscheinlich blieb Breuer auch gar keine andere Wahl, nachdem sowohl Kopper als auch seine Freundin hässliche Schlagzeilen in der *Bunten* und der *Bild-Zeitung* bekommen hatten. Immerhin ist das Thema seither für die Öffentlichkeit beendet.

Breuer wollte erreichen, dass die Mitarbeiter der Deutschen Bank wieder stolz sind, bei der Deutschen Bank zu arbeiten. Man rechnete es ihm hoch an, dass er nicht verlernt hatte zuzuhören und auch in schwierigen Konversationen gelassen blieb. Er musste nicht alles und jedes sofort kommentieren. Erst denken, dann reden – das dürfte seinen Kommunikationsstil am besten beschreiben.

Breuer war keineswegs eindimensional, sondern steckte voller Widersprüche. Er wirkte immer glatt, manchmal verbindlich glatt und manchmal abweisend glatt. Ecken und Kanten wie Kopper zeigte er nie. Es ist auch nicht bekannt, dass Rolf-E. Breuer jemals seine Selbstbeherrschung verloren hätte, zumindest nicht in der Öffentlichkeit.

Als Sohn eines leitenden Managers besuchte er ein humanistisches Gymnasium. Breuer hat zwar auch wie Kopper seine Karriere mit einer

Lehre bei der Deutschen Bank begonnen, sie jedoch für ein Jurastudium und Auslandsaufenthalte unterbrochen. Als er dann zur Bank zurückkehrte, hatte er nicht nur akademischen, sondern auch internationalen Schliff.

An die Zeit als Lehrling bei der Deutschen Bank erinnert er sich im Gegensatz zu Kopper nicht gern. Jogurt zu holen und Bleistifte anzuspitzen, hätten ihn »weder dümmer noch klüger gemacht«. Kopper hingegen war stets stolz darauf, während der Lehre auch richtig gearbeitet zu haben. Seinen Doktortitel holte sich Breuer als Jurist, und als Börsenhändler begab er sich in ein Geschäft, das klassischen Bankern zu jener Zeit immer noch als halbseiden galt. Seit 1974 leitete er die Börsenabteilung und rückte 1985 in den Vorstand auf.

Breuer machte immer deutlich, dass er sein berufliches Vorsprungswissen nie für private Geschäfte nutzen würde. Deshalb überließ er seine Vermögensverwaltung einem externen Profi mit der schlichten Weisung, die eine Hälfte in Aktien, die andere in festverzinsliche Papieren anzulegen.

Schon 1987 prangerte er in einer programmatischen Rede die Rückständigkeit des deutschen Kapitalmarkts an. 1993 wurde Breuer zum Präsidenten der Frankfurter Wertpapierbörse gewählt. Er ist Aufsichtsratsvorsitzender der Deutsche Börse AG und wurde später zum Präsidenten des Bundesverbandes Deutscher Banken gewählt.

Breuer galt als »Mister Finanzplatz Deutschland«, obgleich die eigentliche Initiative, breitere Bevölkerungskreise zur Aktie zu bekehren, schon von F. Wilhelm Christians gestartet worden war. Als es darum ging, den deutschen Aktienmarkt zu renovieren und zu mobilisieren, hat Breuer sich nicht nur Freunde gemacht. Auch die gescheiterte Fusion der Deutsche Börse AG mit der London Stock Exchange wird man ihm zurechnen. Und als er in seiner Funktion als Präsident des Bankenverbandes im Dezember 2002 den Mitgliedern empfahl, die Zinssenkung der Europäischen Zentralbank nicht an die Kunden weiterzugeben, stand Breuer wieder im Kreuzfeuer der öffentlichen Kritik.

Trotz allem war Breuer nie eine lahme Ente. Unbestritten sind seine Verdienste um die Internationalisierung der Deutschen Bank, die er zusammen mit Hilmar Kopper vorangetrieben hat. Die Liste seiner Aktivitäten, auch mit Ackermann im Hintergrund, reicht vom Eintausch des Versicherungsunternehmens Deutscher Herold gegen den US-Vermögensverwalter Scudder über die Umstrukturierung der Privatkundensparte bis hin zum Listing der Deutschen Bank an der New Yorker Börse.

Die Veränderungen unter Breuer sind sichtbarer als die unter Kopper und man wird sie eher Breuer allein zurechnen, obgleich es sich eigentlich um eine Gemeinschaftsleistung handelt, an der auch Breuers Nachfolger Josef Ackermann schon einen gehörigen Anteil hat. Ein Beispiel dafür ist die Tatsache, dass die Deutsche Bank beim deutschen Mergers & Acquisitions Geschäft sogar Goldman Sachs vom Spitzenplatz verdrängt hat.

Was für immer mit Breuers Namen verbunden bleiben wird, ist der gescheiterte Versuch, mit der Dresdner Bank zu fusionieren. Damals wurde immer wieder der Ruf nach seinem Rücktritt laut. Es heißt, er habe sich von dieser persönlichen Niederlage bis zu seinem Wechsel in den Aufsichtsrat nicht mehr erholt. Und zuletzt habe er nur noch das verkündet, was Ackermann ihm diktiert habe. Ackermann und seine Investmentbanker hätten schon lange vor dem offiziellen Sprecherwechsel im Mai 2002 die Macht in der Deutschen Bank übernommen.

Allerdings wusste Ende 2001 noch niemand genau, was Ackermann in Zukunft vorhat. Und auch die Aufgabenverteilung im Vorstand stellte sich nur als Zwischenlösung dar. Im so genannten Corporate Center saßen Rolf-E. Breuer als Vorstandssprecher, Clemens Börsig als Chief Financial Officer, Thomas Fischer als Chief Operating Officer, Tessen von Heydebreck als Chief Administrative Officer und Hermann-Josef Lamberti als Chief Information Officer.

In der Corporate and Investment Bank (CIB) war Josef Ackermann Chairman und zuständig für Corporate Banking and Securities. Jürgen Fitschen verantwortete den Bereich Transaction Banking. Im Bereich Private Clients and Asset Management (PCAM) war Rolf-E. Breuer der

Chairman, für die PCAM-Product-Group war Michael Philipp zuständig und für die PCAM-Client-Group Hermann-Josef Lamberti.

Ackermann habe sich eisernes Schweigen verordnet, solange Breuer noch im Amt war, heißt es, es handelte sich also um ein Gentleman-Agreement. Dieses Redeverbot trug Ackermann in der Deutschen Bank den Spitznamen »Papageno« ein. Fest stand Ende des Jahres 2001 wohl bereits, dass Michael Cohrs Ackermanns Nachfolger im Bereich Corporate Finance werden sollte, selbst wenn ihm einige Flops und Teamunfähigkeit nachgesagt wurden.

Die ständigen Strategiewechsel im Privatkundengeschäft, die die Deutsche Bank viel Glaubwürdigkeit gekostet haben, fallen zur Gänze in Breuers Amtsperiode. Aber all diese Problemfälle beweisen auch, dass Breuer bereit war, Risiken einzugehen, und sich nicht hinter Unverbindlichkeiten verschanzte.

Dieser Mut zum Risiko wurde deutlich, als er zur Kreditwürdigkeit von Leo Kirch vor laufenden Kameras folgende Bemerkung machte: »Alles, was man darüber lesen und hören kann, ist ja, dass der Finanzsektor nicht bereit ist, auf unveränderter Basis noch weitere Fremd- oder gar Eigenmittel zur Verfügung zu stellen.« Diese Aussage wurde vom Landgericht München als Todesstoß für Leo Kirch angesehen. Immerhin war die Deutsche Bank damals einer der wichtigsten Kreditgeber der Unternehmensgruppe. Und eine solche Äußerung sei eine Verletzung des Bankgeheimnisses. Breuer wurde Anfang 2003 in erster Instanz verurteilt, an Kirch einen Schadensersatz zu zahlen, der auf mindestens 100 Millionen Euro geschätzt wird. Ob es dazu kommt, wird der weitere Weg durch die Instanzen zeigen.

Im Nachhinein gilt Breuer als ebenso brillanter Kopf wie Herrhausen. Auch Breuer verstand es, komplexe Zusammenhänge schnell zu erfassen, die entsprechenden Schlüsse zu ziehen und Maßnahmen zu erfassen. Nur war sein Tempo eher das eines Börsenhändlers und er scheute sich auch nicht, das einmal Entschiedene schnell wieder zu korrigieren, wenn sich die Gesamtsituation verändert hatte. Breuer lebte nicht in der Vergangenheit und verweilte auch nicht in der Zukunft. Seine Zeit war die Gegenwart. Er ergriff Chancen und machte Tempo. Ob ihn deshalb das Amt des Aufsichtsratsvorsitzenden befriedigen wird, bleibt abzuwarten.

Auf der letzten Hauptversammlung als Vorstandvorsitzender im Mai 2002 wartete Breuer noch mit einer Überraschung auf. Er legte sein Einkommen offen. Im Jahr 2001 verdiente er acht Millionen Euro. Das Fixgehalt ergab ein Drittel der Summe, ein weiteres Drittel war erfolgsabhängig gezahlt worden und das letzte Drittel bestand aus Aktienoptionen, die in den Jahren 2005 und 2008 eingelöst werden können. Mit diesen Summen bewegte er sich nach eigenen Angaben exakt im europäischen Markt. Wie allerdings Erfolg bei der Deutschen Bank definiert wird, ließ er angesichts der allgemeinen Bankenkrise offen.

Der talentierte Mr. Ackermann

Als das Überraschendste an Josef (Joe) Ackermann wird die Vielzahl und die Ausgewogenheit der vorhandenen Talente bezeichnet. Er ist ein Mann ohne Extreme. Er hat eine wissenschaftliche Ausbildung genossen, verfügt über internationale Erfahrung, ist führungsstark und auch sicher auf dem gesellschaftlichen Parkett.

16 Jahre brauchte der Schweizer Josef Ackermann nach dem Studium der Wirtschafts- und Sozialwissenschaften mit der Fachrichtung Bankwirtschaft, um innerhalb der Schweizerischen Creditanstalt vom Assistenten der Generaldirektion bis zum Präsidenten aufzusteigen. Nach drei Jahren an der Spitze – im Alter von 48 Jahren – verließ er die Schweizerische Creditanstalt, die heutige CS Group, weil er mit dem Verwaltungsratspräsidenten Rainer E. Gut in Streit geraten war. Nicht Ackermann, sondern ein anderer, sollte die damals gerade entstehende Credit Suisse Group führen. Binnen zwölf Stunden nach seinem Ausscheiden,

so heißt es, habe er drei erstklassige Offerten gehabt. Die attraktivste kam von Hilmar Kopper.

Deshalb wechselte Ackermann 1996 in den Vorstand der Deutschen Bank und war dann dort für das Investment-Banking zuständig. Er hatte zwar den Background eines gelernten Universalbankers, dennoch verstand er es auch, mit den Primadonnen des Investment-Bankings richtig umzugehen und von ihnen respektiert zu werden.

Dass er sich auf Menschen einzustellen weiß, bewies Ackermann besonders im Frühjahr 1998, als der Star und Umsatzbringer der Deutschen Bank in London, Edson Mitchell, bereits gekündigt hatte und er ihn und seine Mannschaft zum Bleiben bewegen konnte. Aber trotz seiner offensichtlich vorhandenen Überredungskünste verlässt Ackermann sich lieber auf Zahlen statt auf Versprechen und warme Worte.

Obgleich er London liebt und in New York gearbeitet hat, ist er dennoch fest in der Schweiz verwurzelt. Dagegen war sein Gesicht in der Frankfurter Gesellschaft lange nahezu unbekannt. Er hielt und hält sich immer noch zurück. Sein Netzwerk ist innerhalb Deutschlands immer noch nicht sehr stark, dafür aber international um so besser.

Ackermann gilt als einer der Hauptverantwortlichen dafür, dass die geplante Fusion der Deutschen Bank mit der Dresdner Bank im Jahr 2000 scheiterte. Diese Fusion hätte auch so gar nicht in die persönliche Karriereplanung von Josef Ackermann gepasst. Wäre sie nämlich zustande gekommen, dann hätte man den Dresdner-Bank-Chef Bernhard Walter nach Breuers Ausscheiden zum alleinigen Sprecher bestimmt und das wäre er bis zum Jahre 2005 auch geblieben.

Bereits im September 2000 beschloss der Vorstand der Deutschen Bank, dass Josef Ackermann Nachfolger von Rolf-E. Breuer werde, wenn dieser im Jahr 2002 sein Amt abgeben würde. Hilmar Kopper als Vorsitzender des Aufsichtsrates und Ulrich Cartellieri, Aufsichtsratsmitglied, gehörten zu den treibenden Kräften bei dieser ungewöhnlich frühen Benennung des Nachfolgers. Wenn alle bereits wissen, wer in 20 Monaten das Sagen haben wird, dann hat es der derzeitige Amtsinhaber deutlich schwerer, eine andere Meinung zu vertreten als sein Nachfolger.

Breuer war deshalb nicht gerade begeistert von der langen Vorlaufzeit, denn seit diesem internen Beschluss war er zwar noch de facto der Sprecher des Vorstandes, aber er musste sich mit Ackermann darüber abstimmen, was er sagte, und die Beiden waren offensichtlich nicht immer einer Meinung. Ackermann war Koppers Mann. Aber auch diese Kröte schluckte Breuer wie immer mit einem zähneblitzenden Lächeln. So leicht war er nicht klein zu kriegen.

Josef Ackermann hatte ein Interesse daran, so früh wie möglich seine zukünftige Ernennung bekannt zu machen. In 2000 fuhr der von Ackermann verantwortete Investmentbereich noch Rekordergebnisse ein und wahrscheinlich war er sich schon damals nicht so sicher, wie lange diese Boomphase noch anhalten würde. Im Falle einer Krise hätte ihm sein Rivale Thomas R. Fischer vielleicht noch ernsthafte Konkurrenz machen können. Inzwischen hat Fischer den Vorstand verlassen.

Auch nach außen wollte die Bank mit der Kür Ackermanns ein klares Signal setzen. Statt sich wie unter Breuer auf Europa zu konzentrieren, sollte sich die Bank wieder zum Global Player mit dem Schwergewicht auf dem Investment-Banking entwickeln.

Der offizielle Machtwechsel von Breuer zu Ackermann fand am 22. Mai 2002 auf der Hauptversammlung statt. Doch schon ein paar Monate vorher wurde eine neue Führungsstruktur eingeführt. Anders als früher ist nun alle Macht auf den Sprecher konzentriert. Der Vorstand wurde verkleinert und das operative Geschäft im Group Executive Committee wird ebenfalls von Ackermann geführt.

Ackermanns Stärke ist es, Brücken zu schlagen und Mitarbeiter einzubinden. Das hat er auch bei der Durchsetzung der neuen Führungsstruktur gezeigt. Zu Ackermanns Tugenden gehört das effiziente und lautlose Arbeiten. Das hat ihm den Spitznamen »Low-Key-Joe«, der leise Joe, eingebracht. Bevor er mit Plänen an die Öffentlichkeit geht, sorgt er erst einmal dafür, dass sie innerhalb der Bank akzeptiert und mitgetragen werden. Während Breuer eindeutig eine starke Außenwirkung hatte, möchte Ackermann den Schwerpunkt wieder mehr im Inneren setzen.

Ackermann hat entschieden, dass die Deutsche Bank 24 im Konzern bleibt und ein Zusammenschluss mit Lloyds TSB, wie ihn wohl Breuer noch befürwortete, ist vom Tisch. Auch die Zahl 24 verschwindet. Die Privatkunden der Deutschen Bank werden wieder zu Kunden der Deutschen Bank. Ackermanns Vorbilder sind nicht die reinen Investmentbanken, wie zum Beispiel Goldman Sachs oder Merrill Lynch, sondern integrierte Institute wie die Citigroup oder J. P. Morgan Chase.

Seit Hermann Josef Abs 1957 sein Amt antrat, hat sich im Vorstand der Deutschen Bank nicht so viel geändert wie unter Ackermann. Herrhausen fehlte die innere Rückendeckung, die Ackermann von Kopper, dessen Netzwerk und von seinen eigenen Getreuen bekommt, die er rechtzeitig in Schlüsselpositionen brachte. Kopper bewegte zwar mehr als man von außen wahrnahm, doch es fehlte im die Gabe, seine Arbeit so gut zu verkaufen, wie sie war.

Breuer war nur eine Übergangslösung. Diese Tatsache hat er selbst zwar gut verdrängt und auch nach außen nicht sichtbar werden lassen. Ein Standing in der deutschen Wirtschaft, wie es Kopper besaß, hatte er jedoch nie. Nun steht mit Ackermann der erste Ausländer in der Geschichte der Deutschen Bank an der Spitze, frei von Zwängen, die sich bei Kopper und Breuer während ihrer Karriere im Institut zwangsläufig entwickelten, und offen für Neues. Die Zukunft der Deutschen Bank ist mit vielen Fragezeichen zu versehen.

Holt die Vergangenheit Ackermann schneller ein, als ihm lieb ist? Ist es der Institution gelungen, sich zu verselbstständigen? Oder wird die Deutsche Bank längst von anderen Kräften beherrscht?

Probleme ohne Ende – die Deutsche Bank in der nachindustriellen Gesellschaft

Im Zeitalter der Industriegesellschaft hatten so gut wie alle Bankgeschäfte einen Bezug zur realen Wirtschaft. Mit Krediten wurden Handelsgeschäfte finanziert, denen konkrete Warenströme zu Grunde lagen, oder sie wurden in Produktionsanlagen investiert. Aktienkurse spiegelten in erster Linie reale Werte wieder, aber natürlich auch den Wert von Patenten und Verfahren, die Leistungsfähigkeit eines Unternehmens und den Wert seiner Marken. Kapitaleinsatz, Produktion, erwirtschafteter Mehrwert und damit auch die Gewinne standen in einem realen, durchschaubaren und nachvollziehbaren Verhältnis zu einander.

Das änderte sich schlagartig, als die Finanzwirtschaft ins nachindustrielle Zeitalter eintrat. Entscheidend war nicht die Globalisierung der Märkte, die Verschiebung wirtschaftlicher Zentren oder die Verlagerung von Produktionsstandorten, zum Beispiel nach Südostasien. Schon an der Wende vom 19. ins 20. Jahrhundert gab es ein globales Banken- und Filialnetz zur Abwicklung transnationaler Handelsgeschäfte, das nach zwei Weltkriegen und Wirtschaftskrisen erst um 1960 wieder die alte Größe erlangte.

Entscheidend waren auch nicht die Entwicklungssprünge der Informations-, Kommunikations- und Datenverarbeitungstechnik. Angebot und Nachfrage standen in einem recht stabilen Verhältnis. Bis in die

Siebzigerjahre kamen selbst internationale Wirtschaftsnachrichtenagenturen noch mit Fernschreibern und ohne Fax aus. Gedruckte und mit der Post versandte Informationsdienste bildeten deren Kerngeschäft.

Was die Banken wirklich in eine neue Ära katapultierte, war die Aufhebung der festen Wechselkurse 1973. Bis dahin galten die 1944 vereinbarten Regeln von Bretton Woods, die für Stabilität sorgten. Die Währungen aller Beitrittsländer hatten eine feste Parität zum US-Dollar und die US-Notenbank garantierte, US-Dollar gegen Gold einzutauschen.

Außerdem unterlag der Devisenhandel staatlicher Aufsicht. Umtausch und der Handel mit großen Beträgen waren in dem meisten Ländern genehmigungspflichtig. Bereits 1970 hatten aber die USA, die Bundesrepublik Deutschland, Kanada und die Schweiz die strengen Kontrollen aufgegeben. Weitere Länder folgten, schließlich 1979 Großbritannien und 1980 Japan.

Mit dem Zusammenbruch des Festkurssystems und dem Wegfall der staatlichen Kontrollen kam die Stunde der Spekulanten. Global agierende Wertpapier- und Devisenhändler beziehungsweise Fondsmanager, die immer höhere Summen bewegten, konnten die Wechselkurse unter sich ausmachen und Wirtschaft und Politik ganzer Nationen in ihrem Sinne beeinflussen. So setzte zum Beispiel 1992 der Milliardär und Börsenguru George Soros, gefolgt von einigen hundert Bank- und Fondsmanagern, auf die Abwertung des britischen Pfunds und der italienischen Lira. Beide Notenbanken konnten den Kursverfall nicht verhindern, obwohl sie einen großen Teil ihrer Reserven für Stützungskäufe einsetzten.

Veränderten sich die Währungsrelationen in größerem Maße, aus welchem Grund auch immer, hatte dies immer international tiefgreifende Folgen, insbesondere für die exportorientierten Industrien. Der grenzüberschreitende Kapitalverkehr war von nationalen Politikern und Notenbankchefs einfach nicht mehr beherrschbar, und es wurden immer wieder Forderungen nach Kontrollen laut.

Für das, was nun folgte, gab es in der industriellen Gesellschaft kein Vorbild. Die beiden wesentlichen Merkmale der nachindustriellen Gesellschaft, die Verbesserung der Informationstechnologie und die Globalisierung, führten jetzt binnen kürzester Zeit im Bereich der Finanzmärkte zu weitaus größeren Veränderungen als in der Produktion oder im Handel mit Gütern oder Rohstoffen.

Die Informationstechnologie bewirkte eine Steigerung der Geschwindigkeit, der Interaktivität und der Konnektivität. Zeit spielte für Banken noch in der industriellen Gesellschaft kaum eine Rolle. Sie vergaben Kredite und führten Konten. Sie beurkundeten Besitz und Besitzveränderungen. Ebenso wie in der Industrie ging es nicht um Schnelligkeit, sondern um Werte. Lieferzeiten und Zahlungsziele waren feste Elemente, mit denen man kalkulierte, nicht Just-in-time. Auch die Volumeneffekte, die in der Massengüterindustrie eine Rolle spielten, hatten für Banken keine Bedeutung. Kurzfristige Planungen und Aktionen erfolgten in Tagen und nicht in Sekunden.

Aber mit der Globalisierung änderte sich auch dies. Zeit, Volumen und Raum bekamen eine neue Bedeutung. Die Schnellen schlugen die Langsamen. Nicht mehr der einzelne Buchungsvorgang war das Maß für erfolgreiche Arbeit, sondern die Volumina, die bewegt wurden. Nicht mehr die lokale Größe zählte, sondern die internationale Präsenz. Nichts schnitt tiefer in die Strukturen und Routinen der Finanzinstitute ein als die neuen Technologien, die eine globalisierte Wirtschaft erst möglich machten. Heutzutage werden all diese globalen Finanztransaktionen 24 Stunden am Tag in Echtzeit abgewickelt.

Welche Veränderungen der Wechsel von der industriellen zur nachindustriellen Gesellschaft für die Finanzdienstleister mit sich brachte, mögen folgende Zahlen verdeutlichen:

Noch 1977 dienten 28,5 Prozent des Handels mit Währungen der Abwicklung von realen Handelsgeschäften. 1999 war es nur noch ein Prozent. 99 Prozent des Handels mit Währungen fanden also nur noch als Spekulationsgeschäft statt. Das Weltsozialprodukt, das ist die Summe aller weltweit erwirtschafteten Güter und Dienstleistungen, wurde 1993 auf 23 000 Milliarden US-Dollar geschätzt.

In der Zeit von 1985 bis 1995 haben sich die Umsätze im internationalen Devisen- und Wertpapierhandel mehr als verzehnfacht. 1995 wechselten täglich Währungsbeträge von rund 1 500 Milliarden US-Dollar den Besitzer. Das entsprach in etwa der gesamten Jahresleistung der deutschen Wirtschaft. Der Handel mit Derivaten und Terminkontrakten belief sich zu der Zeit schon auf eine Summe von 41 000 Milliarden US-Dollar.

In der nachindustriellen Gesellschaft diente die Finanzwirtschaft also nicht mehr oder nur noch zu einem kleinen Teil der realen Wirtschaft, sondern hatte sich weitgehend verselbstständigt. Die Spekulationen auf zukünftige Veränderungen von Aktienindizes, von Zinssätzen oder eben auch von Wechselkursen hatten mit dem realen Handel von Rohstoffen oder Fertiggütern beziehungsweise mit deren Gewinnung und Produktion nichts mehr zu tun.

Das hatte auch tiefgreifende Auswirkungen auf die Strukturen und das Selbstverständnis der Deutschen Bank, auf ihre Position im internationalen Geschäft und auf den sich daraus ergebenden Zwang zur Größe. Diesen Veränderungen *musste* die Deutsche Bank Rechnung tragen. Innerhalb von fast zwanzig Jahren, von 1970 bis 1989, bereitete sie den Wandel von der Geldmacht zur Wissensmacht vor. Und es dauerte nochmals rund 15 Jahre, bis dieser Prozess so weit abgeschlossen war, dass im Jahr 2002 für alle sichtbar der Wandel vollzogen werden konnte.

Die Deutschland AG – das Fundament bröckelt

Wann der Begriff Deutschland AG in den allgemeinen Sprachgebrauch aufgenommen wurde, lässt sich nicht mehr ermitteln. Er klingt aber so gut, dass er heute in nahezu jedem Zusammenhang benutzt wird. Im engeren Sinne bezeichnete die Deutschland AG ein Netzwerk deutscher Unternehmen, das durch gegenseitige Beteiligungen und durch gegenseitige Kontrolle im Rahmen von Aufsichtsrats- oder Beiratsmandaten miteinander verbunden ist.

In diesem Netzwerk gibt es einige Dutzend Knotenpunkte, an denen die wichtigsten Machtstränge zusammenfließen und von denen aus es möglich ist, das gesamte Netzwerk zu koordinieren, zu kontrollieren und im Zweifelsfall auch zu kommandieren. Diese Betrachtungsweise mag zwar in den Fünfziger- und auch noch in den Sechzigerjahren richtig gewesen sein. Danach musste der Begriff jedoch dank der normativen Kraft des Faktischen erweitert werden.

Das deutsche Modell der sozialen Marktwirtschaft machte es unumgänglich, nicht nur den Gewerkschaften einen Platz im Netzwerk der Deutschland AG einzuräumen, sondern auch den Verbänden und natürlich der Politik. Ohne diese neuen Mitspieler wäre die Deutschland AG nicht mehr handlungsfähig gewesen. Es war eine Selbstverständlichkeit, auch die Arbeitnehmer am Wirtschaftswunder teilhaben zu lassen, denn schließlich hatten sie als Konsumenten wiederum ganz wesentlich zum Wirtschaftswachstum beigetragen.

Gerade die Gewerkschaften kämpften gemeinsam mit der Unternehmerseite in den Aufsichtsräten gegen eine »Überfremdung« deutscher Unternehmen. Sie befürchteten, dass viele der sozialen Errungenschaften, seien es nun Lohnerhöhungen oder Arbeitszeitverkürzungen, nicht mehr durchsetzbar sein würden, wenn ausländische Unternehmen wesentliche Anteile deutscher Unternehmen aufkauften und es dann zu einer »Amerikanisierung« der deutschen Wirtschaft käme.

Der wichtigste Partner der Gewerkschaften im Kampf gegen diese »Überfremdung« war die Deutsche Bank. Besonders sie, aber auch die anderen großen Banken, waren in der Lage, anstelle anderer Investoren Unternehmensbeteiligungen zu kaufen und zu halten. Also schritten die Deutsche Bank und die Gewerkschaften zumindest für eine Zeit Seit' an Seit'. Dieser wirtschaftliche Sonderweg Deutschlands wurde von den politischen Institutionen mitgetragen. Es wurden sowohl auf Wunsch der Unternehmen als auch der Gewerkschaften zahlreiche Gesetze verabschiedet, die es für ausländische Investoren nicht gerade attraktiv machten, ihr Geld in Deutschland anzulegen.

Bis einschließlich 1981 war Deutschland ein Kapitalimportland. Es waren stets mehr ausländische Kapitaleigner, die ihr Geld in der Bundesrepublik anlegten, als es umgekehrt Deutsche im Ausland taten. Das änderte sich ab 1982. In diesem Jahr lag der Kapitalexport bei 3,2 Milliarden Mark und schon ein Jahr später hatte er sich versechsfacht. Im Jahr 1986 betrug er 82,6 Milliarden Mark, rund 26 Mal so viel wie 1982. So richtig in Gang kam die Kapitalflucht aber erst nach Einführung der Quellensteuer.

Dass von diesen Bewegungen in erster Linie die Banken und allen voran die Deutsche Bank profitierten, braucht kaum noch erwähnt zu werden. Dank zahlreicher Auslandstöchter in Steuerparadiesen konnten sie ihren betuchten Kunden Möglichkeiten eröffnen, von denen der einfache Normalverdiener nur träumte. Hier war es wiederum die Aufgabe der um Politik und Gewerkschaften erweiterten Deutschland AG, Abhilfe zu schaffen. Noch mehr Vorschriften und noch mehr bürokratische Hindernisse legten sich wie eine lähmende, zähe Schicht über die deutsche Wirtschaft. Nicht die Anpassung an die durch die Globalisierung geschaffenen neuen Bedingungen bestimmten das Handeln der AG, sondern der gewünschte Erhalt des Status quo und die Besitzstandswahrung.

Alfred Herrhausen war wieder einer der wenigen Vordenker, die das bereits erkannt hatten, und in einer Rede von 1989 formulierte er es so: »Ich habe den Eindruck, dass wir mit unserer Wirtschafts- und Gesellschaftspolitik gegen diesen Grundsatz größtmöglicher Beweglichkeit und Anpassungsfähigkeit häufig, zu häufig verstoßen. Wir machen unsere Gefüge und Verfahren starr und demzufolge wandlungsunfähig und gehen den Irrweg weiter in mehr statt in weniger Bürokratie. Damit schmälern wir die Darwinsche Chance zur erfolgreichen Bewältigung der ›ungewissen‹ Zukunft und ihrer Probleme, von denen ja einige bereits deutlich erkennbar sind.

Eines davon, das auf einem weiteren der so wie beschrieben gemeinten Widersprüche beruht, hat mit dem zu tun, dass wir gemeinhin ›sozial‹ oder ›das Soziale‹ nennen.

Unsere Gesellschaft hat sich angewöhnt, alles ›sozial‹ zu heißen, was der Staat für den Einzelnen tut. Deshalb hat in unserem mehr oder weniger reflektierten Selbstverständnis alles gleichsam automatisch einen sozialen Anstrich, was ihn ›in die Pflicht nimmt‹. Kein Wunder, dass der Ruf nach dem Staat sich zunehmend legitimiert.«

Inzwischen fordern ja nicht nur die Arbeitnehmer und Gewerkschaften Schutz und soziale Absicherung vom Staat, sondern auch die Unternehmen selbst. Gewinne sollen auch weiterhin privatisiert werden dürfen und Verluste vergesellschaftet, wie es zum Beispiel die Anfang 2003 geführte Diskussion um die Bad Banks – Auffanggesellschaften, die die Not leidenden Kredite von Banken bündeln, als Wertpapier verpacken und wieder verkaufen –, um die Absicherung und Übernahme von Kreditrisiken zeigt. Es mag auch eine Folge der Wiedervereinigung sein, dass sich große Teile der Deutschland AG inzwischen so verhalten, als seien sie Staatsbetriebe geworden.

Die Deutschland AG, wie wir sie heute kennen, wird keineswegs repräsentiert von den dynamischen, weltoffenen und global denkenden Managern. Typisch sind eher die Besitzstandswahrer, die ihren Posten nur halten können, weil sie gute Beziehungen zu den Großaktionären pflegen, denen der Wert eines Konzerns nur solange relativ egal ist, wie sie ihn oder Teile des Unternehmens nicht zu Geld machen können. Denn die Einzelteile eines Unternehmens sind häufig mehr wert als das nur künstlich zusammengehaltene Ganze. Seit 2002 hat es fast den Anschein, als wenn die Deutschland AG nur noch vom Steuerrecht zusammengehalten wird. Jetzt, da Unternehmen steuerfrei verkauft werden können, fällt auseinander, was wohl schon lange nicht mehr zusammengehört.

Auch wenn die Banken oft das Gegenteil behaupten, so stockten sie ihren Beteiligungsbesitz Anfang der Neunzigerjahre auf, statt ihn abzubauen. Diese Entwicklung wird als »Japanisierung« der deutschen Wirtschaft bezeichnet. Durch die kleinen Beteiligungspakete hofft man, wieder an mehr Mandate zu kommen – und damit das Firmengeschäft zu beleben.

Ende 1995 hielt die Deutsche Bank mit einem kapitalisierten Marktwert von mehr als 23,6 Milliarden Mark eines der größten Beteiligungsportfolios Europas, darunter 24,4 Prozent an Daimler-Benz, 10 Prozent an der Allianz, 10 Prozent an der Münchener Rück und 10 Prozent an Linde. Die Bilanzsumme addierte sich Ende 1995 auf 700 Milliarden Mark. Weltweit beschäftigte sie rund 72 500 Mitarbeiter in 2 500 Geschäftsstellen. Die Aktien waren breit gestreut. Mit einen Paket von 5 Prozent war die Allianz Holding größter Aktionär.

Noch Ende 2000 waren die wichtigsten Industriebeteiligungen der Deutschen Bank folgende: Continental mit 7,9 Prozent, DaimlerChrysler mit 12 Prozent, Heidelberger Zement mit 8,7 Prozent, Holzmann mit 19,6 Prozent, Linde mit 10 Prozent, Metallgesellschaft mit 9,1 Prozent und Südzucker mit 10,1 Prozent.

In der Zwischenzeit hatten alle Beteiligten gemerkt, dass in der deutschen Wirtschaft insgesamt »der Wurm steckte«. Es gab und gibt genügend Plätze auf der Welt, an denen das Kapital effektiver arbeitet als in Deutschland.

Ein Ausstieg aus den immer weniger Rendite abwerfenden Industriebeteiligungen ist aber auch nur dann möglich, wenn sich das Unternehmen nicht gerade in einer Krise befindet. Also arbeitete auch die Deutsche Bank nach besten Kräften darauf hin, ihre Beteiligungen wieder flott und wettbewerbsfähig zu machen.

Und natürlich spüren die Unternehmen auch den Druck, der vom weltweiten Hyperwettbewerb ausgeht und sie zu Restrukturierungen zwingt. Aber erst die Steuerreform hat das Tempo verschärft. 2002 blieb die erwartete gewaltige Deal-Welle noch aus. Das lag ganz einfach daran, dass die Wirtschaft weltweit stagnierte und die Börsenkurse am Boden lagen. Die möglichen Verkaufserlöse befanden sich zum großen Teil weit unter dem Niveau der Preise, die in einer Boomphase zu realisieren wären.

An die Stelle der Deutschland AG wird früher oder später wohl eine internationale German Inc. treten. Die Aktionäre werden nicht mehr am langfristigen Besitz, sondern an kurzfristiger Wertsteigerung interessiert sein und deshalb ihr Portfolio wahrscheinlich häufiger umschichten. Die Deutsche Bank zum Beispiel wird ihr Geld eher in ausländische Wachstumsunternehmen stecken, zeitlich limitiert und unter Vorgabe strikter Renditezahlen.

Daran wird sich zumindestens solange nichts ändern, wie deutsche Aktiengesellschaften international zu den Federgewichten an den Börsen zählen. Im Februar 2003 war selbst unter den zehn Aktiengesellschaften mit dem höchsten Börsenwert in Europa kein einziges deutsches Unternehmen zu finden. Die Deutsche Telekom, mit 53 Milliarden Euro Marktkapitalisierung mit Abstand das größte deutsche Unternehmen, lag europaweit nur auf Platz 14, Siemens mit 31 Milliarden Euro und DaimlerChrysler mit 28 Milliarden Euro folgten auf den Plätzen 24 und 27.

Weltweit waren die Aktienkurse seit dem Rekordhoch der Börsen im März 2000 kräftig gefallen, aber nirgendwo so stark wie in Deutschland. Der DAX hatte 70 Prozent verloren und die 30 DAX-Werte insgesamt waren gerade noch so viel wert wie die drei größten britischen Aktiengesellschaften BP, Vodafone und Glaxo Smith Kline.

Die Deutsche Bank lag mit einem Börsenwert von 23 Milliarden Euro auf Platz 6 der größten deutschen Aktiengesellschaften. Zum Vergleich die Werte anderer international tätiger Banken: Die Citigroup wurde mit 152 Milliarden Euro bewertet, HSBC Holdings mit 93 Milliarden und die Royal Bank of Scotland mit 64 Milliarden Euro.

Eine Schwäche der Deutschland AG ist ganz sicher auch die mangelnde Streitkultur in den Aufsichtsräten. Oft wird befürchtet, dass die Arbeitnehmervertreter und Gewerkschafter eine mögliche Kritik an den Topmanagern sofort ins Unternehmen tragen. Hilmar Kopper, aber auch Klaus Liesen, früher Ruhrgas, und Dieter Vogel, früher Thyssen, haben keine Probleme mit den Arbeitnehmern, die in Konzernen mit mehr als 2 000 Beschäftigten die Hälfte aller Aufsichtsratssitze innehaben. Sie loben ausdrücklich das pragmatische und am Wohl des Unternehmens orientierte Denken der Arbeitnehmervertreter. Die paritätische Mitbestimmung existiert ja bereits seit den Siebzigerjahren und die gemachten Erfahrungen hätten die ideologische Verklemmtheit beseitigt, so Kopper.

Was jedoch die Qualität und Qualifikation der meisten Aufsichtsräte angeht, so ist es damit nicht weit her. In mehr als ein Drittel aller Fälle wird ihnen von der Fachöffentlichkeit der nötige Durchblick abgesprochen. Und auch der zeitliche Einsatz ist begrenzt. Selbst in Großkonzernen finden pro Jahr nur 4,5 Sitzungen statt, die jeweils rund 3,5 Stunden dauern. Kein Wunder also, dass die eigentliche Diskussion in kleine Zirkel verlagert wird und die Mehrheit der Aufsichtsräte nur noch die schon vorher gefassten Ergebnisse abnickt. Die Entscheidungen werden nicht mehr vom Plenum, sondern vom Vorsitzenden und dem Präsidium getroffen. 28 der 30 DAX-Aufsichtsratsvorsitzenden waren im Jahr 1999 in keinem anderen Unternehmen operativ tätig – und damit reine Berufskontrolleure.

Auch die Verbindungen und Abhängigkeiten zwischen Vorständen und Aufsichtsräten werden kritisiert. Bemängelt wird unter anderem, dass die Aufsichtsräte mancher Unternehmen extrem kleinaktionärsfeindlich oder aber auch mit zu vielen befreundeten Promis besetzt seien.

Beim Geld hört die Freundschaft auf – das System der Corporate Banks

Seit Ende der Achtzigerjahre verzichteten immer mehr Großkonzerne auf die Dienste der traditionellen Hausbank, wenn System und Konditionen dort nicht stimmten. Immer häufiger übernahmen sie selbst Bankfunktionen. Die Finanzchefs in der Industrie rüsteten ihre Abteilungen systematisch zu Corporate Banks auf und die etablierten Geldhäuser, allen voran die Deutsche Bank, hatten das Nachsehen.

Jahrelang hatte die Deutsche Bank versucht, die Unternehmen, mit denen sie zusammenarbeitete, durch ein eigenes System für das Cash-Management an sich zu binden. Nur zögernd ist sie als letzte Großbank auf die Standardsoftware »Multicash« umgeschwenkt.

Multinationale Konzerne gehören zu den begehrtesten und prestigeträchtigsten Kunden der Banken. Aber gerade diese Unternehmen bauten ihre Finanzabteilungen zu eigenen Finanzinstituten um. Die hoch entwickelten Corporate Banks erwirtschafteten zum Teil mehr als 20 Prozent des gesamten Unternehmensgewinns. Die Finanzdienstleister der Unternehmen waren meist personell hervorragend ausgestattet. Sie holten sich einfach die guten Leute von den Banken.

Viele Finanztransaktionen werden bei multinationalen Konzernen in einem derart großen Ausmaß getätigt, dass sie in diesem Punkt selbst größeren Banken kaum nachstehen. Eines der wichtigen Argumente dafür, die Finanzgeschäfte selbst in die Hand zu nehmen, ist die Tatsache, dass die Direktfinanzierung am Kapitalmarkt deutlich kostengünstiger ist als der mit hohen Vertriebsabwicklungs- und Eigenkapitalkosten belastete traditionelle Bankkredit.

Besonders die Automobilkonzerne hatten in den Bereichen Absatzfinanzierung und Fahrzeugleasing die Geschäftsbanken bereits aus dem Feld geschlagen. Die sorgsam austarierte Arbeitsteilung geriet Anfang der Neunzigerjahre ziemlich ins Wanken. Das Geschäftsvolumen von VW im Finanzdienstleistungs- und Leasinggeschäft betrug zu der Zeit bereits 16 Milliarden Mark. In den USA war General Motors schon Anfang der Neunzigerjahre die größte Konsumkreditbank geworden und bei dem amerikanischen Handelskonzern Sears Roebuck trugen die Finanzdienstleistungen gut 80 Prozent zum Unternehmensergebnis bei. Beim ABB Konzern steuerte das als Profit-Center geführte Ressort Finanzdienstleistungen 1989 rund 100 Millionen US-Dollar zum Konzerngewinn bei, immerhin ein Zehntel.

Nicht nur die Konsumfinanzierung übernehmen die Konzerne selbst, sie bieten auch Allfinanzdienstleistungen an und werden im Firmenkundengeschäft aktiv. Die Corporate Banks entwickeln komplizierte Kapitalmarktinstrumente, managen Zahlungsströme und Währungsrisiken, spielen Konsortialführer, betreiben Mergers & Acquisitions oder arrangieren Spezialfinanzierungen. Hauptziel ist es, den Banken vor allem beim Liquiditätsmanagement Geschäfte wegzunehmen.

Alexander Erdly von Henkel hatte zwischen Anfang der Siebziger- bis Anfang der Neunzigerjahre 165 Akquisitionen des Unternehmens koordiniert, ohne jemals die Dienste von Investment-Banken in Anspruch zu nehmen. Bei einigen Deals hat er zwischen fünf und neun Millionen Mark als Bankprovisionen gespart. So rechnet sich Know-how eben auch für die Konzerne. Und selbst wenn die Industriebanker ihre Finanzabteilungen nicht als Profit-Center führen, sparen sie dennoch Kosten und machen zusätzliche Gewinne. Statt einfach die teuren Finanzierungsangebote der Banken zu akzeptieren, prüfen die Unternehmen sehr genau, ob es nicht Alternativen gibt, und knobeln selbst immer raffiniertere und kostengünstigere Finanzmodelle aus.

VW war damals der erste Industriekonzern, der so genannte Marktfensteranleihen einsetzte, um teure Bankkredite durch billigeres Geld zu ersetzen. Der Konzern nutzte dabei auch Ineffizienzen in den weltweiten Kapitalmärkten. Allein im Devisengeschäft konnten manche Unternehmen mehr als eine Million Mark an Bankgebühren sparen. Immer häufiger wurde die Hausbank durch eine Hand voll »Relationship orientierte Verbindungen« ersetzt. Diesen Core-Banks werden dann zwar Geschäfte zugeschanzt, allerdings erwarten die Finanzchefs der Unternehmen im Gegenzug Topkonditionen.

Die meisten Geschäftsbeziehungen, über die die Deutsche Bank Mitte der Neunzigerjahre verfügte, waren historisch gewachsen und wurden von der Bank fast wie ein Selbstbedienungsladen betrachtet. Sie verlangte Premiumpreise und schöpfte die Economies of Scale voll aus. Viele Industriemanager hielten das für Relationship Banking at it's worst.

Weil die deutschen Banken immer weniger Kredite absetzten, weniger Geschäftsvolumen hatten und häufig nur noch hauchdünne Margen kassierten, setzten sie seit Anfang der Neunzigerjahre verstärkt auf das beratungsintensive Geschäft wie Corporate Restructuring oder Mergers & Acquisitions. Manche Konzerne bearbeiteten jedoch auch diese Bereiche zunehmend inhouse, wie zum Beispiel Daimler-Benz, Bertelsmann oder auch die Lufthansa. Und für komplexe Finanzierungsprojekte wurden immer häufiger angelsächsische Investmentbanken wie Goldman Sachs oder Morgan Stanley ausgewählt. Was die deutschen Industriemanager dort schätzten, war das entscheidende Mehr an Know-how, an Kreativität, an Risikofreude und nicht zuletzt natürlich die besseren Konditionen.

Augen zu und durch – Wachstum in schweren Zeiten

Es sollte niemand annehmen, dass die Deutsche Bank nicht in der Lage wäre, Probleme zu erkennen. Leider ist sie aber auch, wie viele große Organisationen, ein Meister darin, Probleme noch wirksamer zu verdrängen.

Bereits 1990 prophezeite Ulrich Cartellieri, dass die Banken die Stahlindustrie der Neunzigerjahre sein würden. Und 1992 diagnostizierte er, dass die Krise der Banken bereits begonnen habe. Dabei ging es ihm nicht so sehr um Aspekte wie die Zweigstellendichte, sondern um die Zahl der Institute, die international tätig waren. Inzwischen sind die meisten der kleineren und mittleren Banken, die sich damals noch im internationalen Wettbewerb versuchten, vom Markt verschwunden.

International klappte die Kapazitätsbereinigung durch die Marktmechanismen recht gut. Das ist, bezogen auf die große Zahl der Zweigstellen, auf dem geschützten deutschen Markt bis heute nicht möglich. Cartellieri zog bereits damals den Vergleich zur Stahlindustrie – das zeigt, dass die Probleme der nachfolgenden Jahre nicht durch das Verkennen der Situation unter den Tisch gekehrt wurden, sondern schlicht und einfach aus der Unfähigkeit zu handeln.

Für Cartellieri war der wichtigste Effekt bei einer Fusion von Banken die Kapazitätsvernichtung. Nur durch Fusionen könne man die Überkapazitäten vom Markt nehmen. Er prophezeite, dass die Zahl der großen Institute abnehmen werde, und er behielt Recht.

Durch den Trend zur Deregulierung prallten auch Banken aufeinander, die bis dahin voneinander abgeschottet in protektionierten Märkten agierten. Aber erst die Computerisierung gab den Banken das Handwerkszeug, um weltweit tätig werden zu können. Zunehmend problematisch für die Banken wurde die Tatsache, dass auch immer mehr branchenfremde Wettbewerber ins Finanzgeschäft drängten, wie zum Beispiel bei der Autoabsatzfinanzierung. Keine der großen Leasing-Gesellschaften dieser Welt kam noch aus dem Bankenbereich.

Auch die Kosten der Technisierung bereiteten den Banken immer größere Probleme. Die Unternehmensstrategie der Deutschen Bank Anfang der Neunzigerjahre basierte auf der Annahme, dass die Kosten weiter steigen werden. Anders als bei der produzierenden Industrie kann eine Bank aber gestiegene Kosten nicht einfach auf die Produkte abwälzen, indem sie beispielsweise die Zinsen erhöht.

Banken müssen andere Wege gehen, zum Beispiel das Dienstleistungsgeschäft ausweiten, um damit mehr und höhere Provisionen zu kassieren. Genau das war der Grund, weshalb das Investment-Banking schon bald zu boomen begann. Eine weitere Möglichkeit besteht darin, innovative Dienstleistungen und Produkte anzubieten und etwa mit Lebensversicherungen, Bausparangeboten oder dem Management-Consulting zusätzliche Einnahmequellen zu erschließen.

Das institutionalisierte Chaos – die Reorganisation der Reorganisation

1990 reduzierte der Vorstand der Deutschen Bank die Ideen Herrhausens auf das, was für strategisch machbar gehalten wurde. Erst nach einem Test des so genannten Spartenkonzepts in drei Hauptfilialen gab es grünes Licht für weitere Veränderungen. Die Umsetzung sollte dann im Jahr 1991 stattfinden. Dabei bekam die neue Spartengliederung Vorrang vor dem regionalen Universalprinzip. Insgesamt sah man drei Divisionen vor: die Unternehmensbereiche Privatkunden, Firmenkunden/Institutionen und Services, die dann wiederum insgesamt in dreizehn Unterbereiche aufgeteilt und den einzelnen Vorstandsmitgliedern zugeordnet waren.

Fünf Jahre nach dem Tod Alfred Herrhausens war die Deutsche Bank endlich so weit, dass sie erneut eine Fortschreibung der immer wieder angedachten Reformen vorlegen konnte. Das Werk hieß »Strukturbuch 3«. Man hatte sich darauf geeinigt, das operative Geschäft dezentral zu lenken, während sich die Zentrale in Frankfurt auf die Steuerung und strategische Fragen beschränken sollte. Man war auch zu der Einsicht gelangt, dass es besser sei, alle Mitarbeiter in den Veränderungsprozess einzubinden und sie nicht permanent vor vollendete Tatsachen zu stellen.

Die Deutsche Bank stellte sich zwar nicht mehr als ein Bündel von Regionalbanken mit einer Zentrale als Sahnehäubchen dar, aber im Prinzip waren die vier Säulen, die die Bank zu jener Zeit trugen, immer noch nicht miteinander kompatibel. Die erste Säule war das Massengeschäft mit Kleinkunden, die zweite Säule die Vermögensverwaltung, in der mehr als 200 Milliarden Mark betreut wurden. In der dritten Säule, dem Commercial Banking, ging es um das nationale Firmenkundengeschäft mit dem Schwerpunkt Mittelstand. Die vierte Säule bildete das Investment-Banking mit internationaler Orientierung.

Gewinne waren in der ersten Säule nur zu machen, wenn man durch den Einsatz modernster Technologie Kosten optimierte und effizient große Datenmengen bewältigte. Bei der Vermögensverwaltung zählten persönliche Beratung und qualifiziertes Know-how, das einen nachweisbaren Kundennutzen erbrachte. Im Commercial Banking erwartete die Kundschaft sowohl Branchenkenntnisse als auch Objektivität, innovative und kreative Lösungen, Marktkenntnisse und internationale Verbindungen. Gerade hier war die Deutsche Bank im Vergleich mit anderen

Großbanken meist nur mittelmäßig. Beim Investment-Banking zählte neben Schnelligkeit in erster Linie die Leistung.

Statt eines zwölfköpfigen Vorstands wurden auch immer wieder zwei andere Modelle diskutiert. Das eine sah einen kleinen Zentralvorstand mit Bereichsvorständen für die Geschäftssparten vor. Genau das hat Josef Ackermann dann ja auch sieben Jahre später verwirklicht. Der andere Ansatz favorisierte eine Holding mit rechtlich selbstständigen Töchtern. Diese jahrelange Vermischung von zwei verschiedenen Modellen sorgte für ein Dauerchaos. Zu dieser Zeit wurde der Begriff »Baustelle Deutsche Bank« von Ulrich Weiss geprägt.

Ende 1996 begann sich das Personalkarussell mit deutlich höherem Tempo zu drehen. Hilmar Kopper wollte mit der Reform der Konzernführung den Schlussstein in dem seit Jahren betriebenen Umbau der Deutschen Bank setzen. Im Klartext hieß das, dass der Konzernvorstand von zwölf auf sieben oder eventuell auch acht Mitglieder schrumpfen sollte. Was Kopper zu jener Zeit noch ablehnte, war ein Zweiklassenvorstand mit einer kleinen Konzernleitung und einem erweiterten Vorstandskreis.

Hausintern hatte man sich bei der Deutschen Bank darauf geeinigt, dass die Vorstände nicht mehr, wie noch zu Zeiten Herrhausens, bis zum 65. Lebensjahr im Amt bleiben sollten, sondern nur noch bis zum 62. Selbst das Ausscheiden mit 60 Jahren war nicht unerwünscht. Damit stand zur Hauptversammlung im Jahr 1997 fast die Hälfte der Mannschaft zur Disposition, einschließlich Kopper, der den Vorsitz im Aufsichtsrat übernehmen würde. Dass Ulrich Cartellieri in den Aufsichtsrat wechseln würde, war bereits beschlossene Sache.

Wie wir heute wissen, ging 1997 bei der Deutschen Bank eine Ära zu Ende. Kopper und Cartellieri hatten nämlich beide nicht vor, im Aufsichtsrat nur als Abnicker zu sitzen. Sie wollten entscheiden, was sie vom Gesetz her auch entscheiden durften, zum Beispiel über die Berufung der Vorstände und des Sprechers. Während Kopper in seiner Zeit als Vorstandssprecher keinesfalls bereit war, sich vom Aufsichtsrat in Vorstandsangelegenheiten hineinreden zu lassen – Kritiker sprachen von Kopperate Governance statt Corporate Governance – würde sich das schlagartig ändern, wenn er selbst dem Aufsichtsrat angehören würde.

Rückblickend sagte man über Hilmar Kopper, dass er vielerlei und zu viel angeschoben habe. Tatsächlich hat er die größte Offensive in der Geschichte der Deutschen Bank gestartet und eine Riesenbaustelle hinterlassen. Allein drei Milliarden Mark lenkte er nach Ostdeutschland und fast fünf Milliarden Mark einschließlich des Einstandspreises für Morgan Grenfell kostete der Sprung ins globale Investment-Banking. Kopper stieg auch groß ins Versicherungsgeschäft ein. Die Inlandsfilialen wurden neu strukturiert und die Managementorganisation komplett umgekrempelt. Aber es brauchte fast sieben Jahre, und die Reorganisation war noch immer nicht abgeschlossen.

Kundennähe als Ziel

Was der Deutschen Bank fehlte, war die Dienstleistungsmentalität, und dieser Aspekt wurde immer wichtiger. Das 1996 in Angriff genommene »Projekt Kundennähe« sollte die Deutsche Bank schneller und besser, effizienter und kostengünstiger machen. Allen war bewusst, dass im Laufe eines solchen Prozesses vieles in Frage gestellt würde. Als jedoch der für das Personal zuständige Vorstand Ulrich Weiss erklärte, die Bank lege keinen Wert mehr auf Mitarbeiter, »die einen großen Teil ihres Selbstbewusstseins aus dem Prestige der Deutschen Bank ableiten«, ließ es doch vielen den Atem stocken.

Auch Hilmar Kopper zeigte sich wenig feinfühlig: »Stolpersteine, die herumliegen, werden hinweggeräumt.« Georg Krupp, zuständig für das Privatkundengeschäft, wollte auch »keinen Stein auf dem anderen« lassen. Die Mitarbeiter müssten in Zukunft einfach anders ausgewählt, motiviert und geführt werden. Die Bank brauche eine neue Generation von

Betreuern und Führungskräften. Wer sich nicht ändern könne oder wolle, für den sei in der Deutschen Bank zukünftig kein Platz mehr.

Diese Töne waren natürlich ein Schock für die Mitarbeiter, die bis dahin trotz aller Warnsignale eher eine Beamtenmentalität gepflegt hatten und sich in einem Dienst- und Treueverhältnis stehen sahen. Die alten Qualifikationen waren nicht mehr gefragt, zumindest nicht ausschließlich. Korrektheit und Solidität sollten nicht gerade durch eine Verkäufermentalität ersetzt werden, aber diese neue Qualifikation bekam einen hohen Stellenwert.

Die profitable Basis des Privatkundengeschäfts, in den Filialen das Geld einzusammeln und als Kredite zu vergeben, war Mitte der Neunzigerjahre weitgehend weggebrochen. Der Anteil der für die Bank billigen, weil niedrig verzinslichen, Sichteinlagen hatte sich in den zehn Jahren zuvor nahezu halbiert. Es gab in der gesamten Bundesrepublik rund 50 000 Bankstellen, das waren mehr als doppelt so viel wie Metzgereien. Die Deutsche Bank musste allein für die Raumkosten ihrer 1 500 Filialen jährlich rund 700 Millionen Mark zahlen.

Als eine weitere Wunderwaffe im Kampf gegen die Kosten sah man die Kundensegmentierung. Bei den Standardkunden, das waren immerhin 62 Prozent der deutschen Haushalte, hatten die Banken in der Vergangenheit kräftig draufgezahlt. Nur an 25 Prozent der Haushalte, dem gehobenen Klientel, ließ sich mit einer erweiterten Produktpalette noch verdienen.

Noch mehr brachten natürlich die 8 Prozent der Haushalte, die ein reales Geldvermögen von mindestens 100 000 Mark hatten und dementsprechend auch als Individualkunden zu behandeln waren. Für sie entstanden ausgewählte Filialen, die sie nicht mit Krethi und Plethi teilen mussten. Während selbst das gehobene Klientel noch von Generalisten bedient wurde, wobei jeder Sachbearbeiter ungefähr 1 500 Kunden zu betreuen hatte, teilten sich bei den Individualkunden nur 300 ihren Berater.

Wie man auch im Privatkundengeschäft Geld verdienen kann, zeigte die New Yorker Citibank auch in Deutschland. Die meisten der Verwaltungs- und Abwicklungsarbeiten waren dort bereits automatisiert und zentralisiert. Selbst Kreditanträge wurden elektronisch bearbeitet. Damit verbesserte die deutsche Privatkundensparte der Citibank ihre Eigenkapitalrendite von 13 Prozent im Jahr 1990 auf 21 Prozent im Jahr 1995. Und während wenige Jahre zuvor die Idee, auch das Privatkundengeschäft globalisieren zu können, noch als Spinnerei abgetan wurde, stellte Kopper nun fest, dass alle von der Citibank eine Menge lernen könnten.

Drastische Veränderungen im Berufsbild

Würden bei der Deutschen Bank die bisher auf mehr als 100 Stellen verstreuten Buchungen von Überweisungen, Änderungen von Daueraufträgen oder Abwicklungen von Sparbriefen zentralisiert werden, läge die Einsparung in dreistelliger Millionenhöhe. Allein durch die Automatisierung und Zentralisierung der Abwicklungsarbeiten könnte die Deutsche Bank auf rund die Hälfte der Belegschaft verzichten. Wenn man auch noch die Führung straffte, stünden noch einmal 10 Prozent der Mitarbeiter zur Disposition. Das Hauptproblem wäre damit aber immer noch nicht gelöst. Es bestand darin, dass selbst von den verbleibenden Mitarbeitern 90 Prozent nicht mehr in die neuen Anforderungsprofile passen würden.

Im Grunde müsste die Bank alle Mitarbeiter aus dem Bereich des Privatkundengeschäfts entlassen und neue, anders ausgebildete einstellen. Die Mitarbeiter waren einerseits für das Standardgeschäft überqualifiziert und anderseits für die Betreuung des anspruchsvollen Klientels unterqualifiziert. Aber natürlich würden solche drastischen Maßnahmen alles andere als billig sein. Wer als 35-Jähriger bereit war, die Deutsche Bank zu verlassen, hätte als Trostpflaster mit etwas Verhandlungsgeschick mit etwa 250 000 Mark Abfindung rechnen dürfen.

Die Rationalisierungsmaßnahmen nagten natürlich auch erheblich am Selbstwertgefühl der Mitarbeiter. Wer sich als »Schalterbeamter« stets für etwas Besseres gehalten hatte, konnte sich nur schwer damit abfinden, in einer Bankfabrik tagtäglich die gleichen Routinearbeiten ausführen zu müssen. Die »Modernen Zeiten« der Industrialisierung hatten nun auch die Banken endgültig eingeholt, und das in einer Phase, in der die produzierende Wirtschaft gerade wieder auf ein neues Niveau umschwenkte. Das Mittelmanagement in den Filialen, das oft zu den örtlichen Honoratioren zählte, wurde zu Erfüllungsgehilfen degradiert. Ein Teil ihrer Entscheidungen nahm ihm der »Kollege Computer« ab, einen anderen Teil übergeordnete Spezialabteilungen.

»Früher war die Bank ein Fachhandel. Die Beschäftigten waren qualifizierte Experten. Künftig wird die Bank ein Kaufhaus sein – mit Verkäufern, die von allem ein wenig Ahnung haben«, sagte Jörn Riesler, Betriebsrat der Deutschen Bank Hamburg im Jahr 1998.

Zu dieser Zeit machte in der Kostenstruktur des Bankgewerbes das Personal 65 Prozent aus, 25 Prozent kostete die Informationstechnik und 10 Prozent die Infrastruktur. Für das Jahr 2005 wurde geschätzt, dass die Informationstechnik 50 Prozent der Kosten verursacht, das Personal nur noch 45 Prozent und die Infrastruktur noch 5 Prozent.

Das Massengeschäft der Banken basiert auf sehr einfachen Produkten, die im Prinzip jeder verkaufen kann. Sie gehörten zur Angebotspalette von so genannten Non- oder Near-Banks. Seine Kreditkarte konnte man inzwischen überall bekommen, vom Automobilclub über den Autohändler, die Fluggesellschaft bis hin zum Supermarkt. Dafür brauchte man keine Bank mehr. Immer mehr Mitarbeiter der Banken wurden ausgemustert.Um Mitarbeiter loszuwerden, war fast jedes Mittel recht. Was anschließend mit ihnen geschehen sollte, war jedoch unklar. Denn obwohl die ehemaligen Bankmitarbeiter über eine Menge Fähigkeiten verfügten, konnten sie oft gerade eines nicht: Dienstleistungen erbringen.

In der Praxis sah es so aus, dass ein Verkaufsgespräch für die Vergabe eines Kredits in Höhe von mehreren 1000 Mark nicht länger als 15 Minuten dauern durfte, sonst wurde es unwirtschaftlich. Auch das Telefonieren wurde den Bankern abgenommen, dafür gab es nun Call-Center. Früher nannte sich der Bankangestellte Berater, weil er den Kunden beraten hat. Nun sprach man von Vertrieb, weil die Kunden vertrieben wurden.

Schäden werden deutlich

Mitte 1997 arbeitete die Deutsche Bank wieder einmal an Kurskorrekturen. Die Expertenmeinung war einhellig. Die Bank war zu groß, zu breit, zu komplex und im internationalen Vergleich nicht profitabel genug. Sie war auf dem Weg zur führenden Universalbank weit, aber nicht weit genug vorangekommen, wie Hilmar Kopper selbst kritisch anmerkte. Man hatte auch die Ziele neu definiert. Zur Universalbank neuen Stils gehöre es nicht, dass sie überall jedem jedes Produkt anbiete. Breuers zukünftige Aufgabe bestehe hauptsächlich darin, das Finanzkonglomerat zu verschlanken, zu fokussieren und wieder führbar zu machen, hieß es.

Das Betriebsergebnis 1997 mit einer Rekordmarke von 5,8 Milliarden Mark war in erster Linie dem Börsenboom zu verdanken. In einer Bewertung der im globalen Großkundengeschäft tätigen Banken lag die Deutsche Bank 1997 nur auf Platz acht. Wirklich gute Noten gab es für die Bank nur bei der Reputation, der Ertragsstabilität und der Kapitalkraft. In allen anderen Bereichen wie Globalisierungsgrad, Position auf dem Heimatmarkt, globales Know-how, Innovationskraft, Unternehmenskultur, Qualität der Mitarbeiter, organisatorische Flexibilität und Shareholder-Value befand sie sich im Mittelfeld. Und wenn es um die Kosten ging, schnitt sie ganz schlecht ab.

Die Deutsche Bank war weiterhin ein Kostentreiber. Im Unternehmensbereich Privat- und Geschäftskunden lagen die Kosten für den Verwaltungsaufwand immer noch bei 75 Prozent der Erträge. Ohne die beratungsintensive Vermögensanlage hätten die rund 1 500 Verkaufsstellen im Inland mit knapp 18 000 Mitarbeitern nur einen Ergebnisbeitrag von 200 Millionen Mark gebracht, das waren nicht einmal 4 Prozent des Betriebsergebnisses.

In den Filialen sammelten sich auch 30 Prozent der gesamten Overheadkosten. Selbst wenn man Filialen schließen würde, hätte sich bei diesen Kosten kaum etwas geändert. Auch im Investment-Banking hatte man es noch nicht geschafft, zur internationalen Finanzelite aufzuschließen. Nur der teuer eingekaufte Starbanker Edson Mitchell zählte zur Weltspitze. Im Aktienhandel und besonders im klassischen Corporate Finance (Mergers & Acquisitions, Aktienemissionen, Privatisierung) haperte es an der Kompetenz. Zwar hatte man beim Börsengang der Telekom eine Provision von rund 100 Millionen Mark kassiert, doch Geschäfte dieser Größenordnung waren für die Deutsche Bank selten.

Auch im Relationship-Banking fehlte es an der Koordination. Die Zusammenarbeit zwischen den Filialdirektoren und Investmentbankern funktionierte nicht und auch die Sprache war immer wieder ein Hindernis. Wenn die Fachleute aus London ihre Vorschläge in Deutschland präsentierten, sprachen sie Englisch oder lasen einen deutschen Text holprig vom Blatt ab. Beides kam in deutschen Unternehmen nicht gut an. Im internationalen Private Banking, dem Geschäft mit weltweit sechs Millionen US-Dollar-Millionären, wollte man unbedingt Fuß fassen.

Bei einem Renditevergleich ausgewählter Banken für die Jahre 1992 bis 1996 lag die Deutsche Bank nur auf Platz neun. Die Eigenkapitalrendite nach Steuern betrug bei der Deutschen Bank nur 8,7 Prozent, Merrill Lynch brachte es immerhin auf 21,7, HSBC Holding auf 19,4, die Bank of America auf 19,3 und Citicorp auf 17,7 Prozent. Bei einem Vergleich der Aktienperformance im selben Zeitraum schaffte es die Citicorp, um 459 Prozent zuzulegen, Barclays lag auf Platz zwei und erreichte immerhin noch 59,8 Prozent Zuwachs. Die Deutsche Bank war das Schlusslicht mit einem Minus von 41,1 Prozent.

Die Bank war dringend gefordert, ihr Kapital rentabler einzusetzen. Das Kreditgeschäft rechnete sich kaum noch. Konsumentenkredite waren zu Marketinginstrumenten von Herstellern und Händlern verkommen und die großen Konzerne und Mittelständler gingen direkt an die

Geld- und Kapitalmärkte. Was der Deutschen Bank übrig blieb, war das riskante Geschäft mit zweitklassigen Adressen.

Das Geschäft mit den Industriebeteiligungen

Auch die Industriebeteiligungen warfen kaum etwas ab. Aber der Verkauf lohnte sich erst nach einer Änderung des Körperschaftsteuergesetzes. Ende 1998 kündigte Rolf-E. Breuer an, dass er die Industriebeteiligungen ausgliedern wollte. Das neue selbstständige Profit-Center wurde von Axel C. Pfeil geleitet, den Breuer als Konzernentwickler bei der Veba abgeworben hatte. Unterstützt wurde er von den Managern der früheren Abteilung für Konzernentwicklung (AFK). Auch räumlich wurde die DB Invest von der Zentrale getrennt.

Die Ausgliederung verhalf der Deutschen Bank zu beträchtlichen Steuereinsparungen sowohl bei der Gewerbesteuer als auch beim Verkauf von Beteiligungen bei der Körperschaftsteuer. Die Bank positionierte die neue Beteiligungsgesellschaft zwischen den klassischen Investmentbanken, die Beteiligungen nur erwerben, um sie möglichst bald meistbietend weiterzuverkaufen, und den Private-Equity-Funds, die überwiegend Mehrheitsbeteiligungen eingehen.

Hauptaufgabe der neuen Tochter war ein aktives und professionelles Portfoliomanagement, also Industriebeteiligungen umschichten, neue Engagements, überwiegend Minderheitsbeteiligungen mit zwei- bis fünfjähriger Haltedauer, eingehen und Ausstiegsstrategien umsetzen. Der entscheidende Faktor dabei sollte der Total-Shareholder-Return sein.

Dabei verdient die Deutsche Bank gleich zweifach, einerseits durch die Wertsteigerung der einzelnen Beteiligungen und andererseits durch die Provisionserträge aus den Folgegeschäften. Denn immer, wenn Aktivitäten aus den Bereichen Finanzierung, Mergers & Acquisitions oder

Going Public erforderlich sind, werden natürlich die hauseigenen Investmentbanker des Konzerns eingeschaltet.

Im internationalen Vergleich war die Beteiligungsgesellschaft der Deutschen Bank im Jahr 1999 mit einen Marktwert ihres Portfolios von 42,5 Milliarden Mark die Nummer zwei. Die Spitzenposition hatte Berkshire Hathaway von Warren Buffet mit 70 Milliarden Mark inne. Auf Platz drei folgten dann die Wallenberg Gruppe mit einem geschätzten Wert zwischen 30 und 40 Milliarden Mark, die Familie Agnelli mit einem Marktwert der Beteiligungen zwischen 18 und 20 Milliarden Mark und die Quandt Gruppe mit einem Beteiligungswert in Höhe von 15 bis 20 Milliarden Mark.

Die wichtigsten Aktienpakete der Deutschen Bank waren zu der Zeit:

- 12,0 Prozent an DaimlerChrysler, Wert 19,0 Milliarden Mark
- 9,4 Prozent an Allianz, Wert 13,0 Milliarden Mark
- 10,0 Prozent an Münchener Rück, Wert 7,0 Milliarden Mark
- 10,1 Prozent an Linde, Wert 0,8 Milliarden Mark
- 10,1 Prozent an Heidelberger Zement, Wert 0,6 Milliarden Mark
- 10,1 Prozent an Metallgesellschaft, Wert 0,5 Milliarden Mark
- 8,4 Prozent an Continental, Wert 0,4 Milliarden Mark
- 10,1 Prozent an Südzucker, Wert 0,4 Milliarden Mark
- 25,0 Prozent an Holzmann, Wert 0,2 Milliarden Mark
- 1,0 Prozent an Ergo Versicherung, Wert 0,2 Milliarden Mark.

Scharfe Schnitte im Vorstand

Breuer hatte es leichter als seine Vorgänger, denn mit der Zeit verschwanden die Reformbremser in der Bank aus Altersgründen von allein. Die frei werdenden Posten konnte er mit Profis besetzen, die den neuen Anforderungen entsprachen. Eine jüngere und kleinere Mannschaft sollte Breuer das Regieren erleichtern. Von Kopper heißt es, er habe die Primadonnen nicht im Griff gehabt. Intern arbeiteten die einzelnen Konzernvorstände mehr gegeneinander als miteinander. Ihnen fehlte die straffe Führung.

Rolf-E. Breuer hatte zwar während seines ersten Amtsjahrs einen strategischen Planungsprozess durchgesetzt, wie es ihn in seinen dreizehn Jahren zuvor im Vorstand der Deutschen Bank nicht gegeben hatte, aber das war für Hilmar Kopper und Ulrich Cartellieri im Aufsichtsrat noch lange nicht genug. Sie wollten mit der Self Governance des Vorstandes endlich Schluss machen. Es wurden zwar konkret Performance-Ziele für die einzelnen Vorstände verabschiedet und jeder war nun auch persönlich und nicht mehr nur im Gremium verantwortlich, aber das reichte nicht.

Die beiden Vorstandsmitglieder Michael Endres und Ronaldo Schmitz, beide um die 60, wurden aus dem Vorstand gekippt. Ihre Nachfolger kamen von außerhalb, denn innerhalb der Deutschen Bank wurden keine geeigneten Leute gefunden. Was das über die Qualität der Führungskräfte aussagt, stimmt bedenklich.

Michael Endres hatte sich zwar eine Zeitlang gut profiliert, aber am Ende seiner Laufbahn nervte er die Kollegen. Er galt als notorischer Besserwisser, der zu allem, auch ungefragt, seinen Kommentar abgab. Damit passte er nicht mehr in die von Breuer propagierte neue Unternehmenskultur. Sein Nachfolger wurde Hermann-Josef Lamberti, bis dahin Chef von IBM Deutschland.

Bis zu diesem Zeitpunkt konnte man den Eindruck gewinnen, dass die Vorstände bei der Deutschen Bank anstellen konnten, was sie wollten, um ihren Job brauchten sie nicht zu bangen. F. Wilhelm Christians beschrieb es einmal so: »Wer einen Fehler macht, wird freundschaftlich am Ohr gezupft.« Im Jahr 1999 wurde das Ohrzupfen durch einen Tritt in den Hintern ersetzt. Den erhielt auch Jürgen Krumnow, zuständig für die Bilanzen und das Controlling.

Er hatte als Lehrling bei der Deutschen Bank begonnen und galt sogar eine gewisse Zeitlang als möglicher Nachfolger von Hilmar Kopper als Sprecher des Vorstandes. Letztendlich machte aber Rolf E. Breuer das Rennen. Krumnow wurde angelastet, kein aussagefähiges Zahlenwerk zustande gebracht zu haben, mit dem sich die Bank steuern ließe. Auch habe er die von Breuer vorgenommenen Kurskorrekturen nur widerwillig mitgetragen und eher gebremst als Gas gegeben.

Jürgen Krumnow ging es trotz seines Rausschmisses aus dem Vorstand nicht schlecht, erhielt er doch bis zum Erreichen der offiziellen Altersgrenze ein Überbrückungsgeld in Höhe von 15 Millionen Mark. Die anschließende Pension betrug mindestens eine Dreiviertel Million Mark pro Jahr.

Wenn die Deutsche Bank auf den globalen Finanzmärkten mitspielen wollte, brauchte sie modernste Steuerungsinstrumente, um genau zu wissen, wo der Konzern stand und wohin er sich bewegte, wo die Erträge und wo die Kosten anfielen. Ein solches Informationssystem existierte in der Deutschen Bank aber nur unvollkommen. Es fehlte eine konzernweit funktionierende Kundenerfolgsrechnung. Oft genug operierten die verschiedenen Unternehmensbereiche und Geschäftsfelder mit völlig unterschiedlichen Messgrößen, die hinter dem verwaschenen Begriff Performance versteckt wurden. Dieses Durcheinander setzte sich über alle Ebenen der Bank bis in den Vorstand fort.

Im Rahmen der Strukturreform wurde der Name Deutsche Morgan Grenfell gestrichen und das Investment-Banking mit Teilen des traditionellen Firmenkundengeschäfts zur Division Globale Unternehmen und Institutionen (GCI) verschmolzen. Damit sollte jetzt endlich die Betreuung der Großkunden aus einer Hand gewährleistet sein. Diese Zusammenlegung behagte den Investmentbankern natürlich überhaupt nicht, aber sie kam den Interessen der so genannten »Sparkassenfraktion« im Vorstand der Deutschen Bank entgegen.

Die endgültigen Konturen werden sichtbar

1990 rangierte die Deutsche Bank in der Marktkapitalisierung noch an der Spitze der europäischen Finanzunternehmen. Mitte 1999 lag sie nur noch auf Platz 14. Die Aufwand-Ertrag-Relation war 1998 von 75,3 Prozent auf 78,1 Prozent gestiegen.

Im Jahr 2001 gab es in Deutschland fast viermal so viele Bankstellen wie Tankstellen. Rückschauend heißt es, die Neunzigerjahre waren für die deutschen Banken ein verlorenes Jahrzehnt. Ein Trost blieb der Deutschen Bank. Sie war immer noch profitabler als die deutsche Konkurrenz. Aber mit der mochte man sich ohnehin nicht mehr vergleichen.

Um die Probleme zu beseitigen, erhielt die Deutsche Bank im Februar 2001 wieder einmal eine neue Struktur. Im Mittelpunkt des Vorstandes stand das so genannte Corporate Center, um das herum sich die Corporate and Investment Bank (CIB) (mit den Bereichen Sales & Trading, Corporate Finance und Transaction Banking), die Gruppe Private Clients and Asset Management (PCAM) (mit den Bereichen Personal Banking, Private Banking und Asset Management), DB Services sowie Corporate Investments (CI) gruppierten. Dem Corporate Center gehörten an: Breuer als Sprecher, Clemens Börsig als Chief Financial Officer, Thomas Fischer als Chief Risk Officer/Chief Operation Officer, Tessen von Heydebreck als Chief Human Resources und Hermann-Josef Lamberti als Chief Information Officer.

Im September 2001 wurde die Führungsstruktur bereits wieder verändert. Im Corporate Center richtete man die neue Position des Group Chief Administrative Officers (CAO) ein, die Heydebreck übernahm. Zu seinem Verantwortungsbereich gehörte eine Reihe von Verwaltungs- und strategischen Führungsfunktionen, insbesondere Human Resources, Legal, Compliance and Audit.

In der Gruppe Private Clients and Asset Management wurden die bisher nebeneinander stehenden drei Bereiche Private Banking, Personal Banking und Asset Management in drei übergreifende PCAM-Funktionen überführt: Produktion, Vertrieb und Infrastruktur. Für den PCAM-Vertrieb war Lamberti verantwortlich, für die PCAM-Produktions-Funktion Michael Philipp. Breuer blieb Vorsitzender des PCAM-Executive Committees.

Auch das Jahr 2002 stand ganz im Zeichen der Bankenkrise. Weil man in den Jahren zuvor mehr damit beschäftigt war, Geld zu verdienen statt Geld zu sparen, wurde auch bei der Deutschen Bank der Abbau der Überkapazitäten wie schon so oft aufgeschoben. Das schien sich 2002 zu rächen. Nur mit Kostensenkungen war den Problemen nicht mehr beizukommen. Was gebraucht wurde, waren ganz neue Strategien. Das zeigte sich auch in den Ergebnissen. 1999 betrug der Gewinn bei der Deutschen Bank 2,6 Milliarden Euro, im Jahr 2000 5,9 Milliarden Euro, um dann im Jahr 2001 auf 3,6 Milliarden Euro zurückzugehen.

Die Deutsche Bank blieb eine permanente Baustelle. Auch 2002 brodelte wieder die Gerüchteküche. Es hieß, Hilmar Kopper und Roland Berger hätten sich dafür stark gemacht, das Aktiengesetz dahingehend zu ändern, dass die Funktionen des Vorstandsvorsitzenden gestärkt und damit denen eines Chief Executive Officers nach amerikanischem oder englischem Vorbild entsprechen sollten. Auch hielt sich hartnäckig das Gerücht, dass Ackermann wesentliche Teile der Deutschen Bank nach London verlagern wolle. Schon heute werden die wesentlichen Geschäfte der Bank zwar von London aus abgewickelt, aber eine Deutsche Bank braucht eben auch eine Heimatadresse. Deshalb wird Frankfurt zumindest juristisch der Hauptsitz bleiben.

Auf der Bilanzpressekonferenz vom 31. Januar 2002 wurde dann die dritte Reorganisation innerhalb von zwei Jahren verkündet. Der Konzernvorstand sollte sich auf die strategische Führung, die Ressourcenverteilung, die Kontrolle und das Risikomanagement der Bank konzentrieren. Für das operative Geschäft wurde ein Group Executive Committee eingerichtet.

Dem Konzernvorstand gehörten an:

Rolf-E. Breuer als Sprecher und Chairman des Group Executive Committee bis zum 22. Mai, dem Tag der Hauptversammlung, Josef Ackermann als Sprecher und Chairman des Group Executive Committee ab 23. Mai, Clemens Börsig als Chief Financial Officer (CFO), Tessen von

Heydebreck als Chief Administrative Officer (CAO) und Hermann-Josef Lamberti als Chief Operation Officer (COO).

Innerhalb des Konzernvorstandes wurde das operative Geschäft von Breuer (PCAM und Corporate Investments (CI)) und Ackermann (Corporate and Investment Bank (CIB))verantwortet, wobei nach dem Ausscheiden von Breuer Ackermann auch seine Aufgaben übernahm.

Jürgen Fitschen und Michael Philipp übernahmen als Global Business Heads die direkte Geschäftsverantwortung in den Geschäftsbereichen CIB und PCAM und wurden auf eigenen Wunsch von ihren Pflichten als Mitglieder des Konzernvorstandes entbunden. Fitschen blieb verantwortlich für den Bereich Transaction Banking sowie das Relationship Management Germany in CIB, Philipp blieb Leiter des Bereichs Asset Management (inklusive Produktentwicklung) sowie des Wealth Management Services in PCAM.

Dem neuen Group Executive Committee gehörten die Mitglieder des Konzernvorstandes, die Global Business Heads der Geschäftsbereiche CIB und PCAM sowie der Global Business Head des Bereichs CI (Private Equity, Venture Capital, Mezzanine Finance), Ted Virtue, an. Neben Jürgen Fitschen und Michael Philipp wurden aus dem Geschäftsbereich CIB in das Committee berufen: Michael Cohrs (Corporate Finance inkl. Credit Products), Anshu Jain (Global Markets), Kevin Parker (Global Equities), und aus dem Geschäftsbereich PCAM Herbert Walter (Retail & Private Banking).

Die operative Steuerung der Geschäftsbereiche wurde in drei konzernübergreifenden divisionalen Operating Committees verankert, dem CIB Operating Committee mit Jürgen Fitschen als Chairman, dem PCAM Operation Committee mit Michael Philipp als Chairman und dem CI Operating Committee mit Ted Virtue als Chairman.

Thomas Fischer, bisher im Vorstand Chief Risk Officer und Chief Operating Officer, schied ziemlich überraschend zwischen dem 18. und 31. Januar 2002 aus der Deutschen Bank aus. Es soll zu einem Zerwürfnis zwischen ihm und Josef Ackermann gekommen sein, aber die ganze Angelegenheit wurde so diskret gehandhabt, dass es die Öffentlichkeit kaum bemerkte. Damit hatte Josef Ackermann auch seinen stärksten Konkurrenten aus dem Unternehmen gedrängt.

Mit dieser Neuorganisation wurde der Vorstand der Deutschen Bank das erste Mal in seiner Geschichte von operativen Aufgaben befreit. In der Führung der Deutschen Bank gab es damit aber immer noch keine Ruhe. Schon kurz danach, Ende März 2002, legte Michael Philipp seine Ämter nieder. Die Nachfolger von Philipp wurden Pierre de Weck als Global Head of Private Wealth Management und Thomas Hughes als Global Head of Asset Management.

Nach dem Wechsel von Breuer in den Aufsichtsrat schrumpfte der Vorstand auf die in der Geschichte der Deutschen Bank einmalig niedrige Zahl von vier Köpfen. Im Group Executive Committee ging das Stühlerücken allerdings zunächst noch weiter. Der Abschied von Ted Virtue im Zusammenhang mit dem Verkauf zahlreicher Beteiligungen im Februar 2003 überraschte die Öffentlichkeit weniger als der Wechsel von Herbert Walter zur Dresdner Bank im März 2003. Walter war erst wenige Monate zuvor als Vorstandsvorsitzender der Bank 24 AG in den Mutterkonzern zurückgekehrt, dort aber nur Mitglied des Group Executive Committee geworden. Rainer Neske übernahm die Aufgaben von Walter. Der Nachfolger von Ted Virtue, Axel Wieandt, erhielt keinen Platz im Group Executive Committee.

Technik für Millionen – High-Tech-Banking

Noch 1966 nutzten nur rund 25 Prozent der deutschen Finanzdienstleister Lochkartenanlagen oder Magnetbänder zur Datenverarbeitung und Speicherung. In den übrigen Instituten wurde noch mit Maschinen gearbeitet, die Additionen und Subtraktionen mit mechanischen Walzenlaufwerken ausführten und die Ergebnisse mit Typenhebel oder Kugelkopf in überdimensionalen Druckwerken auswarfen.

Aber schon 1968 setzten mehr als zwei Drittel aller Institute die moderneren Techniken ein. Und noch einmal vier Jahre später, 1972, war die automatische Datenverarbeitung und zum Teil auch schon die elektronische überall im Gebrauch.

Als Folge der fortschreitenden Globalisierung wurden die Finanzdienstleistungen immer mehr durch den Faktor Zeit bestimmt. Noch 1970 betrugen die grenzüberschreitenden Transaktionen in Anleihen und Anteilen in den USA nur 2,8 Prozent vom Bruttoinlandsprodukt (BIP) und in Deutschland 3,3 Prozent. Innerhalb von zehn Jahren, bis 1980, erhöhte sich der Anteil in den USA immerhin auf 9 Prozent vom Bruttoinlandsprodukt, während er in Deutschland auf 7,5 Prozent stieg. Noch einmal zehn Jahre weiter, 1990, hatte er sich in den USA auf 89 Prozent vom BIP fast verzehnfacht, während er in Deutschland auf 57,3 Prozent vom BIP zunahm und somit rund um das Siebeneinhalbfache wuchs.

Solche Volumen konnten ohne den Einsatz von Informationstechnologien nicht bewältigt werden. Die Finanzinstitute waren gezwungen, riesige Summen in diesen Bereich zu investieren. Hochautomatisierte Abwicklungsfabriken und neue Vertriebskanäle machten im Jahr 1996 dann auch knapp 10 Prozent der Jobs und der Bankfilialen überflüssig.

Man mag es aus heutiger Sicht kaum glauben, aber die erste virtuelle Bank im Internet eröffnete erst am 18. Oktober 1995 in den USA ihre Schalter. Im Jahr 2000 führten erst 8 Prozent aller Kunden ihre Konten und Wertpapierdepots per Internet online. Heute ist die Kontoverwaltung am häuslichen PC fast eine Selbstverständlichkeit.

Die Deutsche Bank führte 1958 das Lochkartenverfahren ein, im selben Jahr wurde schon die komplette Depotbuchhaltung damit abgewickelt. Man schwärmte von den erheblichen Kosteneinsparungen. Von 1962 bis 1968 ersetzte die elektronische Datenverarbeitung sukzessive die Lochkartenmaschinen. Doch es ging noch viel Zeit ins Land, bis die

Bank die Bedeutung der Informations- und Kommunikationstechnologie für ihre Wettbewerbsfähigkeit erkannte.

Mitte der Sechzigerjahre diente die EDV noch in erster Linie der Verarbeitung interner Daten. Zu Beginn der Siebzigerjahre begann man mit Hilfe der Datenfernverarbeitung neben der reinen Daten- auch mit der Informationsverarbeitung. Die Terminalisierung des Geschäfts bis hin zum Schalter ab 1983 eröffnete dann auch die Möglichkeit der EDV-unterstützten Kundenberatung.

Anfang der Achtzigerjahre setzte sich bei der Deutschen Bank die Erkenntnis durch, dass man nicht mehr ohne erhebliche Investitionen in die EDV im Wettbewerb bestehen könne. Electronic Banking hieß das Zauberwort. Nach dem Vorbild der US-Banken beschäftigten sich auch bereits die Dresdner Bank und die Commerzbank mit Cash-Management-Systemen. 1984 startete dann die Deutsche Bank mit ihrem Cash-Management-System db-direkt. Inzwischen gab es in Deutschland rund 800 Bargeldautomaten der Deutschen Bank, an denen die Kunden Geld abheben konnten.

Ende der Achtzigerjahre stand das Kommunikationssystem der Deutschen Bank im wesentlichen auf drei Säulen: dem Terminal-Konzept, dem Internet-Konzept und db-trader. Das Internet-Konzept wurde in allen großen Auslandsfilialen installiert. Mit diesem integrierten System ließen sich dort alle wesentlichen Geschäftsbereiche abdecken. db-trader diente der Wertpapierverwaltung und -abwicklung und der Buchung des internationalen Investment-Banking.

1986 waren über 12 000 Arbeitsplätze der Deutschen Bank in Deutschland mit Multifunktionsterminals ausgestattet, 1987 war die gesamte Inlandsbank auf das Terminal-Konzept umgestellt. Und bis 1995 wurden alle 25 000 Terminal-Arbeitsplätze und alle sonstigen Datenendgeräte wie Kontoauszugsdrucker, Geldausgabeautomaten und automatische Kassentresore in ein ganzheitliches Netzwerk integriert. Seit November 1994 war das 24-Stunden-Telefon-Banking der Deutschen Bank bundesweit verfügbar. Im Herbst 1996 folgte die Einführung des Internet-Bankings mit Kontoführung und Überweisungsfunktion.

Die Deutsche Bank war zu dieser Zeit im Bereich Electronic Banking eine der stärksten der Welt. Weltweit nutzten über 40 000 Mitarbeiter das Kommunikationssystem der Bank. Die eigentlichen Buchungen und Datenänderungen wurden in den Großrechenzentren in Eschborn, Düsseldorf und Hamburg vorgenommen. Basis des Kommunikationssystems war db-fastnet, ein internationales Daten- und Kommunikationsnetzwerk, das aus gemieteten Standleitungen, für die teilweise auch Satelliten genutzt wurden, und öffentlichen Netzen bestand.

Im Februar 2000 stellte die Deutsche Bank ihre Informationstechnologie-Initiative »Global E« vor und kündigte Investitionen von bis zu einer Milliarde Euro jährlich an. Rolf E.-Breuers Erwartung war, dass die E-Commerce-Aktivitäten zu einer Steigerung des Shareholder-Value führen würden. Wie sich inzwischen gezeigt hat, hat sich diese Erwartung nicht erfüllt.

Bereits im April 2002 gab die Deutsche Bank bekannt, dass sie ihr Informationstechnologie (IT) Geschäft outsourcen wolle. Der Auftrag im Volumen von 2,5 Milliarden Euro ging dann an IBM. Er war, in 2003 beginnend, zunächst auf zehn Jahre angelegt. Dabei ging es um die kontinentaleuropäischen Rechenzentren des Geschäftsbereichs Privatkunden und Asset Management. Die IT der Investmentbank wurde weiterhin hausintern betreut und vorerst auch der Netzwerkbetrieb.

Die Deutsche Bank war die erste deutsche Großbank, die einen Teil ihrer Informationstechnologie an einen externen Dienstleister auslagerte. Hermann-Josef Lamberti, für die IT zuständiges Vorstandsmitglied, versprach sich dadurch jährliche Kosteneinsparungen in dreistelliger Millionenhöhe. Er müsste es eigentlich wissen, denn er war, bevor er 1998 zur Deutschen Bank wechselte, Chef von IBM Deutschland.

Auch die Kostenkontrolle werde sich verbessern, da in Zukunft nur noch 20 Prozent der Kosten fix seien. »Wir müssen mit unseren eigenen lieb gewonnenen Kontrollwahnvorstellungen brechen«, so Lamberti.

Die Deutsche Bank werde eine Vorreiterrolle unter den deutschen Banken einnehmen. IBM jedenfalls will im Rhein-Main-Gebiet ein neues europäisches Rechenzentrum bauen, das nicht nur für die Deutsche Bank, sondern auch für andere Finanzinstitute IT-Aufgaben wahrnehmen wird.

Die Banken folgten in der nachindustriellen Gesellschaft dem Modell der Industrie. Während in der Elektronikindustrie der Anteil zugekaufter Produkte und Dienstleistungen 1996 schon bei 80 Prozent lag und nur noch 20 Prozent selbst produziert wurden, betrug das Verhältnis in der Investitionsgüterindustrie immerhin noch 50:50. Bei den Banken sah es so aus, dass noch 80 Prozent aller Dienstleistungen selbst erbracht und nur 20 Prozent hinzu gekauft wurden. In Zukunft wird dieser Anteil weiter steigen und der Anteil der Eigenleistung entsprechend sinken.

Call-Center, das Internet und Bankautomaten werden zukünftig immer mehr Funktionen übernehmen, die bisher noch Mitarbeiter im so genannten Front-Office innehaben. Dafür wird eine ganze Reihe neuer Berufe in die Bankwelt einziehen. Gebraucht werden Informationsmanager, Schnittstellenleiter, Produktentwickler, Transaktionsspezialisten, After-Sales-Controller und Branding-Experten. Insgesamt wird es in den Banken überwiegend einfache Arbeitsplätze mit aufwändiger Technik und billigen Jobs geben. Die Edelarbeitsplätze sind rar gesät. Banken büßen ihren Nimbus ein und werden zu Unternehmen wie andere auch.

First we take London, then we take New York – Internationalisierung und Globalisierung

Man mag es kaum glauben, aber noch 1989 kannte kaum jemand von den Top-Managern der Deutschen Bank das internationale Investment-Banking aus eigener Erfahrung. An die Spitze befördert wurden meist jene, die als Filialbanker eine entsprechend große Loyalität, weniger gegenüber dem Institut als gegenüber ihren Mentoren, bewiesen hatten. Kurz gesagt: Klüngel war wichtiger als Können. Das wurde besonders deutlich, als das Vorstandsmitglied Christians die Literaturprofessorin Gertrud Höhler als Beraterin in die Bank holte. Denn statt, wie vielleicht erwartet, mit freundlichen, aber unverbindlichen Rezepten aufzuwarten, deckte sie sehr schnell die eigentlichen Schwachstellen auf. Der Führungsstil innerhalb der Deutschen Bank war bestimmt durch Anpassung und Duckmäusertum. »Management by Champignon« war wohl die treffendste Bezeichnung für den autoritären Führungsstil. Alle wurden im Dunkeln gelassen, und wenn sich irgendwo ein Kopf zeigte, wurde er abgeschnitten. Herrhausen-Nachfolger züchtete man so jedenfalls nicht.

Multinationales Denken, multinationale Qualifikation und Sprachkenntnisse waren in der Provinz nicht gefragt. 1989 hatten von den obersten 1 100 Führungskräften der Deutschen Bank gerade 100 Auslandserfahrungen sammeln können. Was blieb der Deutschen Bank also anderes übrig, als auf Einkaufstour zu gehen?

Mit Morgan Grenfell Einstieg ins internationale Investmentgeschäft

Mit der Übernahme der Londoner Merchant-Bank Morgan Grenfell gelang der Deutschen Bank 1989 der Einstieg in das internationale Investmentgeschäft. Wenige Tage vor dem Tod Alfred Herrhausens war dieser Kauf vereinbart worden. Es war die bis dahin teuerste Akquisition in der Geschichte der Deutschen Bank mit einem Preis von 950 Millionen englischer Pfund, das entsprach ungefähr 2,7 Milliarden Mark. Eine solche Summe bezahlte zwar auch die Deutsche Bank nicht gerade aus der Portokasse, aber es bereitete keine größeren Probleme, das Geld aufzutreiben. Der Kaufpreis betrug das Zwölffache des für 1989 zu erwartenden Gewinns. Das war anderen Interessenten wie der Banque Indosuez oder der Barclays Bank einfach zu viel.

Der Deal war von Herrhausen gemeinsam mit Hilmar Kopper vorbereitet worden, der im Frühjahr 1990 dafür die Lorbeeren ernten durfte. Mit übernommen wurde auch der Chairman von Morgan Grenfell, John Craven, damals 49 Jahre alt. Herrhausens Vorschlag, ihn in den Vorstand der Deutschen Bank zu berufen, traf noch im November 1989 auf heftigen Widerstand. Dieser mag vielleicht weniger John Craven als Herrhausen selbst gegolten haben. 1990 trat Craven jedenfalls in den Vorstand der Deutschen Bank ein.

Dass auch er ein gewiefter Dealbanker war, zeigt sich beispielsweise darin, dass er seine eigene Beratungsgesellschaft Phoenix Securities, die er mit 75 000 Pfund Kapital gegründet hatte, fünf Jahre später bei seinem neuen Arbeitgeber Morgan Grenfell einbrachte und dafür 15 Millionen Pfund kassierte.

Morgan Grenfell bestand aus drei Abteilungen: Corporate Finance, Vermögensverwaltung und Firmenkreditgeschäft. Der Wertpapierhandel war von Craven noch gerade rechtzeitig vor dem Verkauf als großer Verlustbringer geschlossen worden. Doch ganz unbelastet war der Name des Traditionshauses trotzdem nicht. Man hatte den Leiter der Wertpapierabteilung wenige Jahre zuvor des Insiderhandels überführt. Und auch andere Mitarbeiter waren sich nicht zu fein, durch unsaubere Aktienmanipulation nebenher kräftig dazu zu verdienen. Fast die Hälfte der Direktoren musste gehen, bevor John Craven 1987 die Sanierungsphase einleiten konnte. Dann schaffte er es, den Wert von Morgan Grenfell innerhalb von zwei Jahren zu verdoppeln.

Solche Talente wollte man bei der Deutschen Bank nicht ungenutzt lassen, obgleich John Craven auch nicht gerade ein Sonderangebot war. Er verdiente im Jahr 1989 rund 423 000 Pfund, das waren gut 1,2 Millionen Mark. Ob er sich als Vorstand in die Gepflogenheiten der Deutschen Bank einfügen würde, war von Anfang an fraglich. Die Mentalität der Frankfurter Bankbeamten war ihm seit jeher fremd, genau wie die deutsche Sprache. Ab 1990 gehört also Englisch zum neuen Ton in der Frankfurter Zentrale.

Das Interesse, das die Deutsche Bank trotz solcher Belastungen an Morgan Grenfell hatte, lag ganz einfach in der Tatsache begründet, dass sie unter den Londoner Merchant-Banken dennoch die Nummer eins war. Sie hatte bereits 170 Firmenübernahmen gemanagt und verfügte über Spezialisten, die jeden Winkelzug in diesem Geschäft kannten.

Knapp drei Jahre nach dem Deal bezweifelte man, ob sich diese Investition gelohnt hatte. Innerhalb Großbritanniens war Morgan Grenfell zwar auch im Jahr 1991 die Nummer eins mit 31 abgewickelten Deals im Wert von 4,1 Milliarden Pfund. Doch es gelang der Bank nicht, die Erfolge im Heimspiel auch auf das restliche Europa zu übertragen. Im europäischen Maßstab lag sie erst auf Platz elf, da sie zusätzlich zu den Übernahmegeschäften in Großbritannien nur ganze vier auf dem Kontinent tätigen konnte.

Den Abstand machte weniger die Zahl der Übernahmen als der Wert der Geschäfte aus. Der Spitzenreiter Goldman Sachs betreute ein Volumen von 23,1 Milliarden US-Dollar, das internationale Geschäft von Morgan Grenfell lag nur bei knapp fünf Milliarden US-Dollar. Sieben der Konkurrenten hatten es noch zu einem zweistelligen Milliardenbetrag gebracht.

Hilmar Kopper redete sich das schlechte Abschneiden schön, indem er darauf hinwies, dass Morgan Grenfell nicht nur in Großbritannien, sondern auch in Deutschland die bedeutendste und erfolgreichste Mergers & Acquisitions-Firma sei. Aber was in Deutschland passierte, war so marginal, dass es international kaum in die Waagschale fiel.

Unter Finanzgesichtspunkten rechnete sich der Kauf von Morgan Grenfell bis 1992 kaum. Was erwirtschaftet wurde, lag gerade einmal bei knapp 2 Prozent des Kaufpreises und damit sogar noch unter dem Level des Übernahmejahres. Synergieeffekte ließen sich so nicht nachweisen. Selbst bei der Berliner Treuhand schaffte es Morgan Grenfell nicht, ins Geschäft zu kommen, als es darum ging, den DDR-Nachlass zu verhökern.

Wo sich jedoch Synergien zeigten, war im Bereich des Asset-Managements. Die Deutsche Bank verwaltete 70 Milliarden US-Dollar und Morgan Grenfell noch einmal 30 Milliarden. Damals war geplant, das Volumen dieser Geschäfte bis 1997 zu verdoppeln. Aber schon 1993 konnte John Craven gemeinsam mit seinem ersten Geschäftsführer Michael Dobson den Gewinn von Morgan Grenfell verdreifachen. Er betrug 235 Millionen Pfund, was einer Eigenkapitalrendite von 55 Prozent entsprach. Der Marktwert von Morgan Grenfell wurde 1995 auf 1,6 Milliarden Pfund geschätzt. Hilmar Kopper hatte die Bank 1989 also doch zu einem Schnäppchenpreis bekommen.

1995 war Morgan Grenfell der größte Londoner Händler für Schulden aus unterentwickelten Ländern. Dieser Bereich und das Treasury-Geschäft erwirtschafteten zusammen ein Drittel des gesamten Profits. Das Asiengeschäft lieferte 15 Prozent des Gewinns und auch das Mergers & Acquisitions-Geschäft war innerhalb kürzester Zeit boomartig gewachsen. 1993 wurden 145 Übernahmen mit einem Volumen von zwölf Milliarden Pfund betreut. Morgan Grenfell war damit die Nummer eins bei den grenzüberschreitenden Deals. Dass dabei die Deutsche Bank eine besonders herausragende Rolle gespielt hat, ist nicht anzunehmen. Im Frühjahr 1993 wurde das Kürzel DB wieder aus dem Firmennamen von Morgan Grenfell gestrichen.

Im Jahr 1996 hatte John Craven keine Lust mehr auf seinem Job als Vorstandsmitglied der Deutschen Bank und Chef der Deutschen Morgan Grenfell in London. Er gab seine Ämter deshalb an Michael Dobson ab, der ihm ohnehin schon im Tagesgeschäft den Rücken freigehalten und die Londoner Bank eigentlich geführt hatte. Dobson galt zwar als ruhig und zurückhaltend und weniger extravagant als John Craven, aber er war ein Dealbanker von der harten Sorte und weder die deutsche Mentalität an sich und erst recht nicht das sonore Bankbeamtentum in Frankfurt entsprachen seinem Naturell.

Allen war klar, dass mit dieser Berufung Ärger programmiert war, besonders deshalb, weil der Bereich Investment-Banking innerhalb des Vorstands zu jener Zeit sowohl von Ronaldo Schmitz als auch von Ulrich Cartellieri und Rolf-E. Breuer bearbeitet wurde. Das dürften drei zu viel sein. Und Michael Dobson, mit 44 Jahren der Jüngste in dieser Riege, hielt im Grunde nur sich selbst für wirklich kompetent auf diesem Gebiet.

1996 betrug der Anteil des Auslandsgeschäfts bei der Deutschen Bank etwa 50 Prozent. Damit war sie die internationalste deutsche Bank. Im Investment-Banking lag die Deutsche Bank 1996 auf Platz sechs.

Schon damals war sie bereit, sich von Industriebeteiligungen zu trennen, allerdings sprachen die steuerlichen Aspekte dagegen. Die größten Gefahren für die Deutsche Bank definierte Kopper so: die Beherrschung der Komplexität, die Beherrschung der Risiken und die Vermeidung von Fehlern in der Ressourcenallokation. Die Deutsche Bank brauche drei bis fünf Jahre, um Fehlinvestitionen zu korrigieren.

Mit Bankers Trust zur größten Bank der Welt

Den zweiten Riesenschritt zum Global Player macht die Deutsche Bank mit dem Kauf der New Yorker Investmentbank Bankers Trust, der 1998 vereinbart und im Juni 1999 abgeschlossen wurde. Mit einem Schlag wurde die Deutsche Bank zur größten Bank der Welt mit einer Bilanzsumme von umgerechnet 795 Milliarden Euro. Es hieß, sie habe nun sowohl im Investment-Banking als auch im Asset-Management und Transaction-Service die kritische Masse gewonnen, die eine marktführende Rolle ermögliche.

Der Preis für den Kauf von Bankers Trust lag bei 17 Milliarden Mark. Das war immerhin das Doppelte des Buchwerts und das 15,8fache des Gewinns, der für 1999 vorausgesagt worden war. Die Deutsche Bank wurde damals mit dem 18fachen Gewinnwert kalkuliert, sie kaufte also etwas dazu, was billiger war als sie selbst. Breuer hoffte, durch Synergien jährlich 1,7 Milliarden Mark an Kosten in beiden Instituten sparen zu können.

Um die Integration von Bankers Trust in die Kultur der Deutschen Bank zügig voranzubringen, wurde der Chairman Frank Newman bei der Stange gehalten. Man zahlte ihm jährlich ein Mindestgehalt von elf Millionen US-Dollar, unabhängig von dem, was er tat. Außerdem erhielt er in den folgenden drei Jahren auch noch eine Treueprämie in Höhe von 14 Millionen US-Dollar. Der gesamte Vorstand der Deutschen Bank kam im Jahr 1998 nur auf rund 30 Millionen Mark an Vergütung.

Von den insgesamt 94 782 Mitarbeitern der Deutsche Bank arbeiteten Ende 2001 noch 51,2 Prozent in Deutschland, 24,9 Prozent im restlichen Europa, 16,2 Prozent in Nordamerika, 0,7 Prozent in Südamerika und 7,0 Prozent im asiatisch-pazifischen Raum. Und von den Gesamterträgen des Geschäftsjahrs 2001 in Höhe von 74,640 Milliarden Euro kommen 51,484 Milliarden Euro oder 69 Prozent aus dem Ausland. Allerdings erbrachte das Deutschlandgeschäft unterm Strich einen Jahresüberschuss von 408 Millionen Euro, während im Ausland insgesamt ein Verlust von 241 Millionen Euro eingefahren wurde.

Mit Zurich Scudder Investments der Durchbruch als Vermögensverwalter

Die im September 2001 bekannt gegebene Übernahme des amerikanischen Vermögensverwalters Scudder, die im April 2002 abgeschlossen wurde, ließ die Deutsche Bank schließlich zum viertgrößten Vermögensverwalter der Welt aufsteigen. Das globale Asset-Management in den USA, Europa und im asiatisch-pazifischen Raum wurde stark ausgeweitet und das Geschäft mit vermögenden Privatkunden in den USA verstärkt.

Die Deutsche Bank erhielt von Zurich Financial Services Scudder sowie Vermögensverwaltungsgesellschaften in Deutschland und Italien im Tausch gegen die Versicherungseinheit Deutscher Herold sowie die Deutsche Bank Versicherungsaktivitäten in Spanien, Italien und Portugal. Im Rahmen eines Kooperationsabkommens mit Zurich Financial Services erhielt die Bank zusätzlich Zugang zu den europäischen Privatkunden von Zurich Financial Services, während für die Kunden der Deutschen Bank in Deutschland der Deutsche Herold exklusiver Anbieter von Versicherungen blieb.

Ein weiterer wichtiger Meilenstein für die Internationalisierung der Deutschen Bank war der Gang an die New Yorker Börse. Am 3. Oktober 2001 wurden erstmals Deutsche Bank Aktien in New York gehandelt. In diesem Zusammenhang wurde der Konzernabschluss 2001 erstmals nach den US-amerikanischen Rechnungslegungsstandards US GAAP (United States General Accepted Accounting Principles) erstellt.

Der Kampf der Kulturen

Mitte der Neunzigerjahre war die Deutsche Bank für Leistungsträger, die Karriere machen wollten, die so genannten High Potentials, vollkommen uninteressant. Hilmar Kopper eignete sich nicht als Symbolfigur für die aufstrebende Generation mit ihrem neuen, internationalen und durchgestylten Lebensgefühl. Außerdem stimmten weder die Aufstiegsmöglichkeiten noch das Gehalt. Die Deutsche Bank lag bei der Bezahlung ihrer Mitarbeiter im Schnitt 25 Prozent unter dem, was bei vergleichbaren Instituten zu verdienen war.

Auch die Karriereplanung gestaltete sich eher schwierig, denn Beförderungen wurden nicht an konkreten, vorhersehbaren und beeinflussbaren Kriterien festgemacht, sondern hingen immer noch eher von der Fähigkeit zur Anpassung als von der Leistung ab. Ein Adelstitel galt mehr als Fremdsprachenkenntnisse, und wenn es hart auf hart kam, wurde im Zweifelsfall lieber der ältere Kollege genommen als der bessere.

Ohne Mentoren ging innerhalb der Deutschen Bank sowieso nichts. Internes Relationship-Management – das war im Grunde nichts anderes als Klüngel. Kein Wunder also, dass die tüchtigen Nachwuchskräfte, die sich lieber auf sich selbst als auf ein undurchschaubares System verlassen wollten, zu Goldman Sachs, Arthur Anderson oder McKinsey gingen. Verglichen mit dem Personal amerikanischer Investmentbanken waren zu jener Zeit die Vorstände in der Deutschen Bank im Durchschnitt zehn Jahre älter. Zehn Jahre länger auf den Karrieresprung warten zu müssen, ist durchaus ein entscheidendes Argument, wenn man sich als 30-Jähriger für oder gegen ein Unternehmen entscheidet.

Wer also zur Deutschen Bank ging, hatte eher eine Beamtenmentalität, gewürzt mit dem Hang zu einem bisschen mehr Geld und einem Hauch kaufmännischen Denkens. Die Ausbildung dort war die edle Alternative zur örtlichen Sparkasse oder diente der Überbrückung bis zur Aufnahme eines Studiums. Natürlich gab es auch Akademiker, die es zur Bank zog. Aber oft genug war das nur die zweite Wahl, wie es auch die Biografien etlicher Vorstände der Bank zeigen.

Günstige Mitarbeiterkonditionen bei der Geldanlage, die Aussicht auf ein eigenes Haus, geregelte Arbeitszeiten und ein unaufgeregtes Arbeitsleben, ohne je den Ort wechseln zu müssen, das waren die Perspektiven, die die Bank für ihre Mitarbeiter schon immer interessant gemacht hatte. Natürlich war klar, dass es internationale Geschäftsbeziehungen gab, schließlich lernten viele der zukünftigen Banker auf der Handelsschule ja sogar Spanisch. Aber eine Karriere im Ausland wollten nur wenige machen. Wer solche Pläne hatte, ging zu Siemens oder Nestlé.

Kein Wunder also, dass man unter den Mitarbeitern der Deutschen Bank nicht nur den Plänen Herrhausens skeptisch gegenüber stand, sondern auch ihrer anschließenden stufenweisen Umsetzung einen gewissen passiven Widerstand entgegensetzte. Und was nun so überhaupt nicht zu dieser Kultur passte, war die raue und hemdsärmelige Art, wie sie offensichtlich in London und New York gepflegt wurde.

Haie in Nadelstreifen – Investment-Banking

Das Investment-Banking der Deutschen Bank wird seit 1990 von London aus gesteuert. Es ist die Königsklasse des Bankgeschäfts, zumindest glauben das die Investment-Banker.

Grob gesagt, gliedert es sich in die drei Bereiche Wertpapierhandel und Derivatgeschäft, Firmenkäufe und Fusionen sowie Börsengänge und Aktienemissionen.

Detaillierter betrachtet gehören folgende Aktivitäten dazu: Devisenhandel, Anleihe- und Warentermingeschäfte sowie Derivate (Global Markets), Unternehmenstransaktionen (Corporate Finance), Emissionen, Handel und Analyse von Aktien (Equities), komplexe Finanzierungsprodukte (Structured Finance), spezielle Finanzdienstleistungen für Schwellen- und Entwicklungsländer (Emerging Markets), Vermögensmanagement für institutionelle Anleger (Asset Management), Finanzierung und Koordination von Management-Buy-outs/Buy-ins (Development Capital) sowie Firmenkäufe und -verkäufe (Mergers & Acquisitions).

Der Wertpapierhandel und das Derivatgeschäft sind die Basics, der schnöde Alltag, bei dem hoch bezahlte Spezialisten wie Legehennen in Batterien unter künstlichen klimatischen Bedingungen gehalten werden und nur so lange ihr Futter erhalten, wie sie goldene Eier legen.

Das Geschäft der Firmenkäufe und Fusionen, Mergers & Acquisitions, erfordert nicht nur ein hohes Spezialwissen, sondern auch ein Höchstmaß an Überzeugungskraft und Verhandlungsgeschick. Ein spezielles Talent dafür ist ebenso erforderlich wie ein möglichst hohes Maß an Skrupellosigkeit. Sowohl beim Mergers & Acquisitions als auch bei Börsengängen und Aktienemissionen werden die höchsten Gewinne für die Banken eingefahren, entsprechend viel wert sind ihnen deshalb auch die Mitarbeiter.

Wer es richtig angeht, kann schon nach den ersten drei Berufsjahren Millionär sein. Das schafft ein »normaler« Bankangestellter in seinem Leben nicht. Hilmar Kopper tröstete sich, da einige Investment-Banking-

Stars in London mehr als er als Vorstandssprecher verdienten, mit der Überlegung: Wenn die gut verdienen, verdient die Bank noch viel besser, und wenn es nicht läuft, kann man sie binnen einer Woche entlassen.

Welche Mentalität man im Investment-Banking mitbringen muss, um Erfolg zu haben, lässt sich sehr gut an der Karriere von Kevin Ingram aufzeigen. Ingram ist schwarz und kommt nicht gerade aus besten sozialen Verhältnissen. Aber er schaffte es, am Massachusetts Institute of Technology (MIT) angenommen zu werden und dort den Abschluss als Chemieingenieur zu machen. Da er ein mathematisches Talent hatte, setzte er noch ein Studium der Wirtschaftswissenschaften in Stanford drauf, um anschließend in die Finanzwirtschaft zu gehen.

Zehn Jahre lang arbeitete er als Wertpapierhändler bei der amerikanischen Investmentbank Goldman Sachs. Er hatte zwar viele Förderer, aber man machte ihn nicht zum Partner. Das war die Gelegenheit für die Deutsche Bank, die mangels eigener Masse ständig dabei war, gute Leute einzukaufen. Sie verdoppelte sein Gehalt und er übernahm in den USA das Mortgage backed Security Business. Neben seinem Gehalt soll er noch weitere drei Millionen US-Dollar Bonus pro Jahr kassiert haben. Und das Magazin *Black Enterprise* wählte ihn in der Oktober-Ausgabe 1996 zu einem der 25 Spitzen-Afro-Amerikaner an der Wall Street.

1998 war Ingram für die Deutsche Bank nach London gewechselt und leitete dort das Global Asset Securization Department. Aber statt Gewinne fuhr er plötzlich Verluste in Millionenhöhe ein. Und die Deutsche Bank setzte ihre teure Primadonna kurzerhand an die frische Luft. Ingram sah darin einen Akt von Rassismus, deshalb schaltete er den schwarzen Bürgerrechtler Jesse Jackson ein.

Josef Ackerman versuchte noch im März 1999 zu schlichten, aber es gelang ihm nicht. Ingram wusste sehr genau, dass sich die Deutsche Bank einen Skandal dieser Art nicht leisten konnte, da sie gerade dabei war, die New Yorker Investmentbank Bankers Trust zu übernehmen. Also zahlte die Bank an Ingram eine Abfindung, die sich zwischen sechs und zehn Millionen US-Dollar bewegt haben soll.

In der Folge zeigte sich, dass Ingram mit Geld offensichtlich doch nicht so gut umgehen konnte, wie es seine früheren Arbeitgeber noch vermutet hatten. Er investierte in Restaurants und sah sich nach anderen lukrativen Geldquellen um. Dabei geriet er auch an einen Waffenhändler, der dringend jemanden brauchte, um illegales Geld zu waschen.

Dieses Geschäft war für Ingram von vornherein zum Scheitern verurteilt, denn das FBI hatte ihn und seine Geschäftspartner schnell im Visier. Am 12. Juni 2001 wurde er verhaftet, als er gerade mit 2,2 Millionen US-Dollar in einem Privatflugzeug von Florida nach Amsterdam fliegen wollte, um das Geld dort zu waschen. Eine Bankkarriere dürfte für Ingram nach Verbüßung der Haftstrafe kaum mehr infrage kommen. In keiner anderen Branche als im Investment-Banking lässt sich mit Talent auch eine ausgeprägte Geldgier stillen.

Investment-Banker sind die modernen Söldner des Kapitalismus. Sie verkaufen sich an jeden, der sie bezahlt, sie wechseln die Fronten ohne Bedenken, sie sind knallhart und aggressiv und pflegen häufig völlig etikettefreie Umgangsformen. Ihre Loyalität gehört nie einer Firma, sondern allenfalls einer Person. Haben sie erst einmal einen zum Häuptling erkoren, folgen sie ihm loyal und bedingungslos. Der charismatischste dieser Häuptlinge war ohne Zweifel der Investment-Banker Edson Mitchell.

Die Indianer verlieren ihren Häuptling – die Geschichte des Edson Mitchell

Der 22. Dezember im Jahr 2000 war für die Deutsche Bank ein rabenschwarzer Tag. Edson Mitchell freute sich schon auf die Weihnachtsfeiertage, die er mit seiner Frau und den fünf Kindern im Ferienhaus in der Nähe von Rangeley nahe der kanadischen Grenze verbringen wollte. Am Flughafen von Portland/Maine holte ihn der Pilot Stephen A. Bean mit seiner zweimotorigen Turboprop-Maschine Beechcraft King Air B 200 ab. Bean war von Rangeley aus am frühen Morgen nach Boston geflogen und brauchte auf dem Rückflug nur einen kurzen Zwischenstopp in Portland einzulegen.

Bean flog allein, ohne Co-Pilot, und Mitchell war auf dem Rückflug sein einziger Passagier. Die Kabine der King Air B 200 ist luxuriös ausgestattet. Selbst mit mehreren Passagieren hätte man es sich auf den großzügigen Lederpolstern gemütlich machen können. Ed Mitchell fiel das sicherlich gar nicht mehr auf, denn er war es gewohnt, erstklassig zu reisen, so wie alles in seinem Leben erstklassig war. Auch aus den fünf großen, runden Fenstern auf jeder Seite wird er kaum geblickt haben. Er war die Strecke schon so oft geflogen und es wurde bereits dunkel.

Der Pilot war ein alter Hase und er kannte die Umgebung rund um Rangeley wie seine Westentasche. Kurz nach 17.00 Uhr meldete er sich beim Tower. Bean konnte bereits die Lichter des Flughafens sehen. Seiner Frau, die dort auf ihn wartete, teilte er mit, dass er die Landebahn 32 nehmen würde. Der Sinkflug begann wie geplant. Als das Flugzeug bis auf eine Höhe von 3 300 Fuß herunter gegangen war, verschwand es unversehens vom Radarschirm. Kein Notruf – nichts.

Als die Beechcraft dann nicht zur geplanten Zeit landete, alarmierte die Frau des Piloten die zuständigen Behörden. Die Suchtrupps starteten ungefähr 45 Minuten später, konnten jedoch aufgrund des sich beständig verschlechternden Wetters nichts finden. Erst am nächsten Morgen entdeckten sie das Wrack der Maschine knapp 100 Fuß unterhalb des Gipfels eines 3 125 Fuß hohen Berges der Beaver Mountains. Beide Insassen waren tot.

Für das National Transportation Safety Board war es ein Flugzeugunfall unter vielen, den man wegen eines Pilotenfehlers schnell unter dem Aktenzeichen NYC01FA058 ablegte, aber für die Deutsche Bank kam es einer Katastrophe gleich. Denn bei Edson Mitchell handelte es sich nicht um irgendeinen Investmentbanker, er war zu dem Zeitpunkt einer der mächtigsten Männer der Bank und der bestbezahlte Mitarbeiter, den man bis dahin je hatte.

Die deutsche Öffentlichkeit hatte gerade erst begonnen, Edson Mitchell überhaupt zur Kenntnis zu nehmen, als sein Leben so plötzlich und tragisch endete. Ins Rampenlicht der Öffentlichkeit geriet er auch keineswegs wegen seiner überragenden Leistungen oder wegen der damit verbundenen exorbitanten Bezahlung, sondern weil man ihm in Deutschland die Schuld an der geplatzten Fusion zwischen Deutscher Bank und Dresdner Bank zuschob. Innerhalb der Bank gab es solche Schuldzuweisungen offenbar nicht. Das lässt sich daran ablesen, dass Mitchell und sein Mitstreiter Philipp schon drei Monate nach dem Debakel in den Vorstand der Deutschen Bank berufen wurden.

Edson Mitchell war wohl der ungewöhnlichste Mitarbeiter, den die Deutsche Bank je hatte. Als er im Mai 1995 von Hilmar Kopper bei Merrill Lynch abgeworben worden war, um von London aus im alten Gebäude von Morgan Grenfell in der Great Winchester Street 23 den Bereich Global Markets, also das internationale Geschäft mit Wertpapieren, Devisen, Rohstoffen und Derivaten, aufzubauen, wurde Mitchell zum Symbol des kulturellen Wandels. Er hatte so überhaupt nichts gemeinsam mit den anderen Repräsentanten der Deutschen Bank, außer vielleicht ein paar Äußerlichkeiten, wie dem typischen dunklen Anzug, dem blauen Hemd und der dezenten Krawatte.

Der Großvater von Mitchell, bei dem er auch aufwuchs, war aus Schweden in die USA ausgewandert und die Familie gehörte zur unteren Mittelklasse. 1953 wurde Edson im nördlichen Maine geboren, in einer Landschaft, die an Schweden erinnerte, und deren Bevölkerung in den USA als besonders hart und unnachgiebig gilt. Härte und Leistung bestimmten Mitchells Leben von Anfang an. Er war auf dem Colby College immer einer der Besten, ebenso während des Betriebwirtschaftsstudiums an der Elite-Universität Dartmouth. Bei der Bank of America in Chicago sammelte er erste Berufserfahrungen.

1980, mit 27 Jahren, unterschrieb Mitchell seinen Vertrag bei der Investmentbank Merrill Lynch, wo er fünfzehn Jahre blieb. Diese Zeit hat ihn geprägt. Dort lernte er, wie man im Investment-Banking kompromisslos kämpft. Und als Merrill Lynch Ende der Achtzigerjahre drohte, von der Spitzenposition abzurutschen, machte Mitchell das Institut wieder zur ersten Adresse bei Anleihen, Währungen und Aktien. Den Bereich Mergers & Acquisitions zog er dann nach. Trotzdem verwehrte man ihm den Aufstieg in die erste Reihe. Es war Mitchells Führungsstil, der missfiel.

Hätte sich Mitchell nicht auch noch mit seinem damaligen Chef bei Merrill Lynch, Herb Allison, überworfen, wäre er sicher nicht auf das Angebot der Deutschen Bank eingegangen. Diese galt noch Mitte der Neunzigerjahre unter den Fachleuten im Bereich des Investment-Bankings allenfalls als drittklassig und als indiskutable Wahl für Spezialisten.

Versucht man sich heute ein Bild von Edson Mitchell zu machen, so wird man feststellen, dass er die Menschen polarisierte wie kaum ein anderer. Rolf-E. Breuer nannte ihn einen Banker der Superlative und selbst in Publikationen von Wettbewerbern werden Mitchells Leistungen gewürdigt. Bei seinen Mitarbeitern findet man nur schiere Bewunderung und bedingungslose Gefolgschaft, aber ebenso extrem sind auch Hass und Neid der Gegner. Sie nennen ihn »Haifisch«, und diejenigen, die nicht mehr zu seinen Mitarbeitern zählen, bezeichnen ihn als »Terminator«.

Wenn er einen Mitarbeiter feuerte, sprach Mitchell von »terminieren«. Und terminiert wurden schon viele. Als die Deutsche Bank in den Jahren 1998/99 das US-Investmenthaus Bankers Trust übernahm, war Mitchell für die Eingliederung zuständig. Sie erfolgte reibungslos. Allerdings dauerten seine Personalgespräche nie länger als zwei Minuten. Dann entschied er, wer dabei blieb und wer terminiert wurde.

Mitchell dirigierte 2 000 Mitarbeiter, die weltweit in 29 Handelsräumen tätig waren. Allein im größten Händlersaal der Welt im Winchester Haus saßen 650 Mitarbeiter. Drei Viertel von ihnen hatten nicht einmal einen richtigen Vertrag, sondern nur die Zusage, dass sie bei Erfolg großzügige Bonuszahlungen und Aktienoptionen erhalten würden. Viele bekamen eine Chance. Aber nur einmal. Deshalb wurden pro Jahr Dutzende neuer Leute gesucht und eingestellt.

Für Mitchell hatten nur die Zahlen Gültigkeit. Emotionen wurden verdrängt. Er wusste nur zu genau: Wer im Investment-Banking nicht 150-prozentig funktioniert, hat langfristig keine Chance und reißt alle anderen mit runter. Wenn er jemanden entließ, betonte er stets, dass dies auch zum Vorteil des Mitarbeiters geschehe. Dieser wäre niemals glücklich geworden, hätte man ihn nur durchgeschleppt, und es wäre ein Fehler gewesen, ihn für Leistungen zu belohnen, die er nicht erbracht hat.

Außerdem wäre es unfair gewesen, ihn im Team zu lassen, denn das Team ist im Investment-Banking eher ein Rudel Wölfe, die sich stets gegenseitig belauern und all jene zerfleischen, die nicht mithalten können. Auf Fotos wirkte Mitchell oft unnahbar und arrogant, aber er hatte eine bemerkenswert vielfältige Mimik. Seine grünen Augen wurden stets als kalt beschrieben, aber er konnte auch lächeln und humorvoll sein. Anders wäre es ihm wohl nicht gelungen, immer neue Leute zu gewinnen und diese zu motivieren. Er verstand es, Mut zu geben, zu fordern, aber auch zu fördern.

Dabei war er knallhart, wettbewerbsorientiert und ohne Fehlertoleranz. Wer jedoch in seinem Sinne funktionierte, konnte auf ihn zählen. Mitchell stand hinter seinen Leuten, setzte sich für sie ein und sorgte auch dafür, dass sie doppelt bis drei Mal so hohe Gehälter bekamen wie anderswo. Wer sich selbst konsequent der Leistung verschrieb, kam auch mit Edson Mitchell klar.

Rund 50 Mitarbeiter gingen gleichzeitig mit ihm von Merrill Lynch zur Deutschen Bank und weitere folgten. Und immer wieder gelang es ihm, Spitzenkräfte anderer Banken abzuwerben. Es musste also am Führungsstil von Edson Mitchell etwas dran sein. Vielleicht war es auch der Mythos, der sich um ihn bereits zu Lebzeiten gebildet hatte.

Was ranken sich nicht alles für Geschichten um Edson Mitchell –

wahre, halbwahre und solche, die zumindest gut erzählt sind. Die am häufigsten kolportierte Story ist wohl die, dass er sich, als er Zahnschmerzen bekam, zum Londoner Flughafen fahren ließ, um mit der Concorde zu seinem Zahnarzt nach New York zu fliegen. Diese Geschichte stimmt nicht. Zwar hätte sich Mitchell sicherlich einen solchen Luxus leisten können, aber es hätte nicht seinen Vorstellungen von Effizienz entsprochen.

Berühmt berüchtigt sind auch die Weihnachtspartys, die er für die Deutsche Bank in London ausrichten ließ. Auch sonst verstand er es zu feiern. Schließlich hatte er ein fast unbegrenztes Spesenkonto und ließ es sich deshalb nicht nehmen, mit seinem Team einen erfolgreichen Geschäftsabschluss auch einmal in einem Luxushotel am Lago Maggiore zu begießen. Für die musikalische Unterhaltung sorgten dann Reggae-Musiker, die extra aus Florida eingeflogen wurden.

Auch die Führungskräfte der Deutschen Bank verspürten wohl gelegentlich emotionale Defizite. Deshalb wurde für eine Tagung eigens ein Psychologe engagiert, der Teamgeist und Kreativität entwickeln sollte. Als er die Führungsmannschaft, zu der auch Ed Mitchell zählte, aufforderte, mit Fingerfarben eine Wand zu bemalen, stürmte Mitchell aus dem Raum. Wutentbrannt rief er: »So einen Scheiß mache ich nicht mit!« und knallte die Tür zu.

Mitchell mangelte es nicht an Selbstbewusstsein. Er schaffte es, trotz seiner Größe von nur 1,69 Meter, auf alle herabzublicken. Als er einem Frankfurter Börsianer auf die Frage, wer er denn sei, antwortete, »Ich bin Gott«, hat es sich wohl eher um einen Scherz gehandelt. Mitchell hatte einen zu realistischen Bezug zur Gegenwart, und die bestand aus knallharten Fakten.

Für Investmentbanker, heißt es, gibt es nur drei Gebote: Alles ist im Leben verhandelbar, einer gewinnt, einer verliert. Das galt für Mitchell auch bei den Gehaltsverhandlungen. Er lag einschließlich aller Leistungszuschläge bei einem Jahresgehalt von 30 Millionen Mark. Das war mehr, als alle Vorstände der Deutschen Bank zusammen bekamen, einschließlich des Vorstandssprechers. Mitchell bezog sein Gehalt weitgehend in bar und nicht, wie sonst bei Investmentbankern üblich, in Form von Aktienoptionen. Trotzdem soll er einer der größten privaten Aktionäre der Deutschen Bank gewesen sein.

Das Gehalt scheint auf den ersten Blick exorbitant hoch zu sein, kaum noch zu übertreffen. Schaut man sich aber in der Branche um, so stellt man fest, dass der Chef von Goldman Sachs, Henry M. Paulson, im Jahr 1999 ein Gehalt von 53 Millionen Mark bezog und die Spitzenmanager von Morgan Stanley Dean Witter pro Kopf 50 Millionen Mark bekamen. Gemessen daran, arbeitete Mitchell für die Deutsche Bank sozusagen für Peanuts.

Welche ernsthaften Folgen hatte der Tod Mitchells nun tatsächlich für die Deutsche Bank? Der Aktienkurs brach zwar nach dem Bekanntwerden des Unfalls kurzfristig ein, erhöhte sich anschließend aber wieder. Das mag zwei Gründe gehabt haben. Der Unfall passierte kurz vor den Weihnachtsfeiertagen und die Kapitalanleger hatten mehrheitlich anderes im Sinne, als aus einer Personalie finanzielle Konsequenzen zu ziehen. Außerdem, und das mag sehr pietätlos klingen: Ed Mitchell war tot und nicht etwa zu einem Wettbewerber abgewandert.

Hätte Mitchell aus irgendeinem Grund bei der Deutschen Bank von heute auf morgen gekündigt, wäre auch sein gesamter Führungsstab mitgegangen. So aber blieben die verantwortlichen Leute für das Tagesgeschäft auf ihren Plätzen und versuchten nach Kräften, die durch Ed Mitchell entstandene Lücke zu kompensieren. Vielleicht war es gerade das Bewusstsein, dass sie ihn nicht ersetzen konnten, das sie zu neuen Höchstleistungen antrieb. Eds Schuhe waren einfach zu groß, so lautet die mehrheitliche Meinung. Ein Ersatz war weder in der Deutschen Bank noch beim Wettbewerb in Sicht und wurde bis heute nicht gefunden.

Josef Ackermann übernahm Anfang 2001 neben dem Vorsitz der Investmentbank auch deren operative Leitung, also die Funktion, die Mitchell innehatte. Es handele sich um eine vorübergehende Lösung, hieß es. Spätestens bis zum Mai 2002, wenn Ackermann Vorstandssprecher werde, wolle man zwei neue Vorstände für das Investment-Banking finden. Dieses Vorhaben wurde jedoch im Rahmen der Neuorganisation schnell wieder fallen gelassen.

Die Bank gewinnt immer – im Casino des großen Geldes

»Wenn Enten nicht gehen, dann verkaufen wir eben Hühner.« Dieser Satz stammt von Hilmar Kopper. Er macht deutlich, dass auch bei der Deutschen Bank letztlich das Geschäft immer im Vordergrund stand und nicht so sehr die Einhaltung bestimmter Prinzipien.

Immer mehr Menschen glauben daran, dass die Finanzmärkte der alleinige Schlüssel zum weltweiten Wohlstand seien. Das ist durchaus im Interesse der Banken, denn das große Geld wird heute nur noch verdient, wenn es an den Börsen boomt.

Wie in keiner anderen Branche der Welt beeinflussen die Investmentbanken die öffentliche Meinung, setzen Trends und fungieren als Stimmungsbarometer. Auch die kritische Distanz zwischen Journalisten und Bankern ist nicht nur an der Wall Street längst auf ein Minimum geschrumpft. Die Journalisten sind nicht mehr Beobachter, sondern Teilnehmer des Börsenspiels. Alle sind den Mächtigen zu Diensten und wahren dabei gerade noch den Schein der Unabhängigkeit.

Das Investment-Banking bringt den Banken nicht nur höhere Erträge als das traditionelle Geschäft, sondern mindert auch deren Risiken. Wenn sie, statt den Unternehmen selbst Kredite zu gewähren, das Geld lieber an der Börse einsammeln, tragen nicht mehr sie das Kreditrisiko, sondern die Anleger.

Die Macht der Banken beruht heute weitgehend darauf, dass sie nicht ihr eigenes oder das Geld investieren, für dessen Rückzahlung sie verantwortlich sind, sondern statt dessen die Besitzer kleiner und großer Vermögen ermuntern, durch immer neue Anlagen und Umschichtungen vermeintlich noch reicher zu werden. Das war vielen Kleinanlegern in der jüngeren Vergangenheit allerdings nicht bewusst, sie sahen nur die tollen Gewinne, die man seit 1997 an den boomenden Börsen machen konnte. Die alte Börsenweisheit »Hin und Her macht Taschen leer« hören Banker überhaupt nicht gern, denn nur ständige Kapitalbewegungen sorgen für den kontinuierlichen Fluss von Gebühren, Provisionen und Prämien.

Egal, in welche Richtung sich der Dax bewegt, die Banken verdienen immer mit. Das zeigte sich ganz deutlich im Jahr 2000. Es war für die Banken ein Rekordjahr, die Deutsche Bank steigerte ihren Gewinn nach Steuern um 102 Prozent auf 9,68 Milliarden Mark, während Millionen von Anlegern ihr Vermögen verloren. Im März begann der Börsencrash, der bis Anfang 2001 die Summe von rund 500 Milliarden Mark Anlegergeldern vernichtete, zumindest auf dem Papier.

Die an der Wall Street geltenden Regeln lassen sich auch auf jeden anderen Finanzplatz der Welt übertragen:

- Regel Nummer eins: Die Moden an der Börse ändern sich rasch – damit Investoren ihre Depots häufig umschichten.
- Regel Nummer zwei: Anleger sind vergesslich. Auch falsche Tipps der Gurus verzeihen sie schnell.
- Regel Nummer drei: Die Politik muss für freien Kapitalverkehr sorgen – das bringt Geschäft im Ausland.
- Regel Nummer vier: Wenn die Aktienkurse zu tief fallen, hilft die Notenbank mit Zinssenkung. Darauf ist Verlass.

Solange diese Regeln nicht außer Kraft gesetzt werden, floriert das Casino des großen Geldes.

Die Lizenz zum Gelddrucken – Börsengänge

Bei Börsengängen kassieren die Emissionsbanken gleich mehrfach. Zunächst einmal erhalten sie zwischen 4 und 6 Prozent des Wertes der platzierten Aktien als Provision für die Beratung des Unternehmens und die Organisation des Börsengangs. Das waren 1999 in Deutschland schätzungsweise 650 Millionen Euro.

In der Regel können die Banken dann vor dem Börsengang eine Unternehmensbeteiligung zu Vorzugskonditionen erwerben, um diese nach der Emission mit Gewinn zu verkaufen. Schließlich gibt es auch noch die Greenshoe-Regelung. Die Banken erhalten die Option, bei hoher Nachfrage nach den neuen Aktien ein zusätzliches Aktienpaket von 15 Prozent zum Emissionspreis zu erwerben und es an der Börse zu platzieren.

Insgesamt muss ein Unternehmen, das an die Börse geht, mit Kosten in Höhe von ungefähr 10 Prozent des Emissionserlöses rechnen. Die Ausgaben teilen sich folgendermaßen auf: Der Emissionsberater erhält für die Auswahl der Konsortialbanken und andere Dienstleistungen rund 14,5 Prozent, die Konsortialbanken müssen sich für die Platzierung der Aktien 51 Prozent teilen, an reinen Druckkosten für den Emissionsprospekt werden 4 Prozent kalkuliert, ebenso für die Werbeagentur, die die Kampagne zum Börsengang entwirft und durchführt. Für die Emissionsanzeigen kann man im Durchschnitt 26,5 Prozent der Kosten ansetzen. Die großen Verdiener sind also die Banken, besonders wenn sie selbst auch noch die Emissionsberatung übernehmen, und die Medien.

Die Entwicklung der Geldmaschine Neuer Markt lief ungefähr wie folgt ab: 1997 gab es in Deutschland 25 Börsengänge, davon zwölf am Neuen Markt. 1998 stieg die Zahl auf 67 Börsengänge, davon 41 am Neuen Markt. 1999 war das absolute Boomjahr. 183 Unternehmen wollten sich durch ein Going Public finanzieren, davon 132 am Neuen Markt. Im Jahr 2000 wurden noch 169 Firmen an die Börse gebracht. Das Emissionsvolumen zeichnete ebenso die Kurve eines Booms. 1997 waren es noch 2,5 Milliarden Euro, die an der Börse aufgetrieben werden konnten, 1998 schon 3,2 Milliarden Euro und 1999 waren es 12,96 Milliarden.

Der Aufstieg des Neuen Marktes begann in zwei Phasen. Die erste begann im Oktober 1998 und hielt bis zum Februar 1999 an, die zweite setzte dann wieder im Oktober 1999 ein und bewegte sich im März 2000 ebenso rasant nach unten, wie sie aufgestiegen war. Im Jahr 2000 fand man rund 300 Aktiengesellschaften am Neuen Markt notiert, die noch Mitte des Jahres etwa einen Börsenwert von 220 Milliarden Euro aufwiesen. Bei 124 der insgesamt 169 in 2000 an die Börse gebrachten Firmen lagen Anfang 2001 die Aktienkurse unter dem Ausgabekurs, viele Aktien hatten sogar 80 bis 90 Prozent ihres Wertes verloren. Inzwischen existiert der Neue Markt nicht mehr. Das traurige Bild, das er zum Schluss abgab, vergraulte auch den blauäugigsten Anleger.

Wurden Anfang der Neunzigerjahre noch pro Jahr nur durchschnittlich zwölf Unternehmen an die Börse gebracht, lag die Zahl am Neuen Markt im Jahr 1999 schon bei zwölf pro Monat. Schließlich wussten die Fachleute, dass dieser Boom nicht ewig anhalten würde und dass man nur mit hohem Tempo schnell und sicher Kasse machen konnte.

In dieser Zeit des Booms zwischen 1997 und 2000 hat die Deutsche Bank 46 Neuemissionen als Konsortialführer geleitet und stand damit auf Platz zwei der führenden Emissionsbanken, nach der DG Bank mit 52 und vor Dresdner Bank/Dresdner Kleinwort Benson mit 41 Neuemissionen. Die Commerzbank war Konsortialführer bei 35, die HypoVereinsbank bei 32 und WestLB Panmure bei 27 Emissionen.

Misst man den Erfolg dieser Börsengänge am Aktienkurs Mitte Februar 2001 im Verhältnis zum Aktien-Ausgabepreis, ergeben sich deutliche Unterschiede. Bei der DG Bank lagen die Aktienkurse von 40 der 52 Newcomer unter ihrem Emissionspreis, bei der Deutschen Bank waren es »nur« 19 der 46, bei der Dresdner 24 der 41, bei der Commerzbank 27 der 35, bei der HypoVereinsbank 21 der 32 und bei der WestLB sogar 20 der 27 Firmen.

Wenn sich die Emissionsbanken vor dem Kapitalmarktstart zu Vorzugskonditionen an ihrem Börsenkandidaten beteiligt haben, ist es kein Wunder, wenn dann der Ausgabepreis der Aktien etwas zu hoch liegt. Denn schließlich wollen die Banken nicht nur Provisionen kassieren, sondern auch noch Kursgewinne. Die Aktionärsschützer sind sich sicher, dass selbst Häuser wie Goldman Sachs oder die Deutsche Bank Unternehmen zu irrwitzigen Preisen an den Neuen Markt brachten, auch Firmen, für die der Börsengang viel zu früh kam.

Weil alle so gut verdienten, wurde immer mehr spekuliert als kontrolliert. So bewerteten Deutsche Bank und Goldman Sachs Mitte März 2000 die Internet-Suchmaschine Lycos European mit 5,5 Milliarden Euro. Der Jahresumsatz dieses Unternehmens erreichte nicht einmal 50 Millionen Euro. Vergleicht man das mit dem Bewertungszahlen, die zum Beispiel für Banken gelten, erkennt man, dass es sich nur um ein Bubble-Geschäft handeln konnte.

Am Börsenboom haben auch die Risikokapitalgeber gut mitverdient. Die so genannten Venture-Capital-Gesellschaften beteiligen sich vor einem Börsengang an jungen Unternehmen, machen sie fit und anschließend Kasse. 1999 stellten sie etwa 3,2 Milliarden Euro zur Verfügung. Die Durchschnittsrendite auf das eingesetzte Kapital betrug zu jener Zeit 30 Prozent.

Für die Neue-Märkte-Fonds sammelten die verschiedenen Fondsgesellschaften seit Anfang 1999 rund 1,8 Milliarden Euro ein und kassierten vom Anlegergeld gleich beim Verkauf der Fondsanteile 5 Prozent Ausgabeaufschlag – Geld, das der Anleger kaum jemals wiedersehen wird und das nur eventuell durch die Kursentwicklung wieder hereingespielt wird.

Ein Emissionsprospekt soll dem Anleger ein möglichst wahrheitsgetreues Bild davon vermitteln, wie sich die Firma aller Wahrscheinlichkeit nach entwickelt. Die so genannte Prospekthaftung verpflichtet die Banken zu vollständigen und zutreffenden Angaben. Um sich als Emissionsbank den Rücken frei zu halten, werden die Prognosen jedoch nicht konkretisiert, sondern so blumig wie möglich umschrieben.

Wie vorsichtig auch die Deutsche Bank geworden ist, zeigt der Text, der heute am Ende fast jeder Pressemitteilung steht:

»Diese Presseinformation enthält vorausschauende Aussagen. Vorausschauende Aussagen sind Aussagen, die nicht Tatsachen der Vergangenheit beschreiben; sie umfassen auch Aussagen über unsere Annahmen und Erwartungen. Jede Aussage in dieser Presseinformation, die unsere Absichten, Annahmen, Erwartungen oder Vorhersagen (sowie die zugrunde liegenden Annahmen) wiedergibt, ist eine vorausschauende Aussage. Diese Aussagen beruhen auf Planungen, Schätzungen und Prognosen, die der Geschäftsleitung der Deutschen Bank derzeit zur Verfügung stehen. Vorausschauende Aussagen beziehen sich deshalb nur auf den Tag, an dem sie gemacht werden. Wir übernehmen keine Verpflichtung, solche Aussagen angesichts neuer Informationen oder künftiger Ereignisse weiterzuentwickeln.

Vorausschauende Aussagen beinhalten naturgemäß Risiken und Unsicherheitsfaktoren. Eine Vielzahl wichtiger Faktoren kann dazu beitragen, dass die tatsächlichen Ergebnisse erheblich von vorausschauenden Aussagen abweichen. Solche Faktoren sind etwa die Verfassung der Finanzmärkte in Deutschland, Europa, den USA und andernorts, wo wir einen erheblichen Teil unserer Erträge aus dem Wertpapierhandel erzielen; der mögliche Ausfall von Kreditnehmern oder Kontrahenten von Handelsgeschäften; die Umsetzung unserer Restrukturierung einschließlich des geplanten Personalabbaus; die Verlässlichkeit unserer Grundsätze, Verfahren und Methoden zum Risikomanagement; sowie andere Risiken, die in den von uns bei der U. S. Securities and Exchange Commission (SEC) hinterlegten Unterlagen dargestellt sind. Diese Faktoren sind in unserem SEC ›Form 20-F‹ vom 27. März 2002 auf den Seiten 9 bis 13 unter ›Risk Factors‹ im Detail dargestellt. Dieses Dokument ist auf Anfrage bei uns erhältlich oder kann unter www.deutsche-bank.com/ir heruntergeladen werden.«

Das Märchen von den Chinese Walls

Die Emissionsbanken basteln nicht nur mit den Emissionskandidaten an den Geschäftsplänen und bestimmen den Emissionspreis, sondern sorgen auch mit entsprechenden Analystenstudien für die Nachfrage nach den Aktien. Diesen Eindruck hat man zumindestens in vielen Fällen.

Generell sollen in einer Bank die Sales- und die Analyseabteilungen aber gegeneinander abgeschottet sein. Das kann tatsächlich räumlich durch separate Stockwerke oder computergesteuerte Zugangskontrollen geschehen, aber auch rein symbolisch durch die so genannten Chinese Walls. Auch dürfen zum Beispiel die Manager der Vermögensverwaltung nie erfahren, wenn die Investmentbanker an einer spektakulären Fusion arbeiten.

Kontrolliert wird das alles vom so genannten Compliance-Officer. Compliance wird im Bankgeschäft eine Institution genannt, die für Gesetzes- und Regeltreue im Börsengeschäft zu sorgen hat. Sie überwacht die Einhaltung der Regeln und führt Beobachtungslisten. Darin ist jeder aufgeführt, der innerhalb der Bank ein spezielles Insiderwissen hat, und man achtet darauf, dass er es auch für sich behält. Innerhalb der Deutschen Bank arbeiten insgesamt rund 150 Manager an der Überwachung der Geschäfte und einen schweren Verstoß soll es noch nie gegeben haben. Allerdings dürfen bei der Deutschen Bank die Analysten, wenn sie sich an bestimmte Zeitregeln halten, auch die Aktien kaufen, die sie mit Studien begleiten. Entsprechende Geschäfte werden in den USA veröffentlicht.

1994 kamen in Deutschland die besten Aktientipps von der Deutsche Bank Research. Aber es gibt nicht eine einzige deutsche Bank, die mit ihren Aktienanalysen auf Dauer richtig liegt. Im Durchschnitt stehen 45 Prozent aller empfohlenen Werte nach sechs Monaten im Minus.

Die DB Research war 1995 mit 200 Mitarbeitern das größte deutsche Forschungsinstitut für Aktienkurse. Der Spitzenplatz der DB Research bezog sich allerdings nur auf Empfehlungen für deutsche Aktien. Bei ausländischen Aktienempfehlungen lag DB Research nicht einmal unter den ersten zehn. Im Prinzip bestätigen die deutschen Finanzanalysten die alte Spruchweisheit von Gerhard Czerwensky. Sie lautet: »Ob Hausse, ob Baisse, ob keins von beiden, empfohlen wird zu allen Zeiten.«

Die Aktienhändler der Banken steuern zusammen mit den Fondsgesellschaften rund ein Viertel des deutschen Aktienkapitals. Chinese Walls sollen eine unzulässige Einflussnahme auf den Handel ausschließen, doch diese wirken oft löchrig. Und die Broker haben vielfältige Möglichkeiten, die Kurse zu manipulieren – was hier in Deutschland nur »Kurspflege« heißt, ist in London oder New York verboten.

Firmenanalysen werden in der Regel nicht aus Eigeninitiative erstellt, sondern dann, wenn sie sich am Markt verkaufen lassen. Die Kunden sind die Portfolio- und Fonds-Manager großer institutioneller Anleger. Da die Analysen besonders bei den Wirtschaftsmedien ein hohes Ansehen genießen, wird durch sie auch maßgeblich das Image der analysierten Firma geprägt.

Natürlich haben auch die Wertpapierberater der Banken, die so genannten Sales-Manager, ein großes Interesse daran, dass durch die Analysen der Umsatz angekurbelt wird. Letzten Endes sind Firmenanalysen nichts weiter als Verkaufsunterlagen. Allerdings können es sich Finanzanalysten auch nicht leisten, mit ihren Prognosen öfters daneben zu liegen. Der Markt bestraft Fehler, die sich im Geldbeutel niederschlagen, sofort.

Man teilt die Analysten in so genannte Sell-Side-Analysten und in Buy-Side-Analysten ein. Die ersteren arbeiten für die Brokerhäuser und die anderen für die Fondsmanager. Der Trend geht dahin, keine externe Analyse mehr zu kaufen, weil die Gefahr der Befangenheit zu groß ist. Die Qualität der Analysten wird zum wichtigsten Wettbewerbsfaktor der Broker.

Da die führenden Brokerhäuser auch gleichzeitig die dominierenden europäischen Emissionsbanken sind, vergeben Fondsmanager gern ihre

Analyseaufträge dort hin, in der Hoffnung, zusätzliche Zeichnungsgewinne bei Emissionen als Gegenleistung abschöpfen zu können.

Für den bekannten Telekom-Analysten Uberto Ferrari von Warburg Dillon Read zählt vor allem die spannende Story um die Aktie. Nur die lässt sich zu einer Kaufempfehlung verarbeiten, die von den Fondsmanagern befolgt wird. Wie einflussreich Ferrari ist, zeigt zum Beispiel, dass der Kurs der Telecom Italia um mehr als 8 Prozent stieg, als er zum Kauf riet. Insofern wird Research immer mehr zum Teil einer Marketingveranstaltung, von der kritischen Analyse bleibt nichts übrig.

Die großen Brokerhäuser tendieren dazu, lukrative Firmenmandate nicht durch negative Kommentare ihrer Analysten zu gefährden. Denn ein Viertel aller Aktiengesellschaften reagiert ziemlich empfindlich, wenn eine Bank ihre Aktien zum Verkauf empfiehlt. Sie brechen die Geschäftsbeziehungen ab. Das will sich keiner leisten. Wenn man also nichts Positives sagen kann, sagt man lieber gar nichts. Money comes first.

Nur positive Empfehlungen lassen sich gut vermarkten. So gibt es rund zehnmal so viele Kauf- wie Verkaufstipps. Auch eine vergleichsweise harmlose Herabstufung etwa von »strong buy« auf »buy« ist als verkappte Verkaufsempfehlung zu betrachten. Je öfter eine Bank auch für Blue-Chip-Unternehmen eine Verkaufsempfehlung ausspricht, desto glaubwürdiger sind wahrscheinlich auch die Kauftipps.

Solange das Geschäft mit der Aktie boomt, können sich die Analysten ihr Know-how vergolden lassen. Allerdings findet nur derjenige Gehör, der aggressiv und mit guten Investmentideen auf sich aufmerksam macht und dann die nötige Vertriebspower einsetzt. In den Brokerhäusern verdienen die Stars unter den Analysten mehr als zwei Millionen US-Dollar pro Jahr und werden an den Aktienumsätzen beteiligt.

Analysten sind die Diener vieler Herren. Dabei kommen die Interessen der Privatanleger zwangsläufig zu kurz. Für die Masse der Aktionäre taugen die Empfehlungen der Analysten allenfalls als Ergänzung zur eigenen Recherche, als ein Baustein in der Meinungsbildung vor einem Aktienkauf. Beurteilungen von Banken, die das untersuchte Unternehmen in irgendeiner Form beraten oder es an die Börse gebracht haben, kann man gleich zur Seite legen.

Schlechte Gewohnheiten statt fester Regeln – Insidergeschäfte

Die Kauf- und Verkaufstipps der Finanzanalysten beeinflussen natürlich die Börsenkurse. Und manche Analysten tätigen in Kenntnis der Kurswirksamkeit ihrer Empfehlungen bereits vorab eigene Geschäfte. Das verstößt zwar gegen das Wertpapierhandelsgesetz, doch lässt sich das Gesetz im Rahmen einiger geschickter Konstruktionen durchaus umgehen.

Solche Börsengeschäfte heißen im Fachjargon Scalping, also Skalpieren. Die Insider ziehen dem schlecht informierten Privatanleger im wahrsten Sinne des Wortes die Haut ab, indem sie seinen Geschäften vorgreifen. Aber es sind nicht nur die einzelnen Analysten, die ihr Wissen nutzen. Auch Großbanken und ihr institutionelles Klientel kaufen und verkaufen, bevor die breite Öffentlichkeit von den neuen Studien erfährt.

Es ist allerdings so, dass Kaufempfehlungen am Markt nur eine sehr geringe Wirkung zeigen. Die Kurse der Aktien steigen gegenüber dem Index kaum. Das liegt wahrscheinlich daran, dass positive Signale in einem insgesamt nach oben gerichteten Aktienmarkt einfach untergehen. Außerdem gelten firmenfreundliche Studien nicht als so fundiert wie kritische.

Verkaufsempfehlungen sind da viel wirksamer, weil der Markt auf solche Empfehlungen viel sensibler reagiert. Allerdings haben Untersuchungen ergeben, dass in den Tagen bis zur Veröffentlichung einer solchen Analyse der Kurs einer Aktie ohnehin schon nach unten geht. Daraus nährt sich der Verdacht, dass hier Geschäfte vorab getätigt werden.

Im Sommer 1991 wurden Frankfurter Börsenhändler der Deutschen Bank verdächtigt, zu ihrem eigenen Nutzen mit Aktien spekuliert zu haben. Ausgelöst wurde die so genannte Insider-Affäre durch eine anonyme Anzeige. Die Deutsche Bank hat in Folge dessen ein halbes Dutzend Mitarbeiter entlassen, Direktoren, Abteilungsleiter, Prokuristen und auch Breuers engsten Mitarbeiter, auch wenn diese nach dem Urteil der Börsenkommission nicht schuldig waren.

Mangels eines entsprechenden Regelwerkes, wie es in den USA seit 1934 vorhanden ist, konnten Insidergeschäfte in Deutschland Anfang der Neunzigerjahre nur als mögliche Steuerhinterziehungen verfolgt werden. Es ging um steuerlich umstrittene Aktientransfers, das so genannte Dividendenstripping. Ein Inländer teilt sich mit einem Ausländer Steuergutschriften, die nur Inländern zustehen. Dabei sind dem Staat Millionen an Steuereinnahmen entgangen. Bei der Frankfurter Affäre ging es um Steuernachforderungen in Höhe von 45 Millionen Mark, was darauf schließen lässt, dass mindestens 100 Millionen Mark nebenher verdient wurden.

Die Deutsche Bank ernannte anschließend einen Compliance-Officer. 1992 ging die Deutsche Bank davon aus, dass immerhin rund 15 000 Mitarbeiter der Bank Insider sein könnten, die ihr Wissen auch zu ihrem Vorteil einsetzen könnten. Diese mussten sich schriftlich bereit erklären, sich an die neuen Regeln zu halten.

Allerdings muss man dabei berücksichtigen, dass die deutschen Regeln zu jener Zeit auch noch besonders lasch waren. Es galt fast als Gewohnheitsrecht, dass Mitarbeiter an der Börse nebenher üppig dazuverdienten. Nur so konnten sie mit den Gehältern, die in London gezahlt wurden, mithalten.

Zu den Insidergeschäften gehört der so genannte Ringhandel mit Optionsscheinen. Diese werden zunächst unter Marktpreis abgegeben und dann solange weiterverkauft, bis die Differenz abgeschöpft wurde. Eine Variante: Im Rahmen von Parallelgeschäften werden zeitgleich variabel gehandelte Werte zu Großorder der Kunden gekauft. Am Ende der Kursbewegungen kann sich der Mitarbeiter dann aussuchen, welche günstig eingekauften Papiere er behält und welche teureren er an die Kunden weitergibt.

Besonders risikolos ist das so genannte Frontrunning. Wer im Vorfeld von einem großen Aktienkauf oder auch nur einer Kaufempfehlung der Research-Abteilung erfährt, kann sich mit den entsprechenden Papieren eindecken, um sie dann, wenn der Preis steigt, wieder zu verkaufen. Frontrunning galt Anfang der Neunzigerjahre nicht einmal als Insiderverstoß. Gute Informationen waren eben einfach ihr Geld wert.

Hohe Profite durch hohe Risiken

Ob bestimmte Geschäfte genial sind oder skandalös, hängt in der Finanzwelt erstens von deren Erfolg ab und zweitens davon, ob sie publik werden oder nicht. Das musste im Jahr 1996 auch Peter Young erkennen, Manager von drei Publikumfonds bei der Morgan Grenfell Asset Management (MGAM) in London. Peter Young war ein Star. Mit zwei seiner Fonds hatte er 1995 im Vergleich zu anderen Banken die besten Plätze belegt und dafür den Titel des besten Fondsmanagers des Jahres erhalten.

Young war ein ausgesprochen schneller Denker, schließlich hatte er in Oxford Mathematik studiert. Seinen Erfolg konnte er auch am eigenen Bankkonto ablesen. Das Grundgehalt lag bei umgerechnet 230 000 Mark und seine Erfolge sind im Jahr 1995 noch einmal mit 500 000 Mark prämiert worden. Eines war natürlich auch seinen Vorgesetzten klar: Solche exorbitanten Erfolge, die der Bank ebensolche exorbitanten Gewinne bescherten, sind nicht unbedingt dadurch zu erzielen, dass man sich wie ein Beamter sklavisch an die Regeln hält. Regeln sind schließlich dazu da, dass man sie intelligent umgeht. Und genau das hat Young getan.

Es gibt EU-weit gültige Regeln, die die Käufer von Fondsanteilen vor allzu großen Risiken schützen sollen. In Deutschland finden sich diese Vorschriften im Gesetz über Kapitalanlagegesellschaften (KAGG), auch Investmentgesetz genannt. Darin heißt es zum Beispiel, dass ein Fonds nicht mehr als 5 Prozent des Anlagevolumens in ein einzelnes Unternehmen investieren darf oder dass ein Fonds nicht mehr als 10 Prozent für Anteile an nicht börsennotierten Gesellschaften aufzuwenden hat.

Diese Regeln erschweren natürlich das Geschäft der Fondsmanager, besonders wenn sie davon überzeugt sind, dass einige Aktien große Zukunftsperspektiven bieten. Warum sollte man dann nicht doch mehr als 5 Prozent davon halten oder eben auch mehr als 10 Prozent in Papiere stecken, die nicht an Börsen gelistet sind?

Peter Young hatte eine prima Lösung für dieses Problem gefunden. Er gründete selbst Firmen, die börsennotiert waren. Über diese Firmen konnte er dann all das tun, was ihm selbst als Fondsmanager verboten war. 1996 bezeichnete man das noch entrüstet als Scheinfirmen. Heute hat man dafür noblere Bezeichnungen. Man spricht vornehm von Zweckfirmen, weil sie nämlich zu dem einzigen Zweck gegründet werden, andere Wertpapiere zu halten. Noch vornehmer ist der englische Begriff, er lautet Special-Purpose-Vehicle (SPV).

Diese Firmen sollen verschleiern, welche Papiere tatsächlich in einem Fonds liegen, sie dienen dann sozusagen als Sichtschutz gegen die neugierige Konkurrenz. Aber natürlich kann es auch ein Sichtschutz gegenüber den Aufsichtsbehörden sein. Sie bieten weiterhin die Möglichkeit, Kursschwankungen zu kaschieren und einen höheren Wert des Fonds vorzugaukeln als den tatsächlich vorhandenen.

Aber man kann solche SPVs auch dazu nutzen, bestimmte Wertpapiere, die man für einen Fonds nicht erwerben darf, in solche umzuwandeln, die erlaubt sind. Möglich wird das alles dadurch, dass der Kapitalmarkt nicht mehr an nationale Grenzen gebunden ist; man kann sich international jeweils die Länder aussuchen, in denen für den jeweiligen Zweck die besten Chancen gegeben sind.

Kein Wunder also, dass auch die Deutsche Bank überall dort Niederlassungen hat, wo sich auch gern Steuerflüchtlinge und Finanzjongleure tummeln, zum Beispiel auf den Cayman Islands, auf der Insel Jersey oder mitten in Europa, in Luxemburg. Nach luxemburgischen Recht sind zur Gründung einer Aktiengesellschaft, also einer Société Anonym (S.A.), nur zwei Aktionäre erforderlich. Und es ist auch dort sehr einfach, eine S.A. an der Börse listen zu lassen.

Peter Young hatte nun eine Firma, die Interman Services Ltd. mit Sitz in Tortola auf den britischen Jungferninseln, die jeweils eine Aktie einer Neugründung hielt, während der Rest der Aktien bei der Luxembourg Corporation Company S.A. lag. Um alles noch ein wenig mehr zu verschleiern, wurde diese Firma wiederum von zwei Muttergesellschaften gehalten, die auch auf den Virgin Islands saßen. Unterhalb dieser Holding wurden ständig weitere Holding-Gesellschaften mit immer neuen Fantasienamen gegründet, die wiederum irgendwann Aktien kauften, welche zu tatsächlich real existierenden Firmen gehörten.

Diese Konstruktionen hatten nur ein Handicap: Sie boten zwar riesige Gewinnchancen, aber eben auch ebenso hohe Risiken. In seinen drei Fonds verwaltete Peter Young rund 3,2 Milliarden Mark Anlagegeld, das von insgesamt 90 000 Kunden stammte, davon 18 000 aus Deutschland. Der Anteil der hoch spekulativen Papiere lag zeitweise bei bis zu 39 Prozent seiner Fonds. Als das bekannt wurde, blieb der Deutschen Bank erst einmal nichts anderes übrig, als für 417 Millionen Mark Schrottaktien aus den Fonds herauszukaufen – dabei handelte es sich um Wertpapiere, die sich als nicht lukrativ herausgestellt haben –, um so wenigstens zum Teil das Vertrauen der Anleger zurückzugewinnen.

Natürlich waren die Anleger äußerst interessiert an hohen Renditen und Wertsteigerungen ihrer Fondsanteile. Aber sie wussten nicht, dass ein Fonds, der den Namen »Europäischer Wachstumsfonds« trägt, das Synonym für Risiken hart am Rande des Abgrunds darstellte. Der bankeninterne Begriff für solche risikoreichen Papiere lautet entweder Hoffnungswerte, wenn man sie einkauft, oder eben Schrottaktien, wenn sie sich entgegen den Erwartungen entwickeln.

Nur sind Fondsmanager eben auch keine Hellseher, und so hatte Young zu einer bestimmten Zeit überproportional oft Pech. Und weil sein Chef Keith Perci beide Augen fest zudrückte, solange Young Erfolg hatte, riss es ihn ebenfalls mit in den Abgrund. Dabei muss es nicht einmal grundsätzlich falsch sein, in Hoffnungswerte zu investieren. Schließlich haben sie in der Vergangenheit immer wieder einmal überproportionale Gewinne abgeworfen.

Young setzte zum Beispiel auf Aktien von British Biotech, die ein Antikrebsmittel entwickelten. Er überschritt in diesem Fall die gesetzlich erlaubte Investitionsgrenze, weil er von dem Erfolg hundertprozentig überzeugt war. Das Mehr an Aktien kauften dann eben die beiden Holding-Gesellschaften Medtech und Oralmed. Auch die Firma Solvex hatte keine schlechte Geschäftsidee. Sie entwickelte ein Verfahren, um Öl aus Teersand zu gewinnen. Teersände gibt es genug, und wenn Öl aus den klassischen Quellen einmal nicht mehr so reichlich sprudelt, wird man auf jeden Fall versuchen, sie anzuzapfen. Aber 1996 war es noch nicht so weit und das Verfahren noch nicht voll entwickelt.

Young war jedoch optimistisch, deshalb gründete er wieder zwei Scheinfirmen, Sandvest Petroleum und Alulux Mining. Dass diese Firmen niemand kannte, störte die für die Aufsicht Verantwortlichen nicht. Kritisch wurde es erst, als diese Geschäfte aufflogen und sich die englische Aufsichtsbehörde Imro darum kümmerte. Aber da war es schon zu spät.

Die Frankfurter Zentrale der Deutschen Bank schickte ihren Fondsspezialisten Udo Behrenwaldt nach London, um noch zu retten, was zu retten war. Dann wartete man, dass Gras über die Sache wachsen würde. Und das hat eigentlich auch ganz gut geklappt. Nur tauchten jetzt im Jahr 2003 wieder Meldungen in der Presse auf, die vermuten lassen, dass gerade Udo Behrenwaldt sich wohl einiges von Peter Young abgeschaut haben könnte. Denn auch die von ihm geleitete DWS benutzte in ihrer Luxemburger Dependance Special-Purpose-Vehicles, um 30 Prozent ihrer Anlagegelder auf den Cayman Islands zu investieren. Darüber macht sich heute allerdings keiner mehr Sorgen, denn schließlich tun das alle. Hohe Profite gibt es eben nur durch hohes Risiko – für die Anleger.

Das Midas-Business – Mergers & Acquisitions

Welche Bedeutung das Mergers & Acquisition-Geschäft hat, zeigt sich darin, dass die dafür zuständige DB-Tochtergesellschaft, zumindest in der Vergangenheit, erst ab einer Gebühr von 500 000 Mark pro Fall tätig wurde.

Deutschen Unternehmen sind Berater mit internationalem Flair eher suspekt. Der Mittelstand möchte weder bei Übernahmen für die Beratung zahlen noch sich mit englischsprachigen Beratern herumplagen. Deshalb fällt es der Deutschen Bank schwer, ihr Tochterunternehmen auch in Deutschland nachhaltig zu etablieren.

Belastet werden die Geschäfte zusätzlich dadurch, dass die Deutsche Bank durch Aufsichtsratsposten, aber auch durch Kredite und Beteiligungen, noch immer sehr mit der deutschen Wirtschaft verflochten ist. Infolgedessen trauen ihr die deutschen Unternehmen keine neutrale Beratung bei einer Firmenübernahme oder der Abwehr einer solchen zu.

Im europäischen Vergleich lag die Deutsche Bank bei M&A Ende 1999 nur auf Rang 19 und selbst in Deutschland war sie nicht über den vierten Platz hinausgekommen. Die Banker von Morgan Grenfell waren sich zu fein für die Akquisition und interne Kämpfe zwischen Deutschen und Briten kosteten viel Kraft. Durch die Übernahme von Bankers Trust kam auch deren Mergers & Acquisitions-Ableger, die Firma Alex Brown, in den Besitz der Deutschen Bank. Als Spezialist für Wachstumsfirmen ist das Unternehmen jedoch nur in den USA tätig.

Um endlich im Bereich Mergers & Acquisitions Erfolge präsentieren zu können, warb die Deutsche Bank Ende 1999 gleich drei McKinsey-Unternehmensberater für diesen Bereich ab. Das Einkommen für diese Neuzugänge bewegte sich zwischen vier und zehn Millionen Mark pro Jahr. Wie es mit den Gegenleistungen aussah, sollte sich erst noch zeigen.

In Deutschland fehlten Profis, die das Standing bei der Industrie hatten – Manager, die sowohl Branchenexpertisen und kreative Strategien auch Finanzierungsmodelle entwickeln konnten. Da solche Multitalente selten sind, endeten auch viele dieser Deals als Flop. Früher lief die Akquisition von Beratungsmandaten häufig über persönliche Beziehungen, die teilweise spöttisch »Wining and Dining« genannt wurden. Ein gemeinsames Essen reicht heute aber nicht mehr aus, um Millionen locker zu machen.

Hast du nichts, bist du nichts – welche Kunden zählen und welche nicht

Bis 1959 hatten bei der Deutschen Bank nur Firmenkunden Zutritt. Für die vermögenden Privatkunden waren in Deutschland die ebenso kleinen wie feinen Privatbankiers zuständig und für die große Masse der Kleinsparer hauptsächlich die regionalen Sparkassen oder die Genossenschaftsbanken. Wer ein Häusle bauen wollte, ging zu den Bausparkassen, die sich und ihre Strukturen über die Nazizeit und den Krieg hinweggerettet hatten. Daneben gab es natürlich noch zahlreiche kleine Bankinstitute, die im Rahmen des Wirtschaftswunders ganz allmählich von den großen Namen absorbiert wurden.

Doch das aufkeimende Wirtschaftswunder in Deutschland ließ nicht nur die Finanzkraft der Kleinsparer und des unteren Mittelstandes ansteigen, auch das Konsumverhalten änderte sich und damit stieg die Nachfrage nach privaten Krediten. In der Deutschen Bank war es Eckart van Hooven, der sich des Retail-Bankings annahm und die Bank 1959 auch für den Privatmann öffnete. Es wurde der Persönliche Klein-Kredit (PKK) eingeführt, ein Darlehen bis zu einem Höchstbetrag von 2 000 Mark. Es hatte eine Laufzeit von bis zu zwei Jahren und war in konstanten Raten zu tilgen.

Innerhalb von 30 Jahren, zwischen 1959 und 1989, gelang es ihm, die Zahl der Privatkunden von 250 000 auf 5,5 Millionen zu steigern. Die

Deutsche Bank wurde damit in den Achtzigerjahren zur größten Sparkasse der Republik. Das Kleinklientel hielt 73 Prozent aller Kundeneinlagen, nahm 51 Prozent aller Kredite in Anspruch und bestritt immerhin 61 Prozent des Wertvolumens der Deutschen Bank. Das verächtlich »Kumpel Banking« genannte Geschäft war zur eigentlichen Lebensader der Deutschen Bank geworden und hatte das Geschäft mit den Unternehmen abgehängt.

Zu jener Zeit war Bausparen auch noch nicht »uncool«. Der Privatmann dachte nicht an Aktiengeschäfte und Fondsbeteiligungen. So wuchs innerhalb der Deutschen Bank die größte Baufinanzierungsgruppe der Republik heran. Und weil dieses Institut letzten Endes doch noch immer etwas »feiner« war als die Sparkassen und die Genossenschaftsbanken, gewann es auch die vermögende Privatkundschaft, das waren zu jener Zeit schon all jene, die mehr als 100 000 Mark verdienten, als Kunden.

Rund 29 Prozent dieser Besserverdiener führten ihre Konten bei der Deutschen Bank und legten dort ihre Vermögen an. Dass sie dafür mehr zahlen mussten als woanders, nahmen sie gern in Kauf. Denn, wie hatte schon Hermann Josef Abs gesagt: »Es ist halt teurer, einen Mercedes zu fahren.« Aber die hohen Kosten resultierten nicht etwa aus einem Mehr an Service und Leistung, sondern hauptsächlich aus einem Weniger an Technik und Organisation.

Als sich 1994 mittelständische Kunden in einer öffentlichen Veranstaltung darüber beschwerten, dass die Bank mit ihnen umgehe, als seien sie Bettler oder bestenfalls Bittsteller, gab ihnen Kopper Recht. Er sagte »Wir könnten unsere Vertriebsleistung im Inland um 25 Prozent steigern, wenn sich alle Beschäftigten angewöhnen würden, jeden Kunden, den sie sehen, freundlich zu grüßen.« Die Unfreundlichkeit und Arroganz der Deutschen Bank Mitarbeiter war zu jener Zeit schon fast sprichwörtlich. Aber statt das zu ändern, wählte man einen anderen Weg.

Kundenkontakt, nein danke – Online-Banking

Im September 1995 ging die Bank 24 ins Netz. Sie war eine hundertprozentige Tochter der Deutschen Bank, sollte das aber weder im Namen noch im Auftritt sichtbar machen. Als Direktbank bot sie ihren Nutzern per Telefon und bald auch per Internet eine Auswahl von zwölf verschiedenen Dienstleistungen an, die bis zu 55 Prozent billiger waren als am Bankschalter. Ende 1997 nutzten schon rund 80 000 Kunden diese preiswerte Alternative.

Der ideale Kunde der Banken sah im Jahr 1999 ungefähr so aus: Er hatte ein Nettoeinkommen von 7 000 Mark, ein Geldvermögen von 150 000 Mark und eine Baufinanzierung über 200 000 Mark. Das brachte der Bank jährliche Erlöse zwischen 2 800 und 3 200 Mark. Zog man die Kosten der Bank ab, blieben für sie pro Jahr 800 Mark Gewinn übrig.

Dieses Ideal wich allerdings weit von dem Profil des durchschnittlichen Kunden ab und leider gehörten zwei Drittel aller Bankkunden zu dieser Kategorie. Der Normalkunde bezog nur ein Nettoeinkommen von 3 000 Mark pro Monat und besaß ein Geldvermögen von durchschnittlich 25 000 Mark. Das brachte der Bank gerade einmal jährliche Erlöse in Höhe von 400 bis 450 Mark ein und lag damit unter den tatsächlichen Kosten. Jeder dieser normalen Kunden verursachte also für die Bank im Durchschnitt einen Verlust von 50 Mark. Kein Wunder also, dass man sich um den Privatkunden nicht gerade intensiv bemühte und eigentlich über jeden froh war, der zur Konkurrenz wechselte oder sich für Online-Banking entschied. Andererseits wurden die Filialen dadurch noch unrentabler.

In Deutschland war 1999 das Retail-Banking, also das standardisierte Mengengeschäft mit Privat- und kleinen Geschäftskunden, immer noch die Domäne der Sparkassen und Volksbanken. Der Marktanteil der Sparkassen lag bei 56,6 Prozent und das der Volks- und Raiffeisenbanken bei 23,4 Prozent. Die Deutsche Bank musste sich mit kümmerlichen 4,3 Prozent begnügen. Das sollte so nicht bleiben. In der Zeit zwischen 1997 und 2000 haben die Großbanken ihr Werbebudget für den Privatkunden gegenüber den Sparkassen und Volksbanken fast verdoppelt. Fast 170 Millionen Mark setzte die Deutsche Bank im Jahr 1999 ein, um den Ertrag mit den Privatkunden zu steigern. Genützt hat es wenig.

Offiziell bezifferte die Deutsche Bank ihren Kundenstamm auf 6,5 Millionen, davon rund 400 000 bei der Deutschen Bank 24. Vor allem im lukrativen Segment der Kunden mit einem Monatseinkommen von über 5 000 Mark war die Deutsche Bank mit einem Anteil von 9 Prozent deutlich unterentwickelt. Ulrich Cartellieri empfand das Filialgeschäft schon immer als Mühlstein um den Hals der Bank. Als das Investment-Banking boomte, war es endgültig Zeit, die Kunden neu zu sortieren.

Klasse bleibt, Masse raus

Im September 1999 wurde das Massenkundengeschäft aus der Deutschen Bank herausgetrennt und rückwirkend zum Jahresbeginn mit der Tochtergesellschaft Bank 24 verschmolzen. Der Name des neuen Instituts: Deutsche Bank 24 AG. Diese Konstruktion sollte das Beste aus Filialbank und Direktbank kombinieren.

Der Vorstandssprecher der Deutsche Bank 24, Herbert Walter, hatte 1999 noch große Ziele. Bis zum Jahr 2003 wollte er zehn Millionen Kunden haben, drei Millionen mehr als 1999.Vorstellbar waren nicht nur Kooperationen mit anderen Banken, sondern möglicherweise auch mit Internetunternehmen. Überall sollte der Kunde Zugang zur Multikanalbank haben, in den Filialen, im Internet, per Telefon und auch über Automaten, die in Einkaufszentren und an anderen zentralen Orten aufgestellt wurden. Das Wichtigste bei der Deutschen Bank 24 sollte nicht mehr das Produktwissen sein, sondern Kommunikation und Verhalten der Mitarbeiter. Der Kunde sollte sich nicht mehr als Störfaktor empfinden, sondern wie ein Gast in einem guten Hotel fühlen – jemand, dem man zu Diensten ist, auch wenn seine Wünsche einmal nicht in die Routine passen.

Anfang 2000 strebte man an, das Massengeschäft der Deutschen Bank und der Dresdner Bank im Falle einer Fusion zusammenzulegen und zu verkaufen. Als die Fusion scheiterte, verfolgte Rolf-E. Breuer einen anderen Plan. Herbert Walter, der Sprecher der Deutschen Bank 24, sollte eine Art deutsche Retail AG auf die Beine stellen, die sich mit dem Klassenprimus, der Londoner Privatkundenbank Lloyds TSB vergleichen konnte. Aber auch das funktionierte nicht.

1999 verfügte Lloyds TSB über 15 Millionen Kunden. Die Zahl der Zweigstellen der Deutschen Bank lag bei 1 320, die von Lloyds bei 2 500. Die Mitarbeiterzahl in Deutschland betrug 17 500, die von Lloyds 76 000. Auch im Betriebsergebnis gab es eine riesige Differenz. Die Deutsche Bank 24 erwirtschaftete im Jahr 1999 rund 177 Millionen Euro, Lloyds TSB schaffte 6,6 Milliarden Euro.

Besonders traurig sah das Aufwand-Ertrags-Verhältnis aus. Bei der Deutschen Bank 24 lag es bei 88,7 Prozent, bei Lloyds TSB bei 43,1 Prozent. Die Deutsche Bank 24 erwirtschafte auf das Eigenkapital nur eine Rendite von 9,5 Prozent, Lloyds immerhin 45,3 Prozent.

Um das Image der Deutschen Bank 24 zu verbessern, scheute sich Walter auch nicht, gute Ideen bei Parfümerieketten oder beim Strukturvertrieb abzukupfern. Ob nun die Verkaufsflächen zu Erlebniszonen umgestaltet wurden oder ob man Gewinnspiele veranstaltete, was letztlich zählte, war einzig und allein das Ergebnis. Es gestaltete sich jedoch als schwierig die Mitarbeiter richtig auf Trab zu bringen, weil das mittlere Management wie eine Lähmschicht wirkte und viele Verbesserungen einfach nicht umzusetzen bereit oder in der Lage war.

Man wollte zwar verkaufen und die Gehälter der Führungskräfte wurden auch in immer höherem Maße leistungsabhängig, doch wenn *Finanztest* die Qualität prüfte, belegte die Deutsche Bank 24 in der Regel nur einen der hinteren Ränge.

Im Oktober 2000 entschied der Aufsichtsrat, dass die Deutsche Bank auf jeden Fall die unternehmerische Führung der Deutschen Bank 24 behalten sollte. Man blieb aber offen für Partnerschaften und Zukäufe. Ziel war der europaweite Ausbau der Deutschen Bank 24 und die Steigerung der Zahl der Privatkunden von damals 10,5 Millionen auf mindestens 13,5 Millionen in 2004. »Wer sich am Aufbau einer europäischen Plattform beteiligen will und Mehrwert einbringt, ist herzlich willkommen«, so Herbert Walter. Doch so weit kam es nicht.

Die Liebe zum kleinen Kunden wird neu entdeckt

Zum 1. Oktober 2002 wurde das Privatkundengeschäft erneut umgebaut. Auf lange Sicht zum letzten Mal, hieß es. Der Vorstand der Deutschen Bank erklärte nun, dass der Konzern vor allem im neu formierten Unternehmensbereich Privat- und Geschäftskunden (Private & Business Clients) wachsen wolle. Sein Ziel: dort das Ergebnis vor Steuern jährlich um 30 Prozent zu steigern. Auch die Schweizer Großbanken, Merrill Lynch, Morgan Stanley Dean Witter, J.P. Morgan Chase und allen voran die Citigroup hatten den privaten Kunden wiederentdeckt.

Der neue Unternehmensbereich erhielt auch die Zuständigkeit für 30 000 Freiberufler und Familienunternehmen, die vorher dem Firmenkundengeschäft und Investment-Banking zugeordnet waren. Insgesamt belief sich die Zahl der Privat- und Geschäftskunden nach Angaben der Bank auf 12,6 Millionen europaweit. Davon entfielen 8,3 Millionen auf Deutschland. Die Zahl der potenziellen Kunden in Europa wurde auf 60 Millionen beziffert.

Das drei Jahre zuvor in die Deutsche Bank 24 ausgelagerte Privatkundengeschäft einschließlich der Online-Aktivitäten von maxblue wurde als neuer Unternehmensbereich Private & Business Clients wieder in die Deutsche Bank eingegliedert.

Durch die Neuordnung wollte Ackermann im Retailgeschäft bis 2004 das operative Ergebnis von 400 Millionen auf rund eine Milliarde Euro steigern. Damit würde man mit der Citibank gleich ziehen. Zwei Drittel sollten durch Kosteneinsparungen wie Zweigstellenschließungen und ein Drittel durch Ertragssteigerungen erreicht werden. Allerdings wurde diese Maßnahme von der Finanzwelt weniger als ein echter Neuanfang bewertet, sondern eher als ein Mittel zur Hebung des Aktienkurses.

260 der 1 030 Privatkunden-Filialen in Deutschland sollten geschlossen und zum Teil durch 300 Selbstbedienungsterminals, so genannte SB-Center und 120 mobile Beratungsstellen ersetzt werden, kündigte Herbert Walter an. Die verbleibenden 770 würden zu »Investment & FinanzCenter« aufgepeppt. Rund 4 000 der 25 000 Stellen des Privatkundenbereichs werde man abbauen.

Bei den mobilen Beratungsstellen handelt es sich eigentlich nur um Stützpunkte für so genannte Finanzberater, die zwar mit einer Visitenkarte der Deutschen Bank durchs Land ziehen, aber vom Status her keine festen Mitarbeiter der Bank sind. Es handelte sich vielmehr um freie Handelsvertreter, die von der Provision leben. Nicht ohne Grund fürchten Verbraucherschützer deshalb, dass die fachgerechte, am Kunden orientierte Beratung zu Gunsten provisionsträchtiger Geschäfte auf der Strecke bleiben kann. Grundsätzlich unterscheiden sich diese mobilen Finanzberater nicht von ihren Kollegen aus der Allfinanzbranche, die immer noch mit ihrem schlechten Image als Strukturvertriebe zu kämpfen haben.

Auf dem Weg zum Kunden sind alle Mittel recht

Seit 1. März 2002 verkauft die Deutsche Vermögensberatung (DVAG) im Bereich der Bankprodukte und der Investmentfonds bevorzugt Angebote der Deutschen Bank und der Deutsche-Bank-Tochter DWS. Bereits im zweiten Quartal 2002 führte die DVAG dem DWS netto 200 Millionen Euro zu, das waren 15 Prozent des gesamten Neugeschäfts. Im Investmentbereich einschließlich der fondsgebundenen Lebensversicherungen vermittelte die DVAG in den ersten sieben Monaten 2002 Anlagen im Wert von netto 532 Millionen Euro, davon entfielen aber noch 161 Millionen Euro auf die DIT, die Fondsgesellschaft der Dresdner Bank.

Die Deutsche Bank 24 AG feierte die Vertriebspartnerschaft mit der DVAG euphorisch. Man sprach sogar von mehr Markt- und Kundennähe mit insgesamt 40 000 Beratern. Ab Mai 2002 würde es sogar Angebote aus den Bereichen Karten, Konten, Kredite und Sparen geben. Immerhin brachte die DVAG 3,5 Millionen Kunden mit, denen sie nun noch etwas Neues verkaufen konnte.

Es gibt einige handfeste Gründe dafür, dass die Banken die Finanzdienstleister als mobilen Vertrieb nutzen, obwohl diese in der Öffentlichkeit keinen so guten Ruf haben, und in ihrer Arbeitsweise oft genug noch den Eindruck von Drückerkolonnen vermitteln: Sie sind preiswerter als der eigene Vertrieb in den Filialen. Sie ersparen den Ausbau und die Führung eigener Teams, die dem Kunden außerdem nur mit einem kleineren Produktportfolio gegenübertreten und deshalb nicht als »interessenfrei« und »objektiv« gelten.

Sie konzentrieren sich auf das Kleingeschäft und erreichen auch Kunden, die nicht in die Bankfilialen kommen. Und schließlich lässt sich auf diese Weise das Risiko der Haftung für mangelnde Beratung umgehen. Für die Finanzvertriebe gilt nicht der Paragraph 31 des Wertpapierhandelsgesetzes, der Banken und Sparkassen verpflichtet, ihre Kunden eingehend zu den Anlagezielen und den finanziellen Verhältnissen zu befragen.

Die DVAG ist unter den deutschen Allfinanz-Strukturvertrieben Marktführer, sie hat 3,5 Millionen Kunden und beschäftigt rund 30 000 Berater. Im Jahr 2002 erzielte sie einen Provisionsumsatz von 644 Millionen Euro, und sie betreute Ende 2002 einen Bestand an Lebensversicherungen, Bausparverträgen und Investmentprodukten von 86 Milliarden Euro aus 9,2 Millionen Verträgen. 480 000 Lebensversicherungen konnte die DVAG in 2002 vermitteln, das war die bisher zweithöchste Zahl des Unternehmens.

Der deutsche Markt für Allfinanzdienstleistungen ist fest in den Händen von sechs großen Gesellschaften. Neben der DVAG sind die größten AWD mit einem Provisionsumsatz von 385 Millionen Euro in 2001, 328 000 Kunden und rund 3 000 Beratern, MLP mit 378 Millionen Euro Umsatz, 453 000 Kunden und rund 2 500 Beratern sowie OVB mit 160 Millionen Euro Umsatz, 1,8 Millionen Kunden und 7 100 Beratern. Bei Bonnfinanz erzielten die 1 200 Berater mit ihren 450 000 Kunden einen Provisionsumsatz von 90 Millionen Euro und die tecis Holding kam mit 200 000 Kunden und 1 500 Beratern auf 67 Millionen Euro.

Wie man sieht, liegt das Geld anscheinend auch heute immer noch auf der Straße und man braucht nur ein paar abgebrühte Burschen, die es einsammeln. Natürlich ist das kein Geschäft für sensible Naturen, die fallen schnell wieder aus dem System heraus. Aber neben Quereinsteigern, zum Beispiel aus der Politik, wie Friedhelm Ost oder Friedrich Bohl, finden sich an den Spitzen der Strukturvertriebe meist Leute, die sich auf die harte Tour von ganz unten nach ganz oben gearbeitet haben. Einer von ihnen ist Reinfried Pohl.

Reinfried Pohl, der immer noch als Vorstandschef aktiv ist, hat die DVAG 1975 gegründet und gehört seit Jahrzehnten zu den schillerndsten Figuren der deutschen Finanzwelt. Der finanzielle Erfolg verwischt schnell alle Spuren einer teilweise unschönen Vergangenheit, die weit über die spektakuläre Pleite von IOS – Investment Overseas Services Ltd., der ersten Investment-Vertriebsgesellschaft, im Jahr 1970 hinausreicht.

Keiner hat es verstanden, so viel Prominenz aus Politik und Wirtschaft an sich zu binden und daraus Kapital zu schlagen wie der Träger des Großen Bundesverdienstkreuzes Reinfried Pohl, der seine »Struckies« mit Fotos auf Kundenfang schickte, die ihn mit Helmut Kohl oder Theo Waigel in trauter Runde zeigten. Heute soll natürlich alles ganz anders sein. Nicht mehr der Abschluss eines Vertrags, sondern die Beratung des Kunden stehe im Mittelpunkt. Das behaupten alle Finanzvertriebe; nur werden diese Unternehmen von den Kunden eben nicht für ihre Beratungsleistung honoriert, sondern sie leben nur vom Verkauf. Das ändert sich erst bei dem Geschäft mit den Superreichen, und das macht die Deutsche Bank lieber wieder selbst.

Nichts ist unmöglich – für die Reichen

Für die reichsten Privatkunden, das sind bei der Deutschen Bank rund 10 000 HNWIs (High Net Worth Individuals) und UHNWIs (Ultra High Net Worth Individuals), wurde eine extra Sparte, das Private Wealth Management, eingerichtet. »Stellen Sie uns die Frage, welchen Vorteil Private Wealth Management der Deutschen Bank Ihnen bietet, dann lautet die Antwort: Es liegt in der Leidenschaft, mit der wir den Erfolg für Ihr Vermögen wollen«, so Pierre de Weck, für diesen Bereich zuständiges Mitglied des Group Executive Committees.

Das internationale Geschäft mit den vermögenden Privatkunden war 1996 zum Geschäftsbereich Private Banking zusammengefasst worden. Die Klienten sind sehr verwöhnt und erhalten eine umfassende Betreuung bis hin zum Family Office, wie es bei der Deutschen Bank genannt wird. Die DB-Privatbanktochter Grunelius hatte es sehr schwer, innerhalb Deutschlands neben der Deutschen Bank erfolgreich zu sein. Deshalb wurde sie 1997 in die Deutsche Bank Trust AG umgewandelt und damit unter dem Dach der Deutschen Bank neu positioniert.

Besonders lukrativ ist natürlich das Geschäft mit den Vermögenden und Superreichen. Und je höher das Durchschnittsvermögen der Kunden ist, desto besser ist die Rentabilität. Im Jahr 2000 machte in diesem Bereich die Credit Suisse europaweit die höchsten Gewinne. Sie erzielte eine Vorsteuerrendite von 75 Prozent des verwalteten Vermögens, während UBS noch auf 57 Prozent kam und die Deutsche Bank nur auf 36 Prozent. Bei UBS betrug das durchschnittliche Vermögen der Kunden 1,7 Millionen US-Dollar, bei der Credit Suisse knapp 995 000 US-Dollar und bei der Deutschen Bank nur knapp 413 000 US-Dollar. Das sah im

Vergleich zu den 18,3 Millionen US-Dollar, die bei Goldman Sachs durchschnittlich jeder Kunde anlegte, noch recht mager aus.

Weltweit stand 1990 Merrill Lynch unangefochten an der Spitze der Vermögensverwalter mit einem verwalteten Vermögen von 1 700 Milliarden US-Dollar und rund sechs Millionen Kunden. UBS belegte Platz zwei mit 426 Milliarden US-Dollar verwaltetem Vermögen und 250 000 Kunden. J. P. Morgan Chase verwaltete 330 Milliarden US-Dollar, die Credit Suisse 298 Milliarden US-Dollar von 300 000 Kunden, Goldman Sachs 274 Milliarden US-Dollar von etwa 15 000 Kunden. Auf Platz sechs, noch vor der Citigroup, folgte die Deutsche Bank mit einem verwalteten Vermögen von 202 Milliarden US-Dollar und 490 000 Kunden. Ziel der Deutschen Bank ist es, beim Private Banking bis zum Jahre 2004 weltweit unter die ersten drei Institute zu gelangen.

Goldman Sachs sieht seine Zielgruppe bei Kunden, die über ein Vermögen von mindestens 25 Millionen US-Dollar verfügen, es werden aber auch solche akzeptiert, die »nur« ein Vermögen von 10 Millionen US-Dollar haben. Fachleute gehen davon aus, dass die Zahl der US-Dollar-Millionäre in den USA sich von 1999 um 84,8 Prozent auf 6,1 Millionen in 2004 erhöhen wird. Noch stärker werde aber die Zahl derer steigen, die über mehr als fünf Millionen US-Dollar verfügen, und zwar um 561 Prozent auf 3,9 Millionen.

Das Massengeschäft mit den Wohlhabenden reicht in der Regel von 50 000 bis 500 000 US-Dollar. Diese Anleger werden als Mass Influent bezeichnet. Wer 500 000 bis eine Million US-Dollar anlegen kann, gilt für die Banken als vermögend. Wer ein Geldvermögen von mehr als einer Million bis 30 Millionen US-Dollar zur Verfügung hat, gehört zu den High Net Worth Individuals. Oberhalb der HNWIs gibt es dann noch die Ultra High Net Worth Individuals mit einem Geldvermögen von über 30 Millionen US-Dollar.

Laut einer Studie von Merrill Lynch gab es 2001 weltweit 7,1 Millionen HNWIs, das waren 3 Prozent mehr als ein Jahr zuvor. Sie hatten ein Geldvermögen von 26 200 Milliarden US-Dollar zur Verfügung, das entspricht im Durchschnitt 3,7 Millionen US-Dollar pro Kopf. In Deutschland lag die Zahl der Millionäre gegenüber dem Vorjahr unverändert bei rund 730 000. Die Zahl der UHNWIs stieg weltweit um 2,7 Prozent auf 57 000 Personen. Ihr Vermögen wuchs um 3 Prozent auf 8 400 Milliarden US-Dollar, das sind durchschnittlich über 140 Millionen US-Dollar pro Kopf. Merrill Lynch geht davon aus, dass das Vermögen der HNWIs in den kommenden Jahren um 8 Prozent jährlich steigen wird.

Mit einem verwalteten Vermögen von 196 Milliarden Euro lag das Private Banking der Deutschen Bank 2001 in ihrem Heimatland mit deutlichem Abstand an der Spitze, vor der Dresdner Bank mit 45 Milliarden Euro, der HypoVereinsbank mit 34 Milliarden, Sal. Oppenheim mit 30 Milliarden und der Commerzbank mit 20 Milliarden Euro. Weltweit belegte die Deutsche Bank damit Platz sechs. Auf den vorderen Rängen lagen UBS mit einem verwalteten Vermögen von 433 Milliarden Euro, Morgan Stanley Dean Witter mit 292 Milliarden Euro, Credit Suisse mit 265 Milliarden Euro, JP Morgan Chase mit 245 Milliarden Euro und Goldman Sachs mit 230 Milliarden Euro.

Für HNWIs und natürlich auch UHNWIs bieten die Banken eine spezielle Vermögensberatung, das Wealth-Management. Für die Deutsche Bank beginnt das Wealth-Management ab einer Anlage von mehreren Millionen Euro. Experten schätzen, dass ein Vollservice für Kunden, die fünf bis zwanzig Millionen US-Dollar anlegen, die Banken etwa 60 000 US-Dollar pro Jahr kostet. Bei allen Kunden, die weniger als fünf Millionen US-Dollar pro Jahr anlegen, müsste die Bank deshalb am Service sparen.

Bislang waren viele der Besserverdiener sehr interessiert daran, ihr Geld in Steueroasen zu transferieren. Pierre de Weck nimmt jedoch an, dass die Bedeutung von Offshore-Bankplätzen abnehmen wird. Als offshore werden Kapitalanlagen außerhalb des Steuerdomizils, also in Steueroasen, bezeichnet. Der Trend geht laut de Weck zu Steuerehrlichkeit und Nachsteuerdenken. Der Kunde wähle heute seinen Vermögensverwalter weniger wegen der Diskretion, sondern seiner Kompetenz wegen. Allerdings wirbt

DB Private Banking noch mit den alten Argumenten, zum Beispiel für ein Engagement in Hongkong für: »... die langfristigen Partnerschaften mit unseren Kunden, bei denen Diskretion und Vertrauenswürdigkeit Hand in Hand mit Vertraulichkeit und Zuverlässigkeit gehen«.

De Weck argumentiert weiter, dass anstelle des Produktverkaufs eine umfangreiche Beratung treten müsse, die nicht nur die unterschiedlichsten Anlagearten inklusive Unternehmensbeteiligungen und Immobilien berücksichtigt, sondern auch die Steueroptimierung. Und dies spiele offshore kaum eine Rolle.

Zurzeit scheint das Offshore-Geschäft der Deutschen Bank noch gut zu laufen. Die Deutsche Bank Offshore (DBO) verfügt über Büros nicht nur in New York, Miami, Tokio, Hongkong, Singapur, Zürich, Amsterdam, Dublin und Luxemburg, sondern auch auf Jersey, Guernsey, den Cayman Islands und Mauritius. Die Niederlassung auf den Cayman Islands zum Beispiel wurde bereits 1983 eröffnet und ist seitdem kontinuierlich gewachsen. Heute betreuen mehr als 50 Mitarbeiter die privaten, institutionellen und Firmenkunden, hauptsächlich aus Japan und den USA.

Merrill Lynch prognostiziert, dass das weltweite Onshore-Vermögen von 2002 bis 2005 jährlich um 5,6 Prozent auf 22 500 Milliarden US-Dollar wachsen wird, während offshore nur eine Zunahme von jährlich 3,9 Prozent auf 9 900 Milliarden US-Dollar zu erwarten sei. Warten wir ab, wie sich die Steuerpläne der deutschen Regierung auf das Geschäft im Inland auswirken werden.

Zu viel Macht macht krank – die Bank verliert die Übersicht

Rückblickend sieht es so aus, als ob die Deutsche Bank besonders in den Neunzigerjahren in viele Unternehmenskrisen verwickelt war. Dafür gibt es mehrere Ursachen. Eine ist sicher das schlechte Gedächtnis der

Öffentlichkeit, denn auch viele der Deals, die die Deutsche Bank vor dem Zweiten Weltkrieg gemacht hatte, waren nicht von Erfolg gekrönt, und selbst in den Fünfziger- und Sechzigerjahren musste man zahlreiche Fehlinvestitionen korrigieren. Nur ging es damals deutlich geräuschloser, weniger öffentlich und weniger spektakulär zu als zwischen 1990 und heute.

Eine weitere Ursache ist eindeutig die, dass spätestens ab 1990 die Zeit der Schönwetterkapitäne vorbei war. Viele Geschäfte wurden schneller abgeschlossen, waren größer und riskanter als früher. Sie erforderten mehr Sachverstand und unterlagen größeren externen Einflussfaktoren, die zwar vorhersehbar, aber nicht oder nur bedingt beherrschbar waren.

Der dritte Grund für die häufige Verflechtung der Deutschen Bank in Unternehmenskrisen hatte etwas mit ihrer Allgegenwart zu tun. Wer überall engagiert ist, steckt automatisch auch in jeder Krise mit drinnen. Die Deutsche Bank war als Kreditgeber, Anteilseigner, professioneller Berater und Aufsichtsrat tätig, bei manchen Unternehmen in allen vier Funktionen gleichzeitig. Kein Wunder, dass bei auftauchenden Problemen dann nicht nur verschiedene Interessen unter einen Hut gebracht, sondern auch Folgeschäden vermieden und Imageverluste begrenzt werden mussten.

Betrachtet man die vielen Pleiten oder Beinahe-Pleiten, wird man immer wieder die gleichen Grundmuster finden. Ausnahmen bilden nur die Fälle, in denen von vornherein betrügerisches Handeln im Spiel war. Immer besaßen die handelnden Personen, Aufsichtsräte, Vorstände und Führungskräfte ein aufgeblähtes Ego, das in keinem Verhältnis zu den zu bewältigenden Aufgaben stand. Das galt auch für die erbrachten Leistungen.

In der Regel hatten sie alle im Rahmen ihres beruflichen Aufstiegs das so genannte Peter-Plateau erreicht, die Ebene der totalen Unfähigkeit. Kaschiert wurde das nur durch Selbstüberschätzung, Eitelkeit und Uneinsichtigkeit gegenüber eigenen Fehlern. Ergänzt um mangelnde fachliche Kompetenz, Anspruchsdenken und Schönfärberei, ergaben diese Eigenschaften eine höchst unbrauchbare Mischung, die keinesfalls dazu geeignet war, Probleme zu vermeiden oder gar zu lösen. Entsprechend dürftig und hilflos fiel das in der Regel viel zu spät installierte Krisenmanagement dann auch aus.

Millionengräber – Klöckner & Co und KHD

Im Oktober 1988 wurde beim Handelshaus Klöckner & Co KGaA ein Verlust von 600 bis 700 Millionen Mark aufgedeckt, der das Eigenkapital des Unternehmens überstieg und durch Rohöl-Termingeschäfte verursacht worden war. Um einen Konkurs abzuwenden, erfolgte ein Kapitalschnitt und die Deutsche Bank übernahm das Unternehmen für 400 Millionen Mark. Das tat sie allerdings nicht ganz selbstlos.

Noch im Jahr 1988 hatte die Bank Klöckner & Co-Genussrechte als Konsortialführer platziert, ein Drittel davon bei bevorzugten Kunden. Die Deutsche Bank hätte es sich diesem Klientel gegenüber einfach nicht leisten können, untätig zu bleiben. Nach dem Kapitalschnitt musste die Bank nun, um deren Verlust zu kompensieren, den Genussrechtsinhabern ein »freiwilliges« Übernahmeangebot machen. Sie zahlte für die Genussscheine einen Preis in Höhe des Wertes, den sie vor Bekanntwerden des Desasters hatten.

Offiziell wurde das finanzielle Einspringen der Bank auch damit begründet, dass der Konkurs eines so bedeutenden Handelshauses den Rohölmarkt ins Schleudern gebracht hätte und auch noch viele andere Unternehmen Pleite gegangen wären. Ein Jahr später verkaufte die Bank Klöckner & Co an VIAG, mit Ausnahme der 31,9-prozentigen Beteiligung an Klöckner-Humboldt-Deutz (KHD). Diese Beteiligung zu behalten, erwies sich schon bald als falsche Entscheidung. Schon Anfang 1988 war Kajo Neukirchen von der Inhaberfamilie des Unternehmens Henle geholt worden, um KHD aus der Krise zu steuern. Doch das Unternehmen steckte schon viel zu tief im Sumpf, unsinnige Investitionen durch Neukirchens Vorgänger hatten die Probleme nur noch verschärft. Aber auch Neukirchen hatte keine glückliche Hand. Er entschied 1990, in Köln-Porz eine neue Produktionsstätte für wassergekühlte Motoren zu bauen, welche die technisch veralteten Modelle, die im Stammwerk in Köln-Deutz hergestellt wurden, ablösen sollten.

1993 war es dann endlich so weit. Die 600 Millionen Mark teure und auf 130 000 Stück pro Jahr ausgelegte Anlage lief an. Aber niemand wollten die Motoren haben. Man hätte mindestens 90 000 im Jahr bauen müssen, um rentabel zu sein, konnte aber nur 50 000 Stück absetzen. Inzwischen war Kajo Neukirchen aber schon längst an einen neuen Brennpunkt geeilt. Hilmar Kopper hatte offensichtlich auch den Spaß daran verloren, bei KHD Aufsichtsratsvorsitzender zu sein, und er machte den Stuhl frei für seinen Vorstandskollegen Michael Endres.

Anfang 1995 stand KHD dann wieder einmal kurz vor dem Aus. Das Unternehmen hatte im Geschäftsjahr 1994 einen operativen Verlust in dreistelliger Millionenhöhe eingefahren. Die Deutsche Bank musste rund ein halbe Milliarde Mark für die Stützung des Unternehmens einsetzen. Im Mai 1996 befand sich KHD erneut in einer existenzbedrohenden Krise, der Grund waren diesmal Bilanzfälschungen bei dem Tochterunternehmen KHD Humboldt Wedag AG. Wieder musste die Deutsche Bank gemeinsam mit anderen Banken Millionen nachschießen, um das Unternehmen zu retten.

Dann versuchte man es mit einer Radikalkur. Man konzentrierte sich aufs Kerngeschäft, und um den Wandel auch nach außen sichtbar zu machen, wurde der Name geändert. KHD hieß ab 1997 Deutz AG. Noch heute ist Michael Endres Vorsitzender des Aufsichtsrates. Und auch wenn man inzwischen Volvo als Produktionspartner und 10-prozentigen Teilhaber gewonnen hat, ist die Deutsche Bank mit 26 Prozent Anteilen immer noch der größte Aktionär der Deutz AG. Wahrscheinlich hätte man vor Jahren schon einen anderen Weg bevorzugt, der weniger kostspielig gewesen wäre. Nur hätten bei einer Schließung des Werks weder die Politik noch die Öffentlichkeit und erst recht nicht die Gewerkschaften mitgespielt.

Doppeltes Spiel – Continental/Pirelli

Im Jahr 1990 versuchte die italienische Pirelli-Gruppe die in Hannover beheimatete Reifenfirma Continental zu übernehmen. Der damalige Vorstandschef von Continental, Horst Urban, war davon allerdings nicht angetan. Deshalb beschlossen die Italiener, das Thema einer möglichen Übernahme auf der Aktionärsebene zu klären. Zu den Continental-Aktionären gehörte die Deutsche Bank, die 5 Prozent an dem Unternehmen hielt.

Aufsichtsratsvorsitzender bei der Continental AG war der Deutsche Bank-Vorstand Ulrich Weiss, der pikanterweise als Bankvorstand auch noch für den Bereich Südeuropa verantwortlich war und zum Aufsichtsrat von Fiat gehörte – von wo es wiederum Verbindungen zu Pirelli gab. Bei einem Treffen des italienischen Firmenvorstands mit Hilmar Kopper und Ulrich Weiss gaben die beiden Deutschbanker ihr Einverständnis zu dem Deal.

Bei Pirelli war man durchaus clever genug, zu wissen, dass gegen den Willen der Deutschen Bank eine Übernahme nicht durchzusetzen wäre. Also kauften sie Conti-Aktien, die man ihnen angeboten hatte, zu einem verhältnismäßig happigen Preis. Allerdings war Horst Urban immer noch nicht bereit, sich auf einen Zusammenschluss einzulassen.

Und hier begann das doppelte Spiel der Deutschen Bank. Hilmar Kopper sorgte nämlich dafür, dass Urban sich zur Unterstützung seiner Position John Craven von Morgan Grenfell ins Haus holte. Der kannte genügend schmutzige Tricks, um eine Übernahme zu verhindern. Sei es nun, dass man Zusagen nicht einhält, dass man mit Verlautbarungen an die Öffentlichkeit geht, über die Vertraulichkeit vereinbart worden war, oder dafür sorgt, dass die Automobilindustrie, die zunächst wohlwollend die Übernahme unterstützen wollte, sich jetzt an Conti beteiligt, um Pirelli abzuwehren.

Auch Mercedes war wieder mit im Boot. Das ist nicht weiter verwunderlich, da zu jener Zeit die Deutsche Bank im Hause Daimler-Benz das Sagen hatte. Solche Aktionen, in denen die Deutsche Bank mit Tricks und doppeltem Boden arbeitete, wurden im Ausland natürlich nicht goutiert. Die Verantwortlichen von Pirelli waren die Dummen, weil sie sich auf die Deutsche Bank verlassen hatten und dadurch viel Geld verloren. Aber da das Vertrauen in die Deutsche Bank stark beschädigt war, stand auch sie letztlich auf der Verliererseite.

Gefloppter Börsengang – Sachsenmilch

Ende 1991 wurde die Sachsenmilch AG von der Deutschen Bank mit viel Vorschusslorbeeren als erstes Unternehmen der ehemaligen DDR an die Börse gebracht. Doch es erwies sich von Anfang an als Flop. Die erste Notierung der Aktie kam nur zum Ausgabepreis von 80 Mark zustande, und dieser wurde, so vermuten Insider, noch von der Bank gestützt. Schon 1993 war das Unternehmen pleite.

Ronaldo Schmitz, der in der Deutschen Bank für diesen Börsengang zuständige Vorstand, sah kein eigenes Verschulden, sondern betrachtete sich selbst als Opfer von Täuschung und Missmanagement. Er habe nichts von den teuren Nebenabreden für den Neubau der Molkerei gewusst. Um gerichtliche Auseinandersetzungen im Rahmen der Prospekthaftung und einen damit verbundenen Image- und Vertrauensverlust zu vermeiden, sah sich die Deutsche Bank gezwungen, von den freien Aktionären deren Aktien zum jeweiligen Erwerbspreis zurückzukaufen. Die Kosten dafür werden auf 40 Millionen Mark geschätzt.

Beinahe-Pleite – Metallgesellschaft

Die Beinahe-Pleite der traditionsreichen Frankfurter Metallgesellschaft Ende 1993 haben zwei Männer zu verantworten: der von Mai 1989 bis Dezember 1993 amtierende Vorstandsvorsitzende Heinz Schimmelbusch und der von März 1993 bis April 1998 dem Aufsichtsrat vorsitzende Vorstand der Deutschen Bank Ronaldo Schmitz.

Heinz Schimmelbusch beabsichtigte, als er zum Vorstandsvorsitzenden ernannt wurde, die Metallgesellschaft komplett umzubauen, um sie aus der Abhängigkeit der Rohstoffmärkte zu befreien. Dafür hatte er auch sowohl von der Deutschen Bank als auch von der Dresdner Bank grünes Licht bekommen. Beide waren nicht nur die größten Aktionäre der Metallgesellschaft, sondern auch deren größte Kreditgeber. Zwischen den Banken hatte man sich darauf geeinigt, sich beim Vorsitz im Aufsichtsrat abzuwechseln. Im März 1993 endete dann die Amtsperiode von Wolfgang Röller von der Dresdner Bank und Ronaldo Schmitz war keinesfalls gewillt, Schimmelbusch den Rücken zu stärken. Denn beide verband nur eines – eine herzliche Abneigung gegeneinander.

Schimmelbusch hatte aus der Metallgesellschaft bis 1993 einen kaum noch zu überschauenden Gemischtwarenkonzern gemacht. Er war nicht nur in allen möglichen Industriebereichen aktiv, sondern auch einer der größten Bäcker Deutschlands. Und Schimmelbusch hatte noch viel vor. Er wollte eine Idee, die er seit 1992 in den USA umsetzte, auch nach Deutschland bringen.

Die amerikanische Tochtergesellschaft MG Refining and Marketing Inc. (MGRM) bot in den USA Großhändlern und Großverbrauchern langfristige Lieferverträge an, mit denen diese Ölprodukte wie Heizöl, Diesel und Benzin über Jahre hinaus vorausplanbar zu festen Preisen beziehen konnten. Dieses Geschäft wurde in den USA von Artur W. Benson betrieben. Da die MG-Tochter ihren Kunden das Preisrisiko abnahm, was diese entsprechend honorieren mussten, war es notwendig, sich selbst ebenfalls gegen Schwankungen der Ölpreise abzusichern. Das geschah durch Terminkontrakte. Die Sicherung eines Verkaufs auf Termin fand durch einen Kauf auf Termin statt. Der Fachbegriff für dieses Verfahren ist Hedging.

Im Prinzip ist gegen dieses Hedging auch nichts einzuwenden. Allerdings hatte sich bereits 1992 der Ölmarkt sehr stark verändert. Zukünftige Öllieferungen waren nicht mehr billiger als sofort verfügbare, sondern teurer. Auch für diese Situation gibt es einen Begriff, er lautet Contango. Das Problem für den Ölhändler Benson bestand darin, dass die jeweils nur auf vier Wochen geschlossenen Verträge anschließend immer wieder verlängert werden mussten.

Die Einnahmen aus den Öllieferungen lagen jedoch unter den Ausgaben für zukünftige Lieferungen. Das führte dazu, dass immer mehr Geld vorgeschossen werden musste. Rückblickend sind sich alle Beteiligten darüber einig, dass es nicht richtig war, immer neue Kontrakte abzuschließen. Zum Schluss stand ein Volumen von 160 Millionen Fass Öl zur Disposition. Sämtliche Barreserven und Kreditlinien der Metallgesellschaft waren inzwischen für die Vorleistungen aufgezehrt. Schimmelbusch brauchte dringend weitere Kredite.

Als er sich deshalb am 3. Dezember 1993 an Ronaldo Schmitz wenden musste, sah dieser offensichtlich die Chance, endlich den ungeliebten Vorstandsvorsitzenden loszuwerden. Kurzerhand entmachtete er Schimmelbusch und beauftrage eigene Leute damit, die Geschäfte zu stornieren. Schimmelbusch glaubte, mit einem Überbrückungskredit von 500 Millionen Mark sei die Sache zu regeln, aber er kam nicht mehr zum Zug. Am 17. Dezember war fast der gesamte Vorstand der Metallgesellschaft gefeuert worden.

Doch nun begann erst das eigentliche Desaster. Durch die Stornierung der Ölverträge, aber auch durch die Einstellung der Lieferungen, kam es für die Metallgesellschaft zu einem Verlust von insgesamt 3,4 Milliarden Mark, die sich sowohl aus entgangenen Gewinnen als auch aus Buchverlusten und tatsächlichen Verlusten in Höhe von 1,3 Milliarden Mark zusammensetzten. Der amerikanische Finanzwissenschaftler und Wirtschafts-Nobelpreisträger Melton Miller bezweifelt, dass die Verluste so groß gewesen wären, wenn man das von Schimmelbusch angelegte Geschäft langsam zurückgefahren und es nicht auf Anordnung von Schmitz abrupt abgebrochen hätte. Es seien eben nur Termin-, aber keine Spekulationsgeschäfte gewesen.

Zwischen Schimmelbusch und Ronaldo Schmitz kam es noch zu einem jahrelangen Schlagabtausch darüber, was nun tatsächlich passiert sei und was man hätte besser machen können. Schimmelbusch behauptete, dass Schmitz durchaus über das Ölgeschäft informiert gewesen sei und er insofern auch hätte wissen müssen, dass Geld benötigt wurde. Andererseits wurde Schmitz vorgeworfen, er sei sowieso nicht kompetent genug gewesen, um in dieser Angelegenheit die richtigen Entscheidungen treffen zu können.

Im Gegenzug ließ Schmitz auch kein gutes Haar an Schimmelbusch, der von der Metallgesellschaft auf Schadensersatz in Höhe von 25 Millionen Mark verklagt wurde. Zur Einigung kam es dann im Jahr 1997. Es war ein Vergleich unter Ehrenmännern. Der Nachfolger Schimmelbuschs, Kajo Neukirchen, ordnete den Konzern vollkommen neu, verkaufte große Teile und kaufte andere hinzu. Aus der Metallgesellschaft ist inzwischen mg technologies geworden.

Es bleibt nur noch anzufügen, dass es, wie selbst die Deutsche Bank bestätigte, eine Studie der DB Research gegeben hat, die sich kritisch über die Lage und den Kapitalverbrauch der Metallgesellschaft geäußert und den Verkauf der Aktie empfohlen hatte. Diese Studie ist aber nie veröffentlicht worden.

Teure Gutgläubigkeit – Schneider-Pleite

Zur gleichen Zeit, als der Beinahe-Zusammenbruch der Metallgesellschaft noch für öffentliche Nachbeben sorgte, tauchte für die Deutsche

Bank schon das nächste Problem auf. Der Baulöwe Jürgen Schneider hatte sich im April 1994 mit unbekanntem Ziel abgesetzt. Was er hinterließ, war ein Schuldenberg von 5,4 Milliarden Mark. Die zurückgelassenen Immobilien waren nur ungefähr halb so viel wert.

Zu den Geschädigten gehörten neben der Deutschen Bank rund weitere 40 Gläubigerbanken und zahlreiche kleine und mittelständische Handwerksbetriebe. Den Handwerksbetrieben schuldete Schneider insgesamt rund 50 Millionen Mark – eine Summe, die Hilmar Kopper damals im Verhältnis zur Gesamtschuld als »Peanuts« bezeichnete.

Schneider hatte ein raffiniertes Betrugssystem entwickelt, indem er, um höhere Kredite zu erhalten, die Preise der Immobilien ebenso heraufschwindelte wie die Größe der zu vermietenden Fläche. Über Jahre ging das gut, weil keine der beteiligten Banken so genau hinschaute. Und wenn sie es doch taten, machten sie schnell wieder einen Rückzieher, wenn Schneider ihnen Druck gab – das berichtet Schneider in seinem Buch *Bekenntnisse eines Baulöwen.* Er verstand sich bestens auf das Prinzip Zuckerbrot und Peitsche. Einerseits war er der zuvorkommende, liebenswürdige Ästhet, der aufwendig alte Gebäude sanierte, andererseits war er gnadenlos hart und griff skrupellos zu allen Mitteln, um Geschäftspartner zu übervorteilen, wie das Landgericht Frankfurt im Prozess gegen Schneider feststellte.

Das Bemerkenswerteste an der ganzen Affäre ist aus heutiger Sicht, dass sich die Deutsche Bank von allen Geschädigten offensichtlich am ungeschicktesten benahm und damit fast in die Rolle des Mitschuldigen geriet. Indem die Bank zunächst versuchte, die eigenen Fehler herunterzuspielen, und ihr damaliger Vorstandssprecher Hilmar Kopper sich zu dem unglücklichen Ausspruch hinreißen lies, dass die offenen Forderungen der Handwerker »Peanuts« seien, machte sie sich in den Augen der Öffentlichkeit zu Schneiders Komplizen. Es fiel der Deutschen Bank zunächst schwer, den Eindruck zu revidieren, nicht doch mit Schneider unter einer Decke gesteckt zu haben, sondern tatsächlich so leichtsinnig und einfältig dem Schein und nicht dem Sein getraut zu haben, wie es tatsächlich der Fall war. Finanztechnokraten müssen heute nun einmal keine Menschenkenner mehr sein wie die Bankiers alter Schule.

Die Geschäfte mit Schneider fielen hauptsächlich in den Zuständigkeitsbereich des Vorstands Ulrich Weiss. Obgleich er schon viele Jahre zuvor Verdacht geschöpft hatte, war er offensichtlich zu unschlüssig, um dem Treiben Schneiders einen Riegel vorzuschieben. Bei der Schneider-Affäre liegt, anders als in den anderen Problemfällen, mit denen die Deutsche Bank es zu tun hatte, offensichtlich ein echtes Versäumnis vor.

Missmanagement ohne Grenzen – Philipp Holzmann

Seit 1872 war die Deutsche Bank an der Philipp Holzmann AG beteiligt. Heute gibt es das Unternehmen nicht mehr. Am 21. März 2002 musste der Vorstand des Unternehmens den Insolvenzantrag stellen. Und obgleich die größten Teile des Konzerns ein Jahr später bereits verkauft waren – so gehört die Auslandstochter Philipp Holzmann International inzwischen einer Finanzgruppe aus dem Mittleren Osten –, wird sich die endgültige Abwicklung wohl noch Jahre hinziehen.

Insider überraschte es kaum, dass das Unternehmen, in dem schon immer die Banken und allen voran die Deutsche Bank das Sagen hatte, ein solches Ende nehmen würde. Die mit großem öffentlichen Spektakel inszenierte Rettungsaktion im Jahr 1999 war ja nur der vorläufige Schlusspunkt unter ein mehr als ein Jahrzehnt dauerndes Missmanagement.

Man kann es wohl nur als Farce bezeichnen, dass sich Bundeskanzler Gerhard Schröder in einer anscheinend inszenierten »Gerd-Show« vor den Holzmann Mitarbeitern als Retter aufschwang. Einerseits wurde das Geld des Steuerzahlers zum Fenster heraus geworfen und andererseits den Banken erneute Kredite abgepresst. Auch das von der Deutschen Bank gemeinsam mit der Unternehmensberatung Roland Berger erarbeitete Sanierungskonzept verdiente den Namen nicht.

Sowohl der damalige Holzmann-Chef Heinrich Binder, den die Deutsche Bank aus der Beinahe-Konkursmasse der Metallgesellschaft herausgelöst hatte, als auch der Aufsichtsratsvorsitzende, der Deutsche Bank-Vorstand Carl Ludwig von Boehm-Bezing, wussten genau, dass die aufgehäuften 2,4 Milliarden Mark Verluste keine Altlasten der Altvorstände waren.

Besonders Boehm-Bezing hätte es genau wissen müssen. Schließlich war er seit August 1992 Mitglied im Holzmann-Aufsichtsrat und seit April 1997 sogar dessen Vorsitzender. Da er im April 2000 den Platz für den früheren Ruhrkohle-Chef Prof. Gerhard Neipp räumte, blieb es ihm erspart, den Vorstand beim Gang zum Konkursrichter begleiten zu müssen. Größenwahn und Unfähigkeit des gesamten Managements hatten den Konzern so weit ausgehöhlt, dass er jetzt einfach nicht mehr zu retten war.

Schon 1997 musste Holzmann weltweit 25 Prozent der Beschäftigten kündigen, weil die Verluste durch ungehemmten Expansionsdrang, ein unüberschaubares Beteiligungsgeflecht von rund 600 Gesellschaften, katastrophale Fehlkalkulationen und Größenwahnprojekte dem Konzern über den Kopf zu wachsen drohten. Der Vorstandsvorsitzende Lothar Mayer und sein in den Aufsichtsratsvorsitz aufgerückter Vorgänger führten die Geschäfte mit grandioser Unfähigkeit und Selbstherrlichkeit.

Der Fehlbetrag von drei Milliarden Mark war 1997 noch größer als 1999. Die Deutsche Bank, immerhin mit knapp 20 Prozent beteiligt, »rettete« das Unternehmen durch eine Kapitalaufstockung und ein bisschen Kosmetik im Personalbereich. Aber auch das bewirkte nur eine Verlängerung der Galgenfrist.

Ein besonders pikanter Aspekt der gesamten Holzmann-Affäre ist, dass die Deutsche Bank als Verkäufer und Vermittler der belgischen Finanzholding Gevaert N.V. noch 1998 30 Prozent des Aktienpakets von Holzmann für rund 400 Millionen Mark andrehte. Offensichtlich gelang es ihr, die Finanziers aus Belgien über die wahre Situation des Holzmann

Konzerns hinwegzutäuschen. Irgendwie verdient die Bank immer. Und oft genug auch dann, wenn sie Verluste macht.

Neben diesen großen Problemfällen der deutschen Wirtschaft gab es auch noch zahlreiche kleinere, in die die Deutsche Bank ebenfalls involviert war.

Der Deutsche Bank Vorstand Herbert Zapp hatte als Aufsichtsratsvorsitzender der Nino AG drei Vorstandsvorsitzende und sieben weitere Vorstandsmitglieder verschlissen. Trotzdem stand das Unternehmen jahrelang immer wieder kurz vor der Pleite. Zapp suchte vergeblich nach einem Partner für den Textilhersteller. 1994 sollte ein Vergleich das Unternehmen retten. Die Deutsche Bank, die Dresdner Bank und die Nord-LB gaben ihre Anteile von 28 Prozent kostenlos an den Vergleichsverwalter ab.

Die Deckel Maho AG ging 1994 in Konkurs, nachdem die Großaktionäre, darunter die Deutsche Bank und die Bayerische Vereinsbank, sich zwei Jahre lang vergeblich bemüht hatten, das Unternehmen zu retten. Sie mussten mehrmals Kapital nachschießen und dann wieder abschreiben. Maho war 1986 von der Deutschen Bank an die Börse gebracht worden. Die Fusion mit Deckel 1993 hatte nicht die erhofften Kosteneinsparungen gebracht. Rolf-E. Breuer war Vorsitzender des Aufsichtsrates von Deckel Maho. Ihm wurde vorgeworfen, seine Aufsichtspflicht sträflich vernachlässigt zu haben, indem er die starke Expansion des Unternehmens in den noch guten Jahren nicht begrenzt hatte.

Die Öffentlichkeit lastete es gern Hilmar Kopper an, dass die Bank in seiner Zeit als Vorstandssprecher zwar hervorragende Geschäftsergebnisse ablieferte, die Pannen sich aber trotzdem häuften. Tatsächlich geriet die Deutsche Bank unter Hilmar Kopper in eine schwere Imagekrise und verlor ihren Mythos der Unfehlbarkeit.

Es greift eindeutig zu kurz, dies nur mit den oft als ungeschickt empfundenen Auftritten Hilmar Koppers in der Öffentlichkeit begründen zu wollen. Kopper war immer bereit, für die Fehler anderer öffentlich gerade zu stehen. Gemacht hat er die Fehler nicht. Doch die einzelnen Vorstandsmitglieder der Deutschen Bank waren ja nicht für ihr Handeln verantwortlich.

Relationship Banking der besonderen Art – Thyssen/Krupp

»Vertrauen ist der Anfang von allem.« Auf diesen Werbeslogan der Deutschen Bank sind sogar die gestandenen Manager des Thyssen Konzerns hereingefallen. Sie beauftragten im Sommer 1996 die Deutsche Bank-Tochter Morgan Grenfell damit, eine Kapitalerhöhung des Thyssen Konzerns in Höhe von 500 Millionen Mark zu planen und vorzubereiten.

Dass sie dazu auch Zahlen offen legen mussten, die sie für gewöhnlich geheim hielten, schien ihnen selbstverständlich. Schließlich saß ja auch noch das Vorstandsmitglied der Deutschen Bank Ulrich Cartellieri im Thyssen Aufsichtsrat. Er war aber nicht nur für Thyssen zuständig, sondern im Rahmen seiner Gebietsverantwortung für die gesamte Region Rhein-Ruhr.

Die Zusammenarbeit zwischen Thyssen und Morgan Grenfell funktionierte so gut, dass man die Leute von Michael Dobson beauftragte, im Februar 1997 eine Roadshow für Thyssen in den USA und Großbritannien durchzuführen. Roadshow ist die Bezeichnung für Informationsveranstaltungen, auf denen ausgewählte Investoren mit den Hintergründen und Details der Geschäftstätigkeit eines Unternehmens vertraut gemacht werden.

Die Gesprächspartner sind professionelle Analysten, die jedes noch so kleine Detail auseinander nehmen und die präsentierenden Vorstände nach allen Regeln der Kunst mit ihren Fragen löchern. Man muss sich also auf eine Roadshow sehr gut vorbereiten und über alles Bescheid wissen, was in einem Unternehmen passiert, auch darüber, wo noch unterbewertete Reserven schlummern. Bildlich gesprochen, lässt ein Unternehmen auf einer Roadshow die Hosen herunter.

Das war für Morgan Grenfell aus mehreren Gründen ein Glücksfall.

Insgeheim arbeitete schon seit Ende 1996 die Investment-Bank Goldman Sachs im Auftrag des Krupp-Chefs Gerhard Cromme an einem Konzept für die Übernahme von Thyssen. Und Morgan Grenfell und die Dresdner Bank saßen ebenfalls mit im Boot. Der Geheimname für dieses Projekt lautete: »Hammer und Thor«. Während also Thyssen die geheimen internen Informationen an Morgan Grenfell lieferte, plante Morgan Grenfell auf der anderen Seite, wie man aus der Substanz von Thyssen heraus die Darlehen der Deutschen Bank möglichst zügig bezahlen könnte, die diese wiederum Krupp zur Übernahme von Thyssen zur Verfügung stellen wollte.

Zweifellos ist die Übernahme eines Konzerns auf die unfreundliche Art ein so großes Thema, dass es auch im Vorstand einer Bank besprochen wird. Und da in der Deutschen Bank schließlich das Prinzip der Gemeinschaftsverantwortung gilt, werden auch alle Vorstände, insbesondere der regional verantwortliche Ulrich Cartellieri, gewusst haben, was man gemeinsam mit Krupp bei Thyssen vorhatte.

Auch wenn nur die engsten Kreise eingeweiht waren, irgendwo gab es dann doch eine undichte Stelle. Und am Freitag, dem 14. März 1997, kurz vor der Thyssen Hauptversammlung, bekam der dortige Aufsichtsratschef Heinz Kriwet den ersten Tipp zur geplanten feindlichen Übernahme durch Krupp. Irgendjemand hat den vertraulichen Plan, mit dem Krupp früher einmal Hoesch geschluckt hatte, mit einem passenden Kommentar zu Thyssen rübergereicht. Aber Heinz Kriwet war ein harter Knochen und ließ sich auf der Hauptversammlung nichts anmerken.

Auch als er am Wochenende mit der Deutschen Bank über das Thema Transrapid verhandelte, hielt er noch still, obgleich er inzwischen wusste, dass die Bank bei Gerhard Cromme mit im Boot saß. Erst am Montag, dem 17. März, informierte Thyssen die Öffentlichkeit und setzt damit Cromme unter Zugzwang. Der bestätigte am folgenden Tag den Übernahmeplan und auch, dass die beiden Banken Deutsche und Dresdner eine Finanzierung von bis zu 15 Milliarden Mark zugesagt hätten.

Noch am selben Abend wurden die Kontrahenten vom damaligen

nordrhein-westfälischen Ministerpräsidenten Johannes Rau einbestellt. Man einigte sich darauf, zunächst über eine Fusion der Stahlsparten zu verhandeln. Wenn das klappte, würde das noch nicht vorgelegte, aber angekündigte Übernahmeangebot gegenstandslos werden. Wie wir heute wissen, ist aus der Stahlfusion dann doch noch eine Gesamtfusion geworden. Zu dem Zeitpunkt hatte die Deutsche Bank allerdings schon Platzverweis erhalten. Ulrich Cartellieri schied im Mai 1997 aus dem Aufsichtsrat von Thyssen aus, als er auch planmäßig vom Vorstand der Deutschen Bank in deren Aufsichtsrat wechselte.

Natürlich wurde von Hilmar Kopper die ganze Angelegenheit schöngeredet. Alle Beteiligten in der Deutschen Bank hätten sich im höchsten Maße korrekt verhalten. Wenn die Deutsche Bank eine Strukturveränderung in der deutschen Wirtschaft für notwendig erachte, würde sie dies auch offen sagen. Das hat sie ja auch im Fall Thyssen/Krupp getan, nur zunächst einmal hinter vorgehaltener Hand.

Den größten Imageschaden in dieser Angelegenheit erhielt allerdings erst einmal Rolf-E. Breuer. Er wurde als designierter Nachfolger von Hilmar Kopper kurzfristig in die Medienschlacht geschickt und machte überhaupt keine gute Figur. Nicht etwa der Angreifer Krupp wurde in der Öffentlichkeit zum Buhmann gemacht, sondern die Deutsche Bank, die so trickreich auf beiden Seiten agierte und bei diesem Geschäft auch noch von beiden Seiten kassierte. Der richtig große Deal ist es für sie allerdings nicht geworden.

Chinesisches Marionettentheater – Die Vodafone/Mannesmann-Affäre

Am 17. Februar 2003 war es nach zwei Jahren Arbeit endlich geschafft: Die Düsseldorfer Staatsanwaltschaft hatte ihre Ermittlungen im Fall Mannesmann beendet und Anklage wegen Untreue oder wegen Beihilfe dazu erhoben. Es ging um Millionen-Abfindungen, die Anfang 2000 zulasten der Mannesmann-Aktionäre im Zusammenhang mit der Übernahme des Unternehmens durch den britischen Konzern Vodafone an das Management gezahlt worden waren.

Der frühere Vorstandsvorsitzende von Mannesmann, Klaus Esser, und sein Aufsichtsratsvorsitzender und Vorgänger im Amt Joachim Funk sind angeklagt worden sich, aber auch zahlreiche andere begünstigt zu haben.

In der Rolle der Mittäter fanden sich der Vorstandssprecher der Deutschen Bank Josef Ackermann, der Vorsitzende der Industriegewerkschaft Metall Klaus Zwickel sowie der frühere Konzernbetriebsratsvorsitzende Jürgen Ladberg wieder. Sie sind beschuldigt worden, entgegen besseren Wissens gemeinsam mit den Begünstigten entsprechende Pläne ausgeheckt, wahrheitswidrige Behauptungen gegenüber anderen Aufsichtsratmitgliedern abgegeben und rechtlich ungedeckte Genehmigungen erteilt zu haben, durch die die Aktionäre von Mannesmann geschädigt wurden. Außerdem war noch der frühere Personalvorstand Dieter Droste dabei, der die Detailarbeit bei diesen Deals zu erledigen hatte.

Die ganze Angelegenheit wuchs sich aus vielerlei Gründen zu einem Medienereignis aus: Es lag nicht nur daran, dass die gezahlten Millionensummen als zu hoch betrachtet wurden, die Öffentlichkeit nahm auch kritisch zur Kenntnis, dass sich Klaus Esser öffentlich uneinsichtig zeigte, Klaus Zwickel sich in den Widersprüchen seiner Doppelrolle als Gewerkschaftsfunktionär und Aufsichtsrat verfing und Josef Ackermann versuchte, die Affäre einfach an sich abperlen zu lassen.

In Gang gesetzt wurde das ganze Verfahren schon am 7. März 2000, als zwei Rechtsanwälte bei der Düsseldorfer Staatsanwaltschaft Anzeige gegen Esser wegen des Verdachts der Untreue erstatteten. Ein Jahr später wurden dann die Ermittlungen aufgenommen, deren Ergebnis in einer 460 Seiten umfassenden Anklageschrift 2003 vorlag. Aber die eigentliche Geschichte und die Geschichte hinter der Geschichte wird man darin vergeblich suchen. Sie begann schon 75 Jahre vorher in China.

Li Ka-shing – der Großmeister der guten Beziehungen

1928 wurde Li Ka-shing in Chaozhou, einer Provinzstadt 300 km nördlich von Hongkong, geboren. Es war eine unruhige, vom Bürgerkrieg zerrüttete Kindheit. Zehn Jahre später brannten die Japaner die Stadt nieder und die Familie flüchtete nach Hongkong. Li Ka-shings Vater konnte seine Karriere als Universitätslehrer nicht fortsetzen und die Familie schlug sich in Hongkong mehr schlecht als recht durch. Als auch dort die Japaner einmarschierten, schickte der Vater seine Frau und Lis drei Geschwister zurück in die Heimat. Er und sein Sohn blieben in Hongkong zurück, um den Unterhalt für die Familie zu verdienen.

Als der Junge zwölf Jahre alt war, starb der Vater an Tuberkulose. Statt zur Schule zu gehen oder eine Ausbildung zu machen, lebte Li Ka-shing nun als Straßenverkäufer. Dann arbeitete er sich in einer kleinen Fabrik hoch. Mit 20 Jahren war er der Manager und heiratete die Tochter des Besitzers. 1950 gründete er seine eigene Firma, Cheung Kong, die zunächst Kämme herstellte und dann Plastikblumen. Li Ka-shing wurde in Hongkong zum »König der Plastikblumen«.

Mitte der Sechzigerjahre, als die Roten Garden durch China marschierten, sackten die Immobilienpreise in Hongkong in den Keller. Li Ka-shing stieg ins Immobiliengeschäft ein und 1979 war er der größte private Grundstückseigentümer Hongkongs. Zur gleichen Zeit wie Li Ka-shing engagierte sich auch das traditionsreiche Handelshaus Hutchison im Grundstücksmarkt. Gegründet 1828, war es eine der ältesten und traditionsreichsten englischen Handelsfirmen in Hongkong. Jetzt investierte es in Hafenanlagen und Docks.

1972 wurde die vom Plastikblumenhersteller zur Immobilienfirma mutierte Cheung Kong Ltd. an der Hongkonger Börse notiert. 1977 entstand aus einem Firmenzusammenschluss die Hutchison Whampoa Ltd. und ging ein Jahr später ebenfalls an die Hongkonger Börse. Wiederum ein Jahr später kaufte Li Ka-shing wesentliche Anteile von Hutchison Whampoa und war damit der erste Chinese, der eine britische Firma in Hongkong übernahm. Im gleichen Jahr wurde er Executive Director des Unternehmens und seit 1981 ist er dessen Chairman.

Von jedem US-Dollar, den ein Bürger in Hongkong ausgibt, kassiere Li 10 Prozent, heißt es. In seinem Besitz befinden sich dort nicht nur der umschlagkräftigste Containerhafen der Welt, das nobelste Hotel und die meisten Mietwohnungen, Beteiligungen an Supermärkten und Drogerien, auch die Stromversorgung der Stadt läuft zu einem beträchtlichen Teil über seinen Konzern. Rund 25 Prozent der Marktkapitalisierung der Hongkonger Börse werden von ihm und seinen beiden Söhnen kontrolliert.

Um innerhalb von 30 Jahren vom Besitzer einer kleinen Klitsche zur Herstellung von billigen Plastikwaren zum mächtigsten Mann Hongkongs aufsteigen zu können, braucht es mehr als nur Glück und Fleiß. Das Zauberwort in China heißt »Guanxi«, es bezeichnet das soziale Netz der Beziehungen. Guanxi gilt als die einzig funktionierende Methode, mit der man innerhalb Chinas Geschäfte betreiben kann.

Das Netzwerk von Beziehungen lässt sich vererben und bleibt über Generationen bestehen. Manche chinesischen Kaufleute halten ihr Guanxi wie einen Vermögenswert in ihren Geschäftsbüchern fest. Es gibt sogar eine spezielle Software, um Guanxi als Computer-Netzwerk auf Festplatten zu speichern. Es handelt sich dabei um ein tief in der chinesischen Tradition verwurzeltes System, auf das hundertprozentiger Verlass ist. Denn es wirkt auch über soziale Unterschiede und politische Grenzen hinweg und verbindet alle Chinesen untereinander.

Je reicher und mächtiger einer wird, desto mehr Guanxi besitzt er. Das trifft auch auf Li Ka-shing zu, der heute wohl über eines der besten Netzwerke im asiatisch-pazifischen Raum verfügt, besonders aber in der Volksrepublik China. So pflegte er schon gute persönliche Kontakte zu Deng Xiaoping. Der machte ihn zu einem der führenden Berater der chinesischen Regierung. Li erwarb gemeinsam mit dem Sohn Dengs, Deng Zhifang, einige Stahlwerke. Und er sponsorte Dengs Tochter als teure Künstlerin der Hongkonger Gesellschaft. Wie heißt es in China so schön – »Ein kluger Kopf hätschelt die Kinder des Kaisers«.

Li Ka-shing ist zwar extrem reich, aber trotzdem spielt Geld nicht die erste Rolle in seinem Leben. Profit ist kein Selbstzweck. »Wozu macht man eigentlich die Milliarden, wenn man sie nicht für seine Familie einsetzt, für die Überwindung von Armut und Rückständigkeit seines Volkes?«

Tatsächlich ist die Zahl der von ihm gestifteten und finanzierten Einrichtungen, seien es Universitäten, Krankenhäuser oder Kultureinrichtungen, noch länger als die Liste der zigtausend Firmen, die über Beteiligungen und Verschachtelungen zu seinem Imperium gehören. Auch so erweitert man sein Beziehungsnetzwerk.

Auf der *Forbes*-Liste der reichsten Leute der Welt 2002 stand Li Kashing mit einem Vermögen von 10 Milliarden US-Dollar auf Platz 23. Die Gebrüder Albrecht belegen Platz drei. Dank Aldi in Deutschland mögen sie vielleicht noch mehr Privatvermögen besitzen als Li Ka-shing, aber ihr Einfluss ist, verglichen mit dem seinen, im globalen Maßstab mikroskopisch.

In Hongkong und in der Volksrepublik China trägt Li Ka-shing den Spitznamen »Supermann«. Das renommierte Nachrichtenmagazin *Asia Week* wählte ihn im Mai 2000 zum mächtigsten Mann Asiens, der seinen Platz sogar noch vor politischen Führern Chinas und den Lenkern der in Deutschland besser bekannten Konzerne wie Mitsubishi oder Toyota behauptete.

Amerikanischen Politikern gilt Li Ka-shing mit seiner Macht und seinem Einfluss sogar immer wieder als Gefahr für die nationale Sicherheit, und dafür gibt es viele Gründe. So hat er beispielsweise an beiden Enden des Panamakanals, der immer noch wichtigsten Seeverbindung zwischen der Ost- und Westküste Amerikas, seine Containerhäfen gebaut und um ein Haar mit Global Crossing ein Hochleistungs-Telekommunikationsnetzwerk gekauft, das auch das amerikanische Justizministerium und die Bundespolizei FBI benutzen. Man fürchtete ganz offensichtlich, dass er sich so Zugriff auf Informationen verschaffen könnte, die als geheim eingestuft wurden.

Inzwischen erstrecken sich die unsichtbaren Beziehungsnetzwerke Li Ka-shings nicht mehr nur über bestimmte Regionen oder innerhalb bestimmter Volksgruppen, sondern über den gesamten Globus. Sie verknüpfen die Interessen der Beteiligten branchenübergreifend, ohne von nationalen Grenzen oder Gesetzen behindert zu werden. Dabei bieten Netzwerke vielfältigen Nutzen:

Wenn Unternehmen identische Leistungen erbringen, sind diejenigen im Vorteil, die auf Grund persönlicher Kontakte bevorzugt beauftragt werden. Das klassische Relationship-Banking ist dafür das beste Beispiel.

Wenn ein Informationsvorsprung über Gewinn und Verlust entscheidet, sind Netzwerke von unschätzbarem Wert.

Wenn man gemeinsame Ziele mit jemandem verfolgen möchte, mit dem man im Wettbewerb steht, dann helfen Netzwerke weiter.

Es sind heute eher die Netzwerke, die durch ihre Verknüpfungen die

Wirtschaft steuern, als einzelne Unternehmen. Das macht die wirtschaftlichen Zusammenhänge noch komplexer und undurchschaubarer. Die Aussicht auf große Gewinne, Reichtum und Macht wachsen durch Netzwerkverbindungen überproportional. Doch viele Geschäfte gedeihen nicht, wenn die Öffentlichkeit allzu viel davon mitbekommt. Deshalb wird es immer schwieriger, die tatsächlichen Zusammenhänge zu erkennen. Aber schon der Blick auf kleine Details lässt ahnen, was sich im Ganzen dahinter verbirgt.

Simon Murray – Guanxi für die Deutsche Bank

Einen richtigen Wachstumsschub erhielt Li Ka-shings Imperium, als er einen Mann kennen lernte, der von gänzlich anderer Natur war und so überhaupt nicht zu Li Ka-shing zu passen schien. Es handelte sich um Simon Murray. Er ist Engländer und es heißt, er sei an der Bedford School in Großbritannien und an der Stanford Business School ausgebildet worden. Fest steht, dass er als 19-Jähriger in die französische Fremdenlegion eintrat und dort fünf Jahre blieb, um bei einer Fallschirmspringereinheit in Nordafrika zu kämpfen. Vierzig Jahre später schrieb er darüber ein Buch.

Irgendwann verschlug es ihn nach Asien. Er wurde Mitarbeiter bei der Jardine Matheson Group, einem Konglomerat von höchst unterschiedlichen Firmen, ähnlich wie Hutchison Whampoa. 14 Jahre blieb er dort und leitete den Handelsbereich und die Bauaktivitäten. Danach gründete er Davenham Investments, eine Projektberatungsgesellschaft, als ein Joint-Venture mit der NM Rothschild & Sons Bank, London.

1984 wurde er die rechte Hand von Li Ka-shing. Als Group Managing Director leitete er Hutchison Whampoa von 1984 bis 1993 und entwickelte das Unternehmen in dieser Zeit von einem lokal agierenden Immobilien- und Handelshaus zu einem globalen Investor mit völlig neuen

Schwerpunkten. Das Imperium des Li Ka-shing gliedert sich heute in fünf große Unternehmensbereiche, der wichtigste davon dürfte inzwischen die Telekommunikation sein. Die anderen sind: Häfen und angeschlossene Dienstleistungen, Immobilien und Hotels, Einzelhandel und Produktion sowie Energie und Infrastruktur.

Simon Murray wechselte im Anschluss an seine Tätigkeit bei Hutchison Whampoa direkt zur Deutschen Bank und leitete dort von 1993 bis 1998 als Executive Chairman das gesamte Geschäft der Bank im asiatisch-pazifischen Raum. Auch in dieser Zeit war er weiterhin den wichtigsten Unternehmen der Firmengruppe Li Ka-shings in Funktionen fest verbunden, die denen eines Aufsichtsrats vergleichbar sind. Davon profitierten beide, Li und auch die Deutsche Bank.

Zu Murrays lokalem Verantwortungsbereich bei der Deutschen Bank gehörten 80 Niederlassungen in 17 Ländern der Region. Dort wurden alle Arten von Geschäften getätigt einschließlich Corporate und Investment-Banking, Projektfinanzierung, aber auch der Handel von Devisen, Derivaten und Securities. Murray dürfte zu dieser Zeit die Deutsche Bank in Asien in ein Netzwerk eingewoben haben, das seines Gleichen sucht. Immer häufiger tätigt die Deutsche Bank inzwischen in Kooperation mit Hutchison Whampoa oder Cheung Kong Geschäfte. Gemeinsam mit Bilfinger und Berger finanzieren die Deutsche Bank und Cheung Kong zum Beispiel Straßentunnel und Autobahnen in Australien.

1998 gründete Simon Murray wieder ein eigenes Unternehmen, Simon Murray & Associates, an dem wiederum Hutchison Whampoa, General Electric Capital, Richemont und Mitsui Anteile halten. Es ist ein Finanznetzwerk, das die USA, China, Japan und Europa verbindet.

Zu Murrays Firma gehört auch die auf Private-Equity-Investments in Asien spezialisierte Fondsgesellschaft General Enterprise Management Services (GEMS). Sein Geld bei Murray anzulegen, ist offensichtlich recht profitabel, denn die Gewinne liegen durchschnittlich bei rund 30 Prozent, während amerikanische oder europäische Fonds im gleichen Zeitraum nur 6 Prozent erwirtschaften. Kein Wunder, dass zu den Investoren von GEMS neben Murrays Partnern General Electric und Mitsui auch AIG und die Deutsche Bank gehören. Es handelt sich wiederum um ein Netzwerk von Blue Chips, die Murray etliche hundert Millionen US-Dollar anvertrauten, damit er sie gewinnbringend anlegt.

Dieses Netzwerk spiegelt sich auch in der Zusammensetzung seines Beirats wider. Die Deutsche Bank wird vom Mitglied des Aufsichtsrates Ullrich Cartellieri vertreten, aber er ist keineswegs der Prominenteste in diesem Gremium. Schließlich gibt es da auch noch Henry Kissinger und Brian Mulroney, der frühere Premierminister von Kanada, Ananda Krishnan, der malaysische Milliardär (Platz 351 der *Forbes*-Liste 2002), und der Generaldirektor der World Trade Organization (WTO), Suprachai Panitchpakdi.

Etliche andere hochkarätige Führungskräfte wie Prof. Kenneth Courtis von Goldman Sachs Asia, Hiroshi Nagata, Executive Vice President von Mitsui, dem größten japanischen Konzern, oder auch Johann Rupert, der Vorstandsvorsitzenden des Luxuskonzerns Richemont, dürften in der breiten Öffentlichkeit weniger bekannt sein. Doch alle bemühen sich darum, das Wohl von GEMS zu fördern.

Wie Li Ka-shing verfügt Murray also ebenfalls über ein höchst effektives Netzwerk von Beziehungen, das er zur rechten Zeit für die richtigen Zwecke zu nutzen weiß.

Wenn Murray auf der Insel Phuket in seinem Luxushotel das Treffen seines Beirates abhält, werden auch die Investoren und die Manager der beteiligten Unternehmen eingeladen. Es treffen sich die achtzig hochkarätigsten Wirtschaftslenker zum Kennenlernen und zum Meinungs- und Informationsaustausch. Es werden Vorträge gehalten und es wird viel diskutiert. Verglichen mit seiner Veranstaltung sähe das Weltwirtschaftsforum in Davos bloß wie ein Stummfilm aus, meint Murray.

Ergänzend zu all diesen Verpflichtungen und Unternehmungen engagierte sich Murray ab 2001 auch noch als Partner von Gleacher & Co in Asien. Gleacher ist international im Investment-Banking und Asset-Management tätig. In London wurde Gleacher zu dieser Zeit von John Craven geleitet, dem früheren CEO von Morgan Grenfell und ehemaligen Vorstandsmitglied der Deutschen Bank. So klein ist die Welt. Wer mit dem Small-World-Phänomen vertraut ist, wird sich darüber nicht wundern. Die meisten Menschen sind mit anderen über nur ganze sechs Zwischenstationen verbunden.

Small World im Big Business

Betrachtet man die Welt aus der Perspektive Li Ka-shings, so ist sie und die Zahl der handelnden Personen, die sie beeinflussen, deutlich kleiner, als man denkt. Und es zeigt sich auch plötzlich, dass diejenigen, die agieren, und jene, die reagieren, nicht immer unbedingt die Personen sind, die man als solche in der Öffentlichkeit in einer bestimmten Rolle wahrnimmt.

Die Unternehmenspolitik Li Ka-shings orientiert sich nicht an Besitz oder gar Tradition, sondern ausschließlich an der Höhe der Gewinne und an den damit verbundenen Wachstumsmöglichkeiten. Es geht nicht darum, bestimmte Positionen zu besetzen und sie kontinuierlich auszubauen, sondern darum, durch Gewinnsprünge innerhalb eines Geschäftsfeldes möglichst schnell die nächste Größenebene zu erreichen und das bereits erworbene Know-how noch gewinnbringender einzusetzen.

Es ist sicherlich falsch, sich anhand seiner eigenen Alltagserfahrung vorzustellen, dass Geschäfte, in denen es um Milliardengewinne geht, ebenso dem Spiel des Zufalls überlassen sind, wie zum Beispiel der günstige Erwerb eines Gebrauchtwagens. Li Ka-shing selbst sagt: »Glück, das heißt für mich hart zu arbeiten und ordentliche Gewinne zu erzielen.« Er gilt als stockkonservativer, harter, aber fairer Verhandlungspartner, der gern alle Fäden in der Hand hält und sich nur auf solche Geschäfte einlässt, bei denen er das Ergebnis mit fast absoluter Sicherheit vorhersehen kann.

Doch nun zurück zum Fall Mannesmann/Vodafone und der Anklage von Esser, Ackermann, Zwickel und anderen. Die Düsseldorfer Staatsanwaltschaft folgte bei ihrer Beurteilung der Ereignisse offensichtlich genau der Version, die man der Öffentlichkeit präsentiert hatte. Das Superhirn Klaus Esser hatte 1999 die Idee, dem Telekommunikationskonzern Mannesmann noch einen weiteren Baustein hinzuzufügen, das in Deutschland weitgehend unbekannte britische Unternehmen Orange, ein Wettbewerber von Vodafone in Großbritannien.

Orange war 1994 von Li Ka-shing auf Anraten Murrays gegründet worden, um auf dem englischen Mobilfunkmarkt präsent zu sein. Li investierte vier Milliarden Euro, die sich auszahlten. 1999 legt Esser für Orange 30 Milliarden Euro auf den Tisch, unter anderem in Form von Mannesmann-Aktien.

Damit zog sich Esser den Unmut des Chefs von Vodafone, Chris Gent, zu, der nun seinerseits versuchte, sozusagen aus Rache Mannesmann zu übernehmen. Das war ein ungehöriger Akt, der an den Grundfesten des deutschen Selbstverständnisses rüttelte. Nicht nur wurde ein deutsches Traditionsunternehmen bedroht, es waren darüber hinaus auch noch viele Arbeitsplätze in den Unternehmensteilen von Mannesmann in Gefahr, die nicht zur Telekommunikation, sondern zum industriellen Erbe des Unternehmens gehörten.

Esser tat das, was man von ihm erwartete. Er organisierte die Abwehrschlacht. Dabei standen ihm alle zur Seite, angefangen vom Bundeskanzler Schröder, über den damaligen nordrhein-westfälischen Ministerpräsidenten Clement bis zur IG Metall mit ihrem Chef Klaus Zwickel an der Spitze. Dass während dieser Abwehrschlacht nahezu automatisch und ganz selbstverständlich die Aktienkurse sowohl von Mannesmann als auch von Vodafone stiegen, gehörte einerseits zu den strategischen Instrumenten des Kampfes, andererseits auch zu den erwartbaren Begleiterscheinungen.

Irgendwann würde es einen Sieger und einen Verlierer geben, das war ebenfalls von vornherein klar. Unklar blieb jedoch für die Öffentlichkeit, zu welchem Zeitpunkt und warum diese letzte Entscheidung fallen würde und natürlich zu wessen Gunsten. Am einfachsten und plausibelsten ist die Erklärung, dass Klaus Esser den Kampf in dem Moment aufgab, als er für sich persönlich den größten Vorteil herausgeschlagen hatte. Diese Erklärung würde auch gut in das Klischee passen, das die breite Öffentlichkeit von den Führungskräften der Wirtschaft immer noch hat.

Ganz anders stellen sich die Vorgänge jedoch dar, wenn man sie aus der Perspektive des größten Nutzens betrachtet. Nicht der Besitz, sondern erst der Verkauf von Orange brachte Li Ka-shing einen riesigen Gewinn. Er brachte ihm 10 Prozent der Aktien von Mannesmann ein und machte ihn zum größten Anteilseigner des Konzerns. Nun hatte er zwar einen guten Gewinn erzielt, konnte diesen aber wegen einer vertraglich vereinbarten Haltefrist von 18 Monaten nicht mobilisieren und für weitere Projekte einsetzen. Das wurde erst möglich, als Vodafone Mannesmann übernahm und er Vodafone-Aktien erhielt. Für diese galt die Haltefrist nicht.

Wäre dieser Deal jedoch friedlich und freundlich verlaufen, ohne eine aufwändige Übernahmeschlacht, dann wäre der Kurs der Mannesmann-Aktie dort geblieben, wo er schon 1999 war: deutlich unter dem Wert, den die Börse offensichtlich zu zahlen bereit war. Erst durch das groß angelegte und Hunderte von Millionen Mark teure Übernahmespektakel wurde der Preis der Mannesmann-Aktien insgesamt gehoben. Und wer die meisten Aktien besaß, profitierte natürlich auch am meisten davon. Das war wiederum Li Ka-shing. Er verdiente mit seinem 10-prozentigen Anteil an Mannesmann in sechs Monaten so viel wie andere Unternehmen sonst nur in Jahren. Sein Aktienpaket war 46,6 Milliarden Euro wert, als Gent den Zuschlag bekam.

Natürlich wusste Chris Gent, wen er sich als Großaktionär ins Haus holen würde, wenn er mit Mannesmann fusionierte. Aber vielleicht bestand darin ja auch gerade ein besonderer Reiz. Denn schließlich hatte Li Ka-shing das Sagen auf dem größten Telekommunikations-Wachstumsmarkt der Welt, dem asiatisch-pazifischen Raum. Mit so einem

Partner an Bord könnte man in Zukunft noch viel größere Geschäfte machen. Wenn Vodafone und Mannesmann zusammengingen, würden alle gewinnen. Es galt nur den richtigen Zeitpunkt abzupassen, und diesen hätte man dann erreicht, wenn weitere Kurssteigerungen sowohl der Vodafone- als auch der Mannesmann-Aktien nicht mehr zu erwarten wären. Und tatsächlich hat man genau so lange weiter gepokert.

Li Ka-shing gehört nicht zu den Leuten, die sich undankbar zeigen, wenn jemand seine Arbeit anständig macht, das wissen wir inzwischen. Es ging bei der Abwehrschlacht von Mannesmann nicht darum, Traditionen zu bewahren oder Arbeitsplätze zu sichern, die, wie sich im Nachhinein auch herausstellte, überhaupt nicht in Gefahr waren, sondern es ging nur um eines – den Shareholder-Value zu steigern.

Allerdings hätten sich weder Ministerpräsident Clement noch Bundeskanzler Schröder für den Shareholder-Value eines chinesischen Großaktionärs stark gemacht. Als sie später merkten, dass sie sich vor einen fremden Karren hatten spannen lassen, nahmen sie das übel. Der Schuldige, der die Suppe auszulöffeln hatte, war schnell gefunden: Klaus Esser.

Dafür, dass auch noch ein paar andere Personen wie Josef Ackermann und Klaus Zwickel mit auf die Anklagebank kamen, gibt es einen Grund. Der Aufsichtsratsvorsitzende Joachim Funk hatte wohl den Eindruck, dass seine Leistungen nicht ausreichend gewürdigt worden waren und er versuchte deshalb, noch zusätzlich einiges herauszuholen. Dass davon auch noch viele andere profitierten, kann man auch als Vernebelungstaktik interpretieren oder aber als schlichte Folge verkrusteter Versorgungsstrukturen.

Natürlich stellt sich die Frage, weshalb die Düsseldorfer Staatsanwaltschaft den Vodafone-Chef Chris Gent aus der Gruppe der Verdächtigen sehr schnell heraussortierte und den Vertreter von Li Ka-shing im Aufsichtsrat von Mannesmann, Cunning Fok, nicht einmal anhörte. Hier ist die Antwort einfach: Es gibt im deutschen Recht keinen Straftatbestand, der es verbietet, Netzwerke zu pflegen und Geschäfte einzuleiten, und seien sie noch so groß und einflussreich.

Wenn man das Imperium, die Geschäftspraktiken und die Geschichte Li Ka-shings betrachtet, erscheint es nicht unwahrscheinlich, dass er wie ein guter Schachspieler schon bei dem Verkauf von Orange ein paar Züge weiter im Voraus gedacht hat. Schließlich führte beim Verkauf von Orange die Investmentbank Goldmann Sachs die Verhandlungen für Li Ka-shing. Anschließend vertrat sie Vodafone. Zufall oder Netzwerk?

Esser wurde unter anderem von der Deutschen Bank beraten, speziell zu der Frage, wie man die deutsche Öffentlichkeit für sich einnimmt. Es mögen bei der Übernahmeschlacht zwar Millionen für Anzeigen und Berater verpulvert worden sein – sie sind jedoch nichts im Verhältnis zu den außerordentlichen Gewinnen, die Li Ka-shing erzielt hat, und sie sind nichts im Vergleich zur neu gewonnenen finanziellen Freiheit durch den schnellen Verkauf von Teilen der neuen Vodafone-Aktien.

Schließlich haben alle gewonnen, zumindest zeitweise. Niemand hat die Kleinaktionäre gezwungen, ihre eingetauschten Vodafone-Aktien zu behalten. Sie hätten sie ebenso verkaufen können, wie es Li Ka-shing tat. Nur haben nicht alle ihre Gewinne realisiert.

Klaus Esser zu unterstellen, seine Handlungen seien von Gier bestimmt gewesen und er habe sich seine Zustimmung zur Fusion für zehn Millionen englische Pfund abkaufen lassen, greift einfach zu kurz. Weshalb sollte er sich den Plänen eines so mächtigen Mannes wie Li Ka-shing in den Weg stellen, wenn sie letzten Endes zum Vorteil aller gereichen?

Weshalb sollte sich Josef Ackermann mit einem wichtigen Kunden der Deutschen Bank anlegen, mit dem in der Vergangenheit gute Geschäfte gemacht wurden und der sich für ein Entgegenkommen in der Zukunft dankbar zeigen würde? Niemand, nicht die Kleinaktionäre und auch nicht die Arbeitnehmer bei Mannesmann hätten davon profitiert. Nicht einmal die Globalisierungsgegner wären der Deutschen Bank dafür dankbar gewesen, denn sie wird immer noch als treibende Kraft für globale Entwicklungen verantwortlich gemacht. Dabei wurde sie längst zum Dienstleister degradiert. Man braucht sich nur umzuschauen, schon entdeckt man immer neue Schnüre, an denen die Deutsche Bank wie eine Marionette tanzt.

Am 3. August 2001 waren die Investment-Banker der Deutschen Bank endlich am Ziel. Sie sollten einen Teil der Telekom-Aktien verkaufen, die Hutchison Whampoa erhalten hatte, als die Telekom deren Anteil an dem US-Mobilfunker VoiceStream übernahm. Aber eigentlich hätte Hutchison die Telekom-Aktien zu diesem Zeitpunkt nicht verkaufen dürfen, es gab schließlich eine Lock-up-Frist, die bis zum 1. September galt. Aber die Deutschbanker fanden eine Lösung, die die wahren Sachverhalte verschleierte.

Zum einen vereinbarten sie mit Hutchison ein Termingeschäft, wonach der Verkauf erst ein Jahr später stattfinden würde. Zum anderen lieh sich die Bank die Aktien von Hutchison im Vorwege, um sie sofort verkaufen zu können. Aber der Deal ging schief. Von den 44 Millionen T-Aktien konnte die Deutsche Bank nur 36,5 Millionen veräußern. Der Kurs stürzte um 28,6 Prozent in den Keller. Nicht nur die Telekom fühlte sich betrogen, sondern auch alle, die T-Aktien besaßen oder die der Kaufempfehlung der Deutschen Bank gefolgt waren. Diese war nämlich erst zwei Tage vor dem Verkauf herausgegeben worden.

Der Zwang zur Größe – auf der Suche nach einem Partner

Es gibt zwei Kennziffern, die Größe von Banken zu messen: die Bilanzsumme, die den Geschäftsumfang beschreibt, und die Marktkapitalisierung, die den Wert des Unternehmens an der Börse beziffert. Eine Aktiengesellschaft mit einem relativ geringen Börsenwert ist ein Schnäppchen für potenzielle Käufer und muss ständig eine Übernahme befürchten. Genau dieses ist eines der Hauptprobleme Josef Ackermanns.

Im Jahr 2002 waren, gemessen an ihrem Börsenwert, die größten Banken der Welt die Citigroup, HSBC und Bank of America. Die Deutsche Bank folgte erst auf Platz 20. Das lag nicht etwa daran, dass die Deutsche Bank in ihrer Größe geschrumpft wäre, vielmehr waren die anderen in Folge globaler Zusammenschlüsse zum Teil überproportional schnell gewachsen.

Die größten Banken der Welt und ihr Börsenwert in Milliarden Euro:

1. Citigroup	268,3
2. HSBC	119,3
3. Bank of America	109,3
4. Wells Fargo	89,0
5. Royal Bank of Scotland	81,1
6. J.P. Morgan Chase	70,8

7. Lloyds TSB	67,7
8. UBS	66,6
9. Morgan Stanley	65,0
10. Barclays	58,1
...	
20. Deutsche Bank	41,9

Immer wieder macht das Szenario die Runde, dass die Deutsche Bank auf Grund ihres geringen Börsenwertes von einem anderen Institut übernommen wird. Daneben gibt es auch noch jenes, dass die Citigroup, ohnehin die größte Bank der Welt, auch noch eine Schweizer Großbank schluckt. Dann wäre der Unterschied zwischen der größten Bank der Welt und der Deutschen Bank noch größer. Eine Fusion wäre unvermeidlich, um nicht in die Bedeutungslosigkeit zu versinken. Das immer wieder genannte Ziel der Deutschen Bank besteht darin, den Börsenwert der auf mindestens 100 Milliarden Euro zu verdoppeln. Zwei Jahre Zeit gab sich Ackermann für die Umsetzung seines Programms.

Das Auf und Ab in den Ranglisten

Die Probleme mit der richtigen Größe im weltweiten Vergleich kennt die Deutsche Bank bereits schon von früher.

1988 war sie das zweitgrößte Kreditinstitut außerhalb Japans mit einem Börsenwert von 10,13 Milliarden US-Dollar. Knapp davor auf Platz eins stand die Citicorp mit 10,13 Milliarden US-Dollar. Die Ränge drei bis fünf belegten Barclays mit 7,80 Milliarden US-Dollar, UBS mit 7,49 und J.P. Morgan mit 7,37 Milliarden US-Dollar.

Obgleich die Deutsche Bank im Jahr 1994 nach dem Börsenwert weltweit auf Platz eins rangierte, stieg der Wert ihrer Aktie 1996 nur um 8

Prozent, während der DAX in derselben Zeit um 28 Prozent in die Höhe schnellte.

In den ersten Monaten des Jahres 1997 sprang der Börsenwert der Deutschen Bank auf knapp 47 Milliarden Mark. Aber allein der Substanzwert lag bei rund 45 Milliarden. Das, was die Bank leistete, wurde von der Börse also nur mit 2 Milliarden Mark bewertet. Für Kopper lautete das ernüchternde Fazit, dass man bei einer Übernahme die ganze Deutsche Bank fast umsonst bekäme.

1997 war die Deutsche Bank allerdings noch die größte nichtjapanische Bank der Welt. Sie hatte 74 356 Mitarbeiter, eine Bilanzsumme von 886 Milliarden Mark und ein Betriebsergebnis von 5,8 Milliarden Mark. Im Bereich Privat- und Geschäftskunden erwirtschafteten die 27 735 Mitarbeiter ein Betriebsergebnis von 1,8 Milliarden Mark. Im Unternehmensbereich Unternehmen und Institutionen waren 12 680 Mitarbeiter tätig und ihr Betriebsergebnis lag bei rund 2,5 Milliarden Mark. Die 6 466 Mitarbeiter im Investment-Banking trugen 896 Millionen Mark zum Ergebnis bei. Der Bereich Konzerndienste beschäftigte 15 995 Mitarbeiter und kostete 462 Millionen Mark.

Bis zum Jahr 1998 war die Deutsche Bank in einer Berg- und Talfahrt zunächst auf Platz zwölf abgerutscht. Aber mit dem Kauf von Bankers Trust im selben Jahr wurde sie dann wieder weltweit die Nummer eins, jedenfalls gemessen an der Höhe der Bilanzsumme, die nun zusammen 1,4 Billionen Mark betrug. Rolf-E. Breuer sagte dazu: »In manchen Geschäftsbereichen ist Masse schon von ökonomischem Wert, nämlich da, wo es sich um standardisierte oder standardisierbare Dienstleistungen handelt. Da kommen die Skalenvorteile zum Tragen. Und genau dies macht den Charme der Transaktion mit Bankers Trust aus. Es sind Massengeschäfte dabei, die wir zusammen natürlich günstiger und damit auch profitabler abwickeln können.«

Aber Ende 1998 war die Deutsche Bank schon wieder in einer Situation, die sie leicht zum Übernahmekandidaten machen konnte. Breuer warnte »Wir könnten in die Hände jener fallen, die uns zeigen, wie man's besser macht.« Für die Deutsche Bank schlug – wieder einmal – die Stunde der Wahrheit. Der Ruf der Bank war lädiert und die Performance lag unter dem Durchschnitt.

Während die Deutsche Bank 1994 noch nach dem Börsenwert mit 35,9 Milliarden Mark auf Platz eins lag, rutschte sie bis 1998 auf Platz zwölf. Der Börsenwert war zwar auf 53,3 Milliarden Mark gestiegen, befand sich aber unendlich weit von den Spitzenpositionen entfernt. Die Citigroup lag 1998 auf Platz eins mit einem Wert von 165,2 Milliarden Mark, die Bank of America auf Platz zwei mit 159,4 Milliarden Mark und UBS auf Platz drei mit 108,1 Milliarden Mark. Diese Übersicht berücksichtigte allerdings keine japanischen Banken, die die Deutsche Bank noch schlechter aussehen lassen würden.

Es wird immer angenommen, dass Megabanken nicht so profitabel seien wie Spezialbanken. Deshalb bleibt die Entwicklung ihres Börsenwerts hinter dem allgemeinen Trend zurück. Das bedauerte Breuer. »Wir werden als Konglomerat niedriger bewertet als die Summe unserer Teile.« Tatsächlich aber hatte sich die Deutsche Bank von der Universalbank zur Multispezialbank gewandelt. Jeder Bereich kämpfte für sich allein um seine Kunden und um sein Geschäft und nicht ertragreiche Geschäfte wurden nicht mehr subventioniert.

1998 waren die größten Banken der Welt nach der Höhe der Bilanzsumme:

- Deutsche Bank/Bankers Trust: 1 418 Milliarden Mark
- UBS: 1 416 Milliarden Mark
- Citigroup: 1 255 Milliarden Mark
- Bank of Tokyo-Mitsubishi: 1 122 Milliarden Mark
- Bank of America: 1 024 Milliarden Mark.

Der geplatzte Traum – die Fusion zwischen Deutscher Bank und Dresdner Bank

Mit der Dresdner Bank fanden nicht nur einmal, sondern gleich dreimal Verhandlungen über ein Zusammengehen statt. Bereits im Sommer 1998 war eine Vollfusion zwischen Dresdner und Deutsche Bank im Gespräch. Keine Kombination hätte mehr Mehrwert geschaffen, immerhin 25 Milliarden Mark. Doch dann legte die Allianz als Aktionär der Dresdner Bank ihr Veto ein.

Um mit der Deutschen Bank 24 tatsächlich Kostenvorteile einzufahren, hielt man es für potenziell gut, sie mit dem Privatkundengeschäft anderer Banken zusammenzulegen. Und bereits im Jahr 1999, noch vor dem Start der Deutschen Bank 24, prüften die Experten der Deutschen Bank und der Dresdner Bank, ob es sich für sie rechnen würde, wenn die Privatkundensparten beider Großbanken fusionierten. Bei den Verhandlungen über diese kleine Lösung kam man schon recht weit, doch dann brach Bernhard Walter von der Dresdner Bank überraschend den Kontakt wieder ab. Das Vorhaben wäre für die Kunden und damit für die gesamte Bank zu einer großen Belastung geworden, sagte er im Oktober 1999. Auch soll die Allianz wieder dagegen gewesen sein.

Ende des Jahres 1999 kamen die Fusionsspekulationen im Bankbereich richtig auf Touren. Man konnte fast von einem Bankenmonopoly sprechen. Wie pflegte Rolf-E. Breuer zu sagen: »Wir sind polygam, wir treiben es mit vielen und haben auch noch Spaß daran.« Ein Gerücht jagte das nächste.

Anfang 2000 ging es dann wieder um eine Vollfusion zwischen der Deutschen Bank und der Dresdner Bank. Am 9. März gaben die beiden Vorstandschefs Rolf-E. Breuer und Bernhard Walter auf einer Pressekonferenz bekannt, dass ihre Banken noch im selben Jahr zur führenden Bank Europas fusionieren wollten, die einen Börsenwert von mehr als 80 Milliarden Euro haben würde. Man sprach von einem Wertschöpfungspotenzial von mehr als 20 Milliarden Euro und von Kostensenkungen von bis zu 2,9 Milliarden Euro pro Jahr bis 2003.

Am 5. April teilte die Deutsche Bank jedoch mit, dass die Fusionsgespräche abgebrochen worden seien. Als Grund gab sie an, die Dresdner Bank habe sich »nicht in der Lage gesehen, einen Verkauf ihres Investment Banking-Geschäfts in Erwägung zu ziehen. Auch auf den Vorschlag einer Teilintegration wollte man nicht eingehen«.

Der Streit drehte sich um die Dresdner Kleinwort Benson. Ursprünglich sollte sie in das Investment-Banking der Deutschen Bank integriert werden. Breuer hatte sie auf der Pressekonferenz im März noch als Juwel bezeichnet, das man zu dem vorhandenen Investment-Banking hinzuaddieren könne. Doch das passte Josef Ackermann, damals Vorstandsmitglied und Chef des Investment-Bankings, und seinem Chef-Händler Edson Mitchell überhaupt nicht. Sie forderten, Kleinwort Benson müsse verkauft werden.

Es leuchtet ein, dass in einem Geschäftsfeld, das überwiegend durch die persönlichen Leistungen der Mitarbeiter bestimmt wird, die dafür hohe Prämien beziehen, nicht beliebig viele Leute eingesetzt werden können, die alle dasselbe tun. Das schmälert den Gewinn, denn das gehandelte Volumen lässt sich nicht beliebig ausdehnen. Natürlich hätte Breuer das vorher wissen können. Aber offensichtlich war er der Ansicht, wenn erst einmal die Fusion vollzogen sei, anschließend – durch die normative Kraft des Faktischen – auch die Probleme auf die eine oder andere Art lösen zu können. Doch diese Rechnung ging nicht auf.

Breuer hatte für den Machtpoker hinter den Kulissen weder die Druckmittel von Mitchell und Ackermann in den Händen, deren Weggang für die Bank Milliardenverluste hätten verursachen können, noch hatte er berücksichtigt, dass Kopper Ackermann aufgebaut hatte und er, Breuer selbst, nur eine Interimslösung war. Natürlich hätte sich Breuer absichern können, bevor er sich selbst die öffentliche Niederlage bereitete, aber er hatte einen Hang zum Risiko, allerdings eher zum kalkulierten. Außer einem gewissen Imageverlust und ein paar Tagen Hohn und

Spott vonseiten der Presse konnte ihm nicht viel passieren. Er war zu dieser Zeit nicht zu ersetzen und er hatte die Nerven, die Situation durchzustehen. Wie die weitere Entwicklung zeigte, ist über das Spektakel der Fusion sogar schneller wieder Gras gewachsen, als die meisten Beteiligten erwartet haben.

Das große Vorbild – Citigroup

Während sich im Jahr 2002 die deutschen Banken mitten in der bisher größten Krise befanden und nicht so recht wussten, was sie mit dem Privatkundengeschäft anfangen sollten, warteten die amerikanischen Banken, allen voran der Marktführer Citigroup, mit Rekordzahlen auf. Und diese resultierten aus dem guten Massengeschäft.

So konnte die Citigroup die Gewinneinbußen seiner Investment-Bank-Tochter Salomon Smith Barney durch das gute Geschäft mit Konsumentenkrediten, Kreditkarten und Hypothekendarlehen mehr als ausgleichen. Insgesamt verbesserte sich der Gewinn im dritten Quartal um 23 Prozent und die Eigenkapitalrendite wuchs von 17,1 auf 19,4 Prozent. Im ersten Quartal 2003 erzielte die Citigroup mit 4,1 Milliarden US-Dollar einen Gewinn aus dem laufenden Geschäft in neuer Rekordhöhe. 2,2 Milliarden US-Dollar davon kamen aus dem Retail-Banking und nur 1,4 Milliarden US-Dollar aus dem Investment-Banking.

Die Citigroup ist ein Vorbild für die Deutsche Bank, weil sie beweist, dass das Allfinanzkonzept gut funktionieren kann. Man muss es allerdings richtig machen. Sich bietende Synergieeffekte zu nutzen, gehört ebenso dazu wie das rechtzeitige Kostenmanagement. So ist die Citigroup 1998 aus der Fusion von Citicorp und Travellers Group entstanden und hat innerhalb von fünf Jahren mehr als 120 Milliarden US-Dollar in Übernahmen investiert. Sie betreut weltweit mehr als 120 Millionen Privatkunden.

Die Citigroup hat früher als alle anderen Banken damit angefangen, in Technologie zu investieren. Es wurden möglichst viele Prozesse standardisiert und automatisiert, um Kosten einzusparen. So erreichte die amerikanische Gruppe 2001 eine Aufwand-Ertrag-Relation von 64 Prozent, während die Deutsche Bank bei 86 Prozent lag. Noch deutlicher war der Unterschied im Privatkundengeschäft: 45 Prozent bei der Citigroup und 95 Prozent bei der Deutschen Bank. Die Eigenkapitalrendite der Citigroup betrug 19,4 Prozent, die der Deutschen Bank 1,0 Prozent.

Die Citibank ist als Teil der Citigroup ein Banken- und Finanzverbund, der in über hundert Ländern der Welt aktiv ist. Das globale Privatkundengeschäft wird in mehr als 40 Ländern nach dem einheitlichen Citibanking-Konzept »7 × 24-Stunden-Banking« geführt. Das Global Corporate- und Investment-Banking betreibt die Citibank gemeinsam mit ihrem Schwesterunternehmen Schroder Salomon Smith Barney (SSSB).

Das Deutschland-Geschäft in der Citibank Privatkunden AG leitet Christine Licci. Sie hat es geschafft, das Jahr 2002 mit einem Rekordergebnis abzuschließen. Der Vorsteuergewinn stieg um 12,5 Prozent auf 667 Millionen Euro. Als sie 2001 die Führung der Bank übernahm, hatte sie sich es zum Ziel gesetzt, bis 2006 den Gewinn auf rund 1,2 Milliarden Euro zu verdoppeln. Die Hauptstütze des Geschäftes liegt bisher im Konsumentenkreditgeschäft. Daneben ist Licci dabei, die Vermögensberatung für die wohlhabenderen Kunden auszubauen.

Neue Partner in Sicht?

Auch nach dem blamablen Scheitern der verkündeten Fusion mit der Dresdner Bank wurden innerhalb der Deutschen Bank ständig neue Fusionsmöglichkeiten geprüft. Ende 2000 stand ein Zusammengehen mit der Investmentbank intern Merrill Lynch zur Diskussion.

Ende 2001 und auch Anfang 2002 verhandelte die Deutsche Bank mit der britischen Lloyds TSB über mögliche Fusionen in Teilbereichen oder auch im Ganzen. Beide Banken waren an die Grenzen des Wachstums gestoßen. Im Privatkundengeschäft fehlte es der Deutschen Bank an der nötigen Masse und seit dem Ende des Börsenbooms lief es auch im Investment-Banking schlecht. Auch die hohen Gehälter der Mitarbeiter in diesem Bereich wurden zu einer zunehmenden Belastung. Während die Deutsche Bank in den vorhergehenden Jahren hauptsächlich auf das internationale Großkundengeschäft gesetzt hatte, bildete das heimische Retail-Banking bei Lloyds TSB den Schwerpunkt.

Die Frage, wo die Zentrale sitzen könnte, war eines der Hauptprobleme der Fusionsverhandlungen. Natürlich wäre auch nur ein Zusammenschluss im Privatkundengeschäft möglich. Würde die Deutsche Bank jedoch dort Ballast abwerfen, wäre sie so schlank, dass Übernahmeinteressenten sie noch leichter schlucken könnten. Genau das sollte verhindert werden. Da aber Anfang 2002 niemand wusste, was man so schnell mit dem möglicherweise erzielten Erlös für das Privatkundengeschäft hätte anfangen sollen, spielte man weiter auf Zeit.

Die tönernen Füße des Riesen – der Status quo

Das Jahr 2002 war das schwerste Bankenjahr in der Nachkriegsgeschichte Deutschlands. Trotzdem hat es die Deutsche Bank geschafft, den Gewinn gegenüber dem Vorjahr fast zu verdoppeln, von 1,8 Milliarden auf 3,5 Milliarden Euro. Ohne den Verkauf von Beteiligungen wäre dies allerdings nicht möglich gewesen. Auch die geplante Streichung von weltweit 14 470 Arbeitsplätzen ist im Jahr 2002 zu 80 Prozent abgeschlossen worden. Anfang 2003 beschäftigte die Bank nur noch 72 000 Mitarbeiter.

Nicht nur interne Probleme belasten die Bankgeschäfte sondern auch die Entwicklungen im Umfeld. Rezessionsgefahr, Pleitewelle, Börsenflaute, Kriegsangst und hohe Betriebskosten bremsen nicht nur den Optimismus, sondern auch das Tagesgeschäft. Im ersten Jahr unter dem Vorstandsprecher Josef Ackermann ist der Aktienkurs der Deutschen Bank um 40 Prozent eingebrochen. Sein Ziel, den Börsenwert zu steigern, hat er damit verfehlt.

Die deutsche Bankenlandschaft ähnelt einem beschützten Kindergarten, das ist ein zusätzliches Handicap. Zwei Drittel aller deutschen Kreditinstitute können nicht käuflich erworben werden, weil sie politischen oder Verbandsinteressen dienen. Die dringend gebotene Bereinigung des nationalen Marktes ist damit nicht möglich und eine akzeptable Lösung der deutschen Bankenkrise nicht in Sicht. Die alten Mechanismen der Deutschland AG funktionieren zwar nicht mehr, doch noch stehen dem Strukturwandel zu viele partikulare Interessen entgegen.

Was will Ackermann?

Der Sprecher der Deutschen Bank, Josef Ackermann, will unbedingt den Marktwert des Konzerns steigern, um eventuelle feindliche Übernahmen zu verhindern. Das ist eines seiner Hauptanliegen. Anfang 2002 bewertete die Börse die Deutsche Bank mit rund 44 Milliarden Euro. Ackermanns Ziel ist eine Verdoppelung bis Ende 2003. Am liebsten wäre es ihm, wenn der Börsenwert dann sogar bei 100 Milliarden Euro liegen würde.

Da es schwierig ist, den Marktwert nur durch eine Steigerung der Ertragskraft zu heben, will er auch durch den Rückkauf von Aktien den Börsenkurs steigern. Das im Juni 2002 bekannt gegebene Aktienrückkaufprogramm hat die Deutsche Bank im April 2003 abgeschlossen. Bis dahin wurden mehr als 62 Millionen Aktien zu einem Durchschnittskurs von 48,32 Euro zurückgekauft. Davon werden wie geplant 40 Millionen eingezogen und das Grundkapital wird entsprechend herabgesetzt. Die restlichen Aktien sollen im Rahmen des Aktienvergütungsprogramms für die Mitarbeiter verwendet werden, teilte die Deutsche Bank mit.

»Durch die Rückgabe von Kapital an die Aktionäre der Bank verbessern wir die Eigenkapitalrendite und das Ergebnis je Aktie«, äußerte sich Josef Ackermann zufrieden. Es sei damit eine weitere der vier strategischen Initiativen der Deutschen Bank erfolgreich umgesetzt worden. Der Hauptversammlung am 10. Juni 2003 soll wiederum vorgeschlagen werden, den Vorstand zum Rückkauf von bis zu 10 Prozent des Grundkapitals zu ermächtigen.

Die Deutsche Bank soll sich künftig auf folgende Sparten konzentrieren: die Betreuung von Firmenkunden, Institutionen und Kapitalmarkt-

und Kreditgeschäft (Corporate Banking and Securities), die Betreuung von Privatkunden und mittelständischen Geschäftskunden (Private and Business Clients) und die Vermögensverwaltung für gehobene Privatkunden (Private Wealth Management). Darüber hinaus zählt die Deutsche Bank noch die institutionelle Vermögensverwaltung (Asset Management), das Cash Management und die Außenhandelsfinanzierung sowie Beteiligungen (Corporate Investments) zu ihrem Kerngeschäft.

Bei der Amtsübernahme im Mai 2002 hatte Ackermann drastische Kostensenkungsmaßnahmen angekündigt. Dazu sollte auch der Abbau von knapp 10 Prozent der rund 95 000 Stellen beitragen. Ende 2002 wurde die Zahl der geplanten Stellenstreichungen noch einmal erhöht. Bis Ende 2003 sollen 14 500 weggefallen sein und 8 000 weitere bei Konzerntöchtern verkauft oder ausgegliedert werden. Die IT-Abteilung wurde an IBM ausgelagert.

In wenigen Monaten hat Ackermann es tatsächlich geschafft, die operativen Kosten um 3,8 Milliarden Euro oder 17 Prozent zu senken. Damit hat er sein ursprüngliches Planziel deutlich übertroffen. Bis Ende 2002 wurden über 11 000 Stellen abgebaut.

Eine der größten Baustellen in der Deutschen Bank ist für Ackermann die Betreuung der schwerreichen Kundschaft, das Private Banking. Nicht dass man der Bank nicht vertrauen würde, aber was ihr fehlt, sind wirklich qualifizierte Berater.

Bis 2004 soll der Bereich Privat- und Geschäftskunden einen Gewinn von einer Milliarde Euro abliefern, es ist das inzwischen sprichwörtliche »One Billion Euro Business« der Deutschen Bank, an das aber nur noch wenige glauben – schon gar nicht derjenige, der es verantworten sollte, Herbert Walter. Schließlich war es unter Rolf-E. Breuer schon einige Jahre zuvor so geplant worden, allerdings hatte man damals die Geschäftskunden noch nicht in die Summe miteinbezogen. Inzwischen hat Walter die Konsequenzen gezogen und ist als Chef zur Dresdner Bank gewechselt.

Der Ausverkauf des Tafelsilbers

Anfang 2002 reduzierte die Deutsche Bank ihren Anteilsbesitz an der Münchener Rück zunächst von 7,2 Prozent auf 5,1 Prozent und Mitte 2002 waren auch die restlichen 7,6 Millionen Aktien des Versicherungsunternehmens verkauft. 1995 hatte der Anteil an der Münchener Rück immerhin noch 10 Prozent betragen. Die Beteiligung an der Allianz fuhr die Deutsche Bank von 4 Prozent auf 3,3 Prozent zurück. Vom eigenen Versicherungsgeschäft hat sich die Deutsche Bank getrennt, als sie den Deutschen Herold gegen den amerikanischen Vermögensverwalter Scudder getauscht hat.

Auch die Beteiligung an Daimler-Chrysler wurde von knapp 25 Prozent im Jahr 1995 auf rund 12 Prozent Mitte 2002 reduziert. Im Herbst 2002 trennte sich die Bank von ihren 9,3 Prozent an der Deutsche Börse AG, das waren 10,4 Millionen Aktien. Die Aktien im Wert von rund 360 Millionen Euro wurden weltweit bei institutionellen Investoren platziert.

Anfang November 2002 hat die Bank ihre 7,5-prozentige Beteiligung an der Continental AG verkauft. Käufer der 10,1 Millionen Aktien im Wert von rund 140 Millionen Euro waren wiederum institutionelle Investoren. Im Dezember 2002 wurde die Beteiligung an der Südzucker AG von 10,9 auf 4,8 Prozent reduziert. Einen Erlös von rund 100 Millionen Euro brachte im Januar 2003 der Verkauf der 7,47-prozentigen Beteiligung an der Buderus AG an die Robert Bosch GmbH.

Radikale Schnitte

Selbst innerhalb des Bankgeschäfts definiert Josef Ackermann die Kernbereiche neu. So wurden Ende 2002 auch große Teile des Geschäftsbereichs Wertpapierdienste, Custody genannt, abgestoßen. Beim Custody geht es um die Verwaltung und Verwahrung von Wertpapieren. Die Deutsche Bank war der Fünftgrößte in dieser Branche. Dennoch wären hier ganz erhebliche Investitionen notwendig gewesen, um den Wünschen der Kunden besser entgegen zu kommen.

Es geht keineswegs darum, einfach nur Aktienbündel in einen Safe zu legen. Custody bedeutet heute auch: Dienstleistungen zu erbringen, zum Beispiel die Zins- und Dividendeneinnahmen für verwahrte Wertpapiere einzuziehen und die Besitzer der Wertpapiere möglichst Just-in-Time mit sämtlichen Informationen zu ihrem Depot zu versorgen. Leider sind die damit zu erwirtschafteten Margen nicht besonders hoch. Erst die Menge macht's, und daher war es für die Deutsche Bank einfacher abzubauen, statt aufzurüsten.

Verkauft wurden die Bereiche Global Custody mit einem verwalteten Vermögen von etwa 2,2 Billionen Euro, Global Fund Administration Services einschließlich Depotbank Services, Wertpapierleihe und Globale Performance Messung sowie die inländische Wertpapier-Verwahrung und -Abwicklung in den USA und Großbritannien. Das inländische Wertpapierverwahrgeschäft in Kontinentaleuropa, Asien und Lateinamerika hat die Deutsche Bank behalten. Immerhin soll der Verkauf an die amerikanische State Street Corporation insgesamt einen Erlös von bis zu 1,5 Milliarden US-Dollar über einen Zeitraum von einem Jahr bringen, davon 1,1 Milliarden US-Dollar als erste Zahlung Anfang 2003.

Die Deutsche Bank gehört zwar nach dem Erwerb der Publikumsfondsgesellschaft Scudder zu den großen Asset-Managern, die mehr als 1 000 Milliarden US-Dollar verwalten, aber auch in diesem Bereich gibt es deutliche Klassenunterschiede. Das so genannte passive Asset-Management ist ein verhältnismäßig unkompliziertes Anlageprodukt. Geht es doch nur darum, in der Zusammensetzung des Fonds einen ganz bestimmten Index abzubilden und nicht aktiv in die Performance des Fonds einzugreifen. Das ist einfach, aber auch nicht gerade lukrativ.

Im gesamten Asset-Management der Deutschen Bank machte dieser passive Teil 10 Prozent des Bestands aus, steuerte aber weniger als 2 Prozent zum Ertrag bei. Also war es das Beste, sich davon zu trennen. In Zukunft will sich die Deutsche Bank nur noch um das margenstärkere aktive Asset-Management kümmern. Dafür, dass die Deutsche Bank die Verwaltung eines Vermögens in Höhe von 120 Milliarden US-Dollar an Northern Trust abgibt, kassierte sie rund 260 Millionen US-Dollar. Auch diese verhältnismäßig niedrige Summe zeigt schon, dass Ballast abgeworfen wurde.

Da hat der Verkauf der gewerblichen Lager- und Absatzfinanzierungsaktivitäten der Deutsche Financial Services (DFS) in den USA an ein Tochterunternehmen von General Electric Commercial Finance mehr reingespielt. Insgesamt kassierte die Deutsche Bank dafür 2,9 Milliarden US-Dollar.

Für das US-Konsumentenkreditgeschäft der DFS, das an die E-Trade-Bank, eine Tochter des zweitgrößten US-Online-Brokers E-Trade Group, veräußert wurde, erhielt die Deutsche Bank mehr als 1,8 Milliarden US-Dollar, wovon rund 100 Millionen US-Dollar auf den Kaufpreis und der Rest auf die Ablösung von Verbindlichkeiten entfielen. In diesem Geschäft ging es um Finanzierungen von Wohnmobilen und Motorbooten in allen Teilen der USA.

DB Capital wird zerlegt

Einen ungünstigeren Zeitpunkt als Anfang 2003 hätte die Deutsche Bank zum Verkauf von 80 Beteiligungen aus dem Private-Equity-Bereich kaum finden können. Die Bewertungen von Unternehmen waren bis in den Keller gefallen und lockten nur noch Schnäppchenkäufer an. Das, was die Deutsche Bank von ihren nicht börsennotierten Unternehmensbeteiligungen verkaufte, war das so genannte Late-Stage-Portfolio. Dabei handelt es sich um Unternehmen, die mit ihren Produkten am Markt bereits etabliert sind, aber externes Kapital brauchen, um weiter wachsen oder sich neu ausrichten zu können, aber auch um saniert zu werden.

Nach außen wurde die ganze Aktion als Management-Buy-out dargestellt. Die Gesellschaft Mid Ocean Partners, an die die Beteiligungen für

1,5 Milliarden Euro verramscht wurden, stand nun unter der Leitung von Ted Virtue, dem bisherigen Chairman und Chief Executive von DB Capital Partner, sowie Graham Clempson, einem für Europa zuständigen Partner von DB Capital.

Es ist deshalb kein echtes Management-Buy-out, weil diese beiden Führungskräfte keine Eigentumsanteile an dem Firmensammelsurium halten werden. Stattdessen haben sie zur Gründung von Mid Ocean Partners eine Gruppe höchst unterschiedlicher Investoren zusammengetrommelt, unter anderem NIB Capital Private Equity und die der Familie Brenninkmeyer (C&A) gehörende Beteiligungsgesellschaft Harbour-Vest Partners sowie diverse kanadische und amerikanische Pensionsfonds. 20 Prozent des verkauften Portfolios wird allerdings auch weiterhin die Deutsche Bank halten.

Warum Ted Virtue und Graham Clempson sich selbst an die Spitze der neuen Gesellschaft gesetzt haben, ist leicht zu erklären. Auch wenn bei der Deutschen Bank noch Private-Equity-Beteiligungen im Werte von rund einer Milliarde Euro verblieben, wäre doch der Verantwortungsbereich mehr als halbiert, und da der neue Schwerpunkt hauptsächlich im deutschsprachigen Raum lag, wäre ein internationales Management vollkommen überflüssig.

Die meisten der verkauften Beteiligungen sind im Rahmen der Übernahme von Bankers Trust im Jahr 1998 in den Besitz der Deutschen Bank gekommen. Allerdings haben sie hauptsächlich Verluste produziert. Und so darf man davon ausgehen, dass der Kaufpreis gerade einmal das deckte, was in den vorangegangenen Jahren abgeschrieben werden musste. Eigentlich handelt es sich also nur um eine Bilanzbereinigung.

Am wertvollsten von all diesen 80 Beteiligungen dürften wahrscheinlich noch die Anteile am Freizeitpark-Betreiber Center Parcs und am Kekshersteller United Biscuits sein. Was die Softwarefirma Lecta und der Verpackungshersteller Jefferson Smurfit sowie die in Europa fast unbekannten Firmen Jostens, Prestige Brands, Noveon und Jenny Craig, ein Anbieter von Fitness-Produkten, in Zukunft wirklich wert sein werden, vermag zum Zeitpunkt des Verkaufs niemand zu sagen. Für die Bank mag nur gegolten haben: Lieber ein Ende mit Schrecken als ein Schrecken ohne Ende. Und dass sich auch auf diese Weise gleichzeitig noch die Probleme mit überbezahlten Führungskräften gelöst haben, mag als zusätzlicher Bonbon angesehen werden.

Je weniger Ballast, desto besser

Es dürfte weitgehend unbekannt sein, dass die Deutsche Bank mit ihrer Firma Tele Columbus einer der größten Kabelnetzbetreiber in der Bundesrepublik war. Immerhin versorgte Tele Columbus rund 2,3 Millionen Haushalte mit Fernsehprogrammen. Dabei war das Unternehmen für die so genannte »Netzebene 4« zuständig, die für eine Verbindung zwischen der Fernsehsteckdose im Wohnzimmer und den Hauptkabeln draußen an der Grundstücksgrenze sorgt.

1999 hatte die Deutsche-Bank-Tochter DB Investor Tele Columbus für 720 Millionen Euro vom Energieversorger RWE gekauft. Aber schon 2001 versuchte man, sie wieder zu Geld zu machen. Zunächst gelang das nicht, weil das Bundeskartellamt Einwände hatte. In 2002 wurde Tele Columbus noch auf einen Wert von 1,1 Milliarden Euro geschätzt. Anfang 2003 waren die Investoren nur noch bereit, zwischen 450 und 550 Millionen Euro zu bieten. Schließlich meldete die Deutsche Bank den Verkauf an BC Partners für 510 Millionen Euro. Es ging ihr nur darum, zu verkaufen – egal, ob der Preis heiß war oder nicht.

Am Versicherungskonzern Gerling hielt die Deutsche Bank 34,6 Prozent, die sie nur zu gern loswerden wollte. Besonders das Rückversicherungsgeschäft hatte 2001 erhebliche Verluste eingefahren, weshalb die Bank 422 Millionen Euro zuschießen musste. Ganz einfach war der Verkauf der sanierungsbedürftigen Gesellschaft nicht. Anfang Mai 2003 teilte die Deutsche Bank schließlich mit, dass sie ihre gesamte Beteiligung an der Gerling-Konzern Versicherungs-Beteiligungs-AG abgeben werde,

28,6 Prozent an den Mehrheitsaktionär Rolf Gerling und 6 Prozent an den Aufsichtsratschef Joachim Theye. Ob Geld dabei fließen wird, ist nicht bekannt.

Gleichzeitig kündigte die Deutsche Bank an, der Gerling Konzern werde seine Beteiligung an dem erfolgreichen Kreditversicherer Gerling NCM von 55,9 auf 3 Prozent reduzieren, die Anteile würden von der Deutschen Bank und Swiss Re übernommen werden. Dafür werde der Gerling Konzern 120 Millionen Euro von der Deutschen Bank erhalten und 60 Millionen Euro sowie den Verzicht auf die Ausübung von Optionsrechten von Swiss Re. Nach Abschluss der geplanten Transaktionen wird die Deutsche Bank mit einem Anteil von 35,32 Prozent zweiter Großaktionär von Gerling NCM sein – neben Swiss Re mit 47,50 Prozent.

Gute Zeiten, schlechte Zeiten

Ganz sicher hat Ackermann viele Pläne. Aber noch sind ihm die Hände gebunden. Statt aus dem Vollen zu schöpfen, muss er sparen. Statt von einem Boom profitieren zu können, lastet die Rezession auf der gesamten Wirtschaft. Im globalen Maßstab sind alle lukrativen Märkte und selbst die meisten Marktnischen besetzt. Die Märkte der Zukunft im asiatisch-pazifischen Raum werden der Weltwirtschaft eine neue Dynamik geben, aber das wird nicht heute und auch noch nicht morgen geschehen.

Anders als in manchen anderen Branchen können sich Banken nicht durch Innovationen oder den Wechsel in gänzlich andere Geschäftsfelder am eigenen Schopf aus dem Sumpf ziehen. Banken profitieren von anderen, wenn sie Unternehmen dabei helfen, Gewinne zu machen. Sie sind Dienstleister – sie sollten es zumindest sein. Früher brauchten die Unternehmen Geld, um produzieren zu können, die Kunden kamen von allein. Heute brauchen sie vor allem Kunden. Produkte gibt es im Überfluss. Die Spielregeln am Markt haben sich geändert.

In der Wirtschaft herrscht Winter. Und bis der nächste Klimaumschwung kommt, hat Ackermann die klare Direktive ausgeben, er wünsche nicht, dass wie in der Vergangenheit unkontrolliert interne Informationen an die Öffentlichkeit gehen. Die Informationspolitik arbeitet nach der Devise: Reden ist Silber, Schweigen ist Gold. Aber es ist eben auch nicht alles Gold, was zu glänzen versucht.

Nachwort

Braucht die Deutsche Bank Deutschland? Braucht Deutschland die Deutsche Bank? Beide Fragen kann man heute mit einem klaren Nein beantworten.

Das war nicht immer so. Schon vor der Neugründung der Deutschen Bank im Jahre 1957 gehörten die führenden Köpfe der Deutschen Bank zu dem sich neu entwickelnden ökonomisch-politischen Apparat, der für einige Jahrzehnte die Führung der Bundesrepublik Deutschland übernommen hatte. Niemals zuvor war das politische Gewicht der Wirtschaft größer als in der jungen Bundesrepublik und zur Zeit des Wirtschaftswunders. Sozialforscher konstatieren für jene Zeit sogar eine Übermacht der Wirtschaft gegenüber dem Staat.

Das ist heute nicht mehr so, zumindest nicht in der Form, wie in den Fünfziger- und Sechzigerjahren. Und da die Deutsche Bank innerhalb der Bundesrepublik nicht nur omnipräsent war, einerseits durch das Regionalprinzip, andererseits aber auch durch die Verflechtungen und Verschachtelungen innerhalb der heranwachsenden Deutschland AG, hatte sie mehr Macht und Einfluss als andere Wirtschaftsunternehmen.

Dass man sich an vorteilhafte Umstände schneller gewöhnt und weniger bereit ist, sich auf Veränderungen einzustellen, gilt nicht nur für die Deutsche Bank. Die gesamte deutsche Gesellschaft hielt die bis Mitte der

Siebzigerjahre anhaltende Boomphase sehr schnell für eine ganz natürliche Entwicklung, die sich in dieser Form immer weiter fortsetzen müsste. Dabei übersah man sogar, dass das deutsche Wirtschaftswunder keineswegs nur eine Sonderkonjunktur in Deutschland allein, sondern eine Entwicklung war, die auch die anderen europäischen Länder und die USA betraf. Am Ende dieser Boomzeit hatten alle gewonnen, aber natürlich waren die Reichen noch reicher geworden als der Durchschnitt.

Jetzt setzte eine Phase ein, die die Sozialwissenschaftler als »Empire Building« beschreiben. Aufgrund der geringen Kapitalbeteiligung der Manager an den von ihnen geführten Unternehmen und der schwachen Kontrolle durch die Aktionäre verminderte sich das klassische Gewinnstreben so weit, dass das Ziel der Gewinnmaximierung gegenüber anderen Zielen, vornehmlich dem Unternehmenswachstum, deutlich zurücktrat. Statt Gewinne abzuliefern, wurden sie in den Unternehmen einbehalten. Damit standen den Managern die Mittel zur Verfügung, ihre Konzerne zu vergrößern und damit ihre Macht auszuweiten. Die schnellste Form des Unternehmenswachstums sind Fusionen. Diese prägten daher die Endphase des »Wirtschaftswunders« und die Zeit bis kurz vor die Jahrtausendwende. Auch hier machte die Deutsche Bank keine Ausnahme.

Um aber auf die Ausgangsfrage zurückzukommen, natürlich brauchte die Deutsche Bank die Bundesrepublik Deutschland als Kernland, um sich wirtschaftlich entwickeln zu können, und die ökonomisch-politische Elite brauchte die Deutsche Bank als Kristallisationspunkt, Steuerungs- und Koordinationsinstrument zur Machtausübung. Zumindest solange, wie die Wirtschaft sich selbst noch innerhalb nationaler Grenzen eingebunden sah. Damit wäre eigentlich Anfang der Neunzigerjahre Schluss gewesen, wenn nicht die deutsche Wiedervereinigung gekommen wäre, die dazu führte, dass viele Unternehmen den Blick noch einmal auf den nun vergrößerten Binnenmarkt richteten.

Schon Anfang der Neunzigerjahre war eigentlich klar, dass die Strukturen des deutschen Finanzmarktes keineswegs optimal waren und radikale Veränderungen vorgenommen werden müssten. Die Wiedervereinigung erwies sich jedoch als guter Vorwand, diese zu verschieben. Den nächsten Vorwand, um die Veränderungen aufschieben zu können, lieferte der mit der New Economy einhergehende Börsenboom Ende der Neunzigerjahre. Wieder hoffte man, dank dieser Sonderkonjunktur auf einschneidende Maßnahmen verzichten zu können. Die uneffektiven Strukturen wurden beibehalten und die überflüssigen Mitarbeiter weiter mit durchgefüttert. Dabei hätte sich jeder ausrechnen können, dass der Börsenboom genau so wenig von Dauer sein konnte wie das Wirtschaftswunder der Fünfziger- und Sechzigerjahre.

Aus heutiger Sicht kann man feststellen, dass Alfred Herrhausen wahrscheinlich der letzte Repräsentant der politisch-ökonomischen Elite war, die in den ersten Jahrzehnten den Ton in der Bundesrepublik Deutschland angaben. Unter Kopper zog sich die Deutsche Bank weitgehend aus den politischen Entscheidungen zurück, soweit sie nicht die konkreten Interessen der Bank betrafen. Dieses Verhalten fand man auch in anderen Teilen der deutschen Wirtschaft. Politisch-ökonomische Lösungen wurden allenfalls noch auf Länderebene in Abstimmung zwischen Managern und Politikern getroffen.

In Nordrhein-Westfalen war es der WestLB-Chef Friedel Neuber, der diesen Verbund, um nicht zu sagen, Klüngel, überwachte und führte. Die Partikularinteressen einzelner Industrien traten immer mehr in den Vordergrund und in Wettbewerb zueinander, ebenso wie die Sonderinteressen der einzelnen Bundesländer. Die Deutsche Bank richtete ihren Blick auf das internationale Geschäft und Deutschland wurde für sie nicht nur zu einem Markt wie viele andere, sondern sogar zu einem Markt mit besonders vielen Schwierigkeiten und geringen Gewinnchancen.

An dieser Stelle möchte ich die Eingangsfrage noch einmal mit einem etwas anderen Akzent stellen: Braucht die Deutsche Bank Deutschland in gleichem Maße wie BMW, die Bayerischen Motoren Werke, Bayern beziehungsweise Deutschland brauchen? Diese Frage mag vielleicht für manchen Leser zunächst abwegig klingen, sie ist es aber nicht. BMW hat allein deshalb eine so starke Marktposition, weil man deutsche Autos verkauft, selbst wenn sie in den USA hergestellt werden. Für technische Lösungen aus Deutschland und für deutsches Design ist man weltweit bereit, höhere Preise zu zahlen.

Innerhalb Deutschlands hat BMW sogar das beste Image von allen deutschen Konzernen, wie eine repräsentative Umfrage des Marktforschungsinstituts Inra im April 2003 feststellte. 94 Prozent der Befragten sagten, sie hätten einen sehr guten oder eher guten Eindruck von BMW. In derselben Umfrage stellte sich heraus, dass die Deutsche Bank eher ein schlechtes Image hat. »Sie ist bei Berufstätigen besonders schlecht angesehen, am schlechtesten bei den höheren Einkommen.«

Im internationalen Maßstab kann die Deutsche Bank erst recht nicht mehr mithalten. In der von der Agentur Interbrand und der Zeitschrift *Business Week* durchgeführten Umfrage zu den wertvollsten Marken der Welt taucht die Deutsche Bank unter den ersten hundert überhaupt nicht auf. Sie ist »ferner liefen«. Während Mercedes als erstes deutsches Unternehmen in diesem Ranking auf Platz zehn liegt und BMW immerhin auf Platz 20, taucht als erste Bank die Citibank auf Platz 13 auf. Andere Wettbewerber der Deutschen Bank wie Merrill Lynch (Platz 25) und Morgan Stanley (Platz 26) sind in diesem Markenranking ebenso zu finden wie Goldman Sachs (Platz 39).

Zum Finanzplatz Deutschland gezählt zu werden, ist also international eher ein Manko statt ein Vorteil. Und das ist kein Wunder, wenn man sich bankenspezifische Rankings anschaut. Das Institut für Bankinformation und Bankstrategie an der Universität Regensburg (IBI) kommt in seinem im Februar 2003 veröffentlichten EU-Ländervergleich zu dem Schluss, dass der deutsche Bankenmarkt nach dem österreichischen innerhalb Europas am stärksten fragmentiert ist. Gleichzeitig weisen die deutschen Banken die geringste Profitabilität auf.

In den meisten Ländern der EU ist nach der IBI-Analyse die notwendige Struktur- und Marktbereinigung im Bankensektor bereits weitgehend erfolgt. In Deutschland dagegen befindet sich die Branche noch mitten im Prozess der Konsolidierung. Der gemeinsame Marktanteil der fünf größten deutschen Banken ist mit lediglich 20 Prozent so niedrig wie in keinem anderen EU-Land. Die deutschen Banken weisen im europäischen Vergleich die mit Abstand niedrigste Eigenkapitalrendite auf. Sie liegt bei nur 5,1 Prozent, während sie beim Spitzenreiter Großbritannien satte 26,4 Prozent beträgt.

Es ist international also eher ein Manko, dem deutschen Finanzmarkt zugerechnet zu werden. Kein Wunder, dass sich die Deutsche Bank nach besten Kräften bemüht, alles andere sein zu wollen als eine deutsche Bank. Dabei ist die Deutsche Bank ohnehin die einzige deutsche Bank, die internationales Format hat, auch wenn sie nur noch als eine unter vielen rangiert. Der Marktwert lag Anfang 2003 bei 22,5 Milliarden Euro und damit kam der frühere Primus im internationalen Bankenranking nur noch auf Platz 22.

Der Mythos Deutsche Bank hat damit sein vorläufiges Ende gefunden. Denn alle Versuche, ihn wieder zu beleben, sind bisher fehlgeschlagen. Auch der Versuch, den politischen Einfluss der Bank wieder zu beleben, hatte keinen Erfolg. Als sich Josef Ackermann im Januar 2003 zur politischen und wirtschaftlichen Situation in Deutschland äußerte, erntete er kaum ein Echo. »Wir werden nicht mehr als politische und wirtschaftliche Lokomotive wahrgenommen, sondern gleichsam als Buddenbrooks der dritten Generation, als ›the next Japan‹.«

Niemand glaubte Ackermann das »Wir« so recht. Denn auch als Chef der Deutschen Bank wird er nicht als Deutscher, sondern eben als Schweizer wahrgenommen, der einen internationalen Konzern lenkt, das das Wort »deutsch« nur noch im Namen führt. Das Wir-Gefühl, das Herrhausen, Kopper und Breuer noch als Angehörige der Kriegs- und Nachkriegsgeneration repräsentierten, kann Ackermann in Deutschland nicht mehr erzeugen. Es ist ungefähr so, als wenn Bill Gates von Microsoft über »Wir Deutsche« spricht, bloß weil sein Betriebssystem hier auf den meisten Rechnern läuft. Wenn es ein deutsches Nationalgefühl gibt, schließt es die Bank nicht mehr mit ein. Und das ist sogar gut so.

Ein besonderes Problem dürfte in Deutschland darin bestehen, dass sich die derzeitige Regierung weitgehend von der Wirtschaft abgewendet hat und Lösungen nach eigenem Muster sucht. Bestes Beispiel ist die Diskussion um die Bad Banks, für die eine Lösung mit der Kreditanstalt für Wiederaufbau (KfW) gefunden wurde, die praktisch über Jahrzehnte hinweg nur ein Schattendasein führte und in der öffentlichen Diskussion kaum präsent war. Die deutschen Politiker wollen ihren Weg lieber mit staatlichen Institutionen gehen, die sie fest im Griff haben. Kurzfristige Erfolge in der öffentlichen Meinung haben Vorrang vor langfristigen Verbesserungen.

Und ebenso wenig wie sich die Deutsche Bank zukünftig mit der Politik einlassen möchte, will es diese mit der Deutschen Bank. Die Angst vor Überfremdung, die in Deutschland noch bis zum Ende der Achtzigerjahre herrschte, gibt es nicht mehr. Würde die Deutsche Bank jetzt von einem größeren internationalen Wettbewerber geschluckt werden, würde vielleicht gerade noch ein mittleres Beben durch die Wirtschaftsblätter gehen. Verspräche dieser dann den Erhalt oder sogar den Aufbau von neuen Arbeitsplätzen, würden ihn die Medien wahrscheinlich sogar als Retter und Helden feiern.

So bleibt Josef Ackermann zurzeit nichts anderes übrig, als abzuwarten und den Satz von Alfred Herrhausen »Wir müssen das, was wir denken, auch sagen. Wir müssen das, was wir sagen, auch tun. Und wir müssen das, was wir tun, auch sein.« ins genaue Gegenteil zu kehren. Je weniger die Deutsche Bank in die Öffentlichkeit tritt, desto besser für sie. Je weniger sie erklären muss, weshalb das, was noch vor zwei Jahren als richtige und gute Lösung galt, inzwischen gekippt wurde, desto leichter hat sie es, die aktuellen Pläne in aller Stille umzusetzen.

Die Deutsche Bank ist nicht mehr das, was sie war, und insofern ist sie nach wie vor ein Symbol für ganz Deutschland: Auch die Wirtschaftsnation Deutschland hat sich von den Spitzenplätzen verabschiedet, zumindest auf längere Zeit.

Anhang

Quellenverzeichnis

Seite 14:	Gall, Lothar u. a. (Hrsg.): *Die Deutsche Bank 1870–1995*, München 1995, Seite 7/8.
Seite 16:	Gall, Seite 52.
Seite 18:	1.: Zitelmann, Rainer: *Hitler. Selbstverständnis eines Revolutionärs*, Stuttgart 1991, zitiert in: Gall, Seite 320. 2.: Gall, Seite 348.
Seite 21:	*Der Spiegel* 7/1994, Seite 87.
Seite 32/33:	Gall, Seite 713.
Seite 34:	*Tagesspiegel* vom 4.7.2000.
Seiten 37 bis 40:	*manager magazin* 9/1994, Seite 32 ff.
Seite 41 f.:	Weidemann, Kurt (Hrsg.): *Alfred Herrhausen. Denken – Ordnen – Gestalten*, Berlin 1990, Alfred Herrhausen, Seite 81 ff.
Seite 45:	Balkhausen, Dieter: *Alfred Herrhausen, Macht, Politik und Moral*, Düsseldorf 1992, Seite 67.
Seite 48:	1.: *manager magazin* 5/1988, Seite 286. 2.: *manager magazin* 5/1988, Seite 282.
Seiten 49 bis 54:	Weidemann, Seite 299 ff.
Seite 54:	Veiel, Andreas: *Black Box BRD. Alfred Herrhausen, die Deutsche Bank, die RAF und Wolfgang Grams*, Zero Film GmbH 2001.
Seite 59 f.:	Veiel.
Seite 62:	1.: *manager magazin* 3/1996, Seite 131. 2.: Veiel. 3.: *manager magazin* 3/1996, Seite 124.
Seite 63:	*manager magazin* 9/1990, Seite 87.
Seite 69:	*Handelsblatt* vom 19.2.2003.
Seite 79 f.:	Weidemann, Seite 63.
Seite 91:	1., 2. und 3.: *manager magazin* 4/1996, Seite 48.

Seite 94:	*manager magazin* 5/1998, Seite 258.
Seite 107 f.:	*Financial Times Deutschland* vom 10.2.2003.
Seite 145:	*manager magazin* 9/1994, Seite 32.
Seite 149:	*Financial Times Deutschland* vom 24.10.2000.
Seite 153:	Internetseite Deutsche Bank http://www.pwm.db.com.
Seite 164:	*Der Spiegel* 13/1997, Seite 104.
Seite 175:	*Der Spiegel* 32/2000, Seite 76.
Seite 180:	*Der Spiegel* 32/2000, Seite 75.
Seite 188:	*manager magazin* 1/1999, Seite 69.
Seite 188 f.:	*manager magazin* 10/1998, Seite 17.
Seite 189:	*manager magazin* 1/1999, Seite 69.
Seite 190:	*manager magazin* 12/1999, Seite 58.
Seite 191:	Pressemitteilung der Deutschen Bank vom 5.4.2000.
Seite 196:	Pressemitteilung der Deutschen Bank vom 16.4.2003.
Seite 207:	1.: *Financial Times Deutschland* vom 10.4.2003. 2.: http://www.interbrand.ch. 3.: http://www.ibi.de.
Seite 208:	*Financial Times Deutschland* vom 17.1.2003.
Seite 209:	Balkhausen, Seite 15.

Die Geschichte der Deutschen Bank im Überblick

1870: Gründung der Deutschen Bank in Berlin.

Seit 1883: Beteiligung an internationalen Großprojekten, zunächst beim Eisenbahnbau.

1887: Einstieg in das industrielle Gründungsgeschäft.

1938: Hermann Josef Abs tritt in den Vorstand ein. Höhepunkt der »Arisierung« im Nationalsozialismus, an der auch die Deutsche Bank beteiligt ist.

1947/48: Die Deutsche Bank spaltet sich in den westlichen Besatzungszonen in zehn regional organisierte Teilbanken auf.

1952: Die zehn Teilbanken werden in drei Aktiengesellschaften zusammengefasst: Norddeutsche Bank AG, Rheinisch-Westfälische Bank AG, Süddeutsche Bank AG.

1957: Die drei Aktiengesellschaften werden zur Deutschen Bank AG mit Sitz in Frankfurt/Main zusammengefasst.

1957 bis 1967: Hermann Josef Abs ist Sprecher des Vorstandes der Deutschen Bank.

1959: Einstieg in das Privatkundengeschäft.

1961: Die Deutsche Bank ist Konsortialführer bei der Privatisierung des Volkswagenwerks.

1965: Die Bank ist maßgeblich an der Teilprivatisierung der Veba beteiligt. F. Wilhelm Christians tritt in den Vorstand ein.

1967 bis 1976: Franz Heinrich Ulrich ist Vorstandssprecher, von 1967 bis 1969 gemeinsam mit Karl Klasen.

1968: Wilfried Guth tritt in den Vorstand ein.

1970: Alfred Herrhausen tritt in den Vorstand ein.

1973: Mit dem Zusammenbruch des Festkurssystems beginnt die Zeit der Spekulanten.

1976 bis 1988: F. Wilhelm Christians ist Vorstandssprecher, bis 1985 gemeinsam mit Wilfried Guth und 1985 bis 1988 gemeinsam mit Alfred Herrhausen.

1977: Hilmar Kopper tritt in den Vorstand der Deutschen Bank ein.

1979: Ulrich Weiss tritt in den Vorstand ein.

1981 bis 1997: Ulrich Cartellieri ist Vorstandsmitglied.

1985: Rolf-E. Breuer wird Vorstandsmitglied.

1985 bis 30. November 1989: Alfred Herrhausen ist Sprecher des Vorstands der Deutschen Bank, von 1985 bis 1988 noch gemeinsam mit F. Wilhelm Christians.

1988: Michael Endres tritt in den Vorstand ein.

1988 bis 1999: Jürgen Krumnow gehört dem Vorstand an.

1988: Die Deutsche Bank übernimmt die konkursgefährdete Klöckner & Co AG.

1989: Mit der Übernahme der Morgan-Grenfell-Gruppe beginnt der Einstieg in das internationale Investment-Geschäft.

30. November 1989: Ermordung Alfred Herrhausens durch die Rote Armee Fraktion.

12. Dezember 1989 bis 1997: Hilmar Kopper ist Vorstandssprecher.

1990: Die Bank führt eine neue Organisationsstruktur ein mit den drei Unternehmensbereichen Privatkunden, Firmenkunden/Institutionen sowie Ressourcen & Controlling. John A. Craven und Carl L. von Boehm-Bezing treten in den Vorstand ein. Pirelli versucht vergeblich, die Continental AG zu übernehmen.

1991: Ronaldo Schmitz tritt in den Vorstand ein. Insider-Affäre bei der Deutschen Bank in Frankfurt.

1993: Die Sachsenmilch AG, die die Deutsche Bank 1991 an die Börse gebracht hat, geht in Konkurs. Die Schieflage der Metallgesellschaft wird bekannt.

1994: Pleite des Baulöwen Schneider.

1995: Edson Mitchell kommt zur Deutschen Bank und baut den Bereich Global Markets (Anleihen- und Devisengeschäft) auf. Der Unternehmensbereich Investment Banking wird neu strukturiert. Michael Philipp tritt in die Deutsche Bank ein und wird für den Bereich Global Equities verantwortlich. Die Bank 24 wird gegründet. KHD steht kurz vor dem Aus. Die Deutsche Bank hilft.

1996: Neustrukturierung der Bank in vier Unternehmensbereiche: Privat- und Geschäftskunden, Unternehmen und Institutionen, Investment Banking sowie Konzerndienste. Umbau des Privat- und Geschäftskundenbereichs. Schieflage im Fondsmanagement von Morgan Grenfell.

Mai 1996: Michael Dobson löst John Craven im Vorstand ab.

Oktober 1996: Josef Ackermann tritt in den Vorstand der Deutschen Bank ein und ist dort zuständig für das Investment Banking.

November 1996: Erster Börsengang der Deutschen Telekom unter Federführung der Deutschen Bank.

1997: Die Integration der Deutsche Morgan Grenfell ist abgeschlossen.

1997 bis 2002: Rolf-E. Breuer ist Vorstandssprecher der Deutschen Bank.

1999: Nach Abschluss der Übernahme von Bankers Trust wird die Deutsche Bank die größte Bank der Welt. Gründung der Deutsche Bank 24.

2000: Die Fusionsgespräche mit der Dresdner Bank werden im April abgebrochen. Edson Mitchell und Michael Philipp werden in den Vorstand berufen. Michael Dobson verlässt den Vorstand.

September 2000: Josef Ackermann wird zum Nachfolger von Rolf-E. Breuer erklärt.

2001: Die Deutsche Bank erhält zum 1. Februar eine neue Konzernstruktur, die im September weiter gestrafft wird.

3. Oktober 2001: Die Aktien der Deutschen Bank werden erstmals an der New York Stock Exchange gehandelt.

2002: Im Januar wird im Rahmen der Weiterentwicklung der Führungsstruktur ein Group Executive Committee eingerichtet.

März 2002: Michael Philipp scheidet aus dem Committee aus, sein Nachfolger wird Pierre de Weck. Für die Philipp Holzmann AG wird das Insolvenzverfahren beantragt.

April 2002: Die Deutsche Bank hat die im September 2001 bekannt gegebene Übernahme von Zurich Scudder Investments abgeschlossen und wird viertgrößter Vermögensverwalter der Welt.

22. Mai 2002: Josef Ackermann wird Vorstandssprecher der Deutschen Bank und Chairman des Group Executive Committees. Die neue Konzernstruktur wird personell wirksam. Die Hauptversammlung genehmigt ein 62 Millionen Euro großes Aktienrückkaufprogramm.

2003: Die Bank lagert ihre Informationstechnologie aus.

April 2003: Das Aktienrückkaufprogramm wird abgeschlossen.

Glossar

Cash Management: Verwaltung von liquiden Mitteln für Unternehmen und Finanzinstitute zur Optimierung von Finanztransaktionen.

Corporate and Investment Bank (CIB): Einer der drei Konzernbereiche der Deutschen Bank. Hier sind die Unternehmensbereiche Corporate Banking & Securities und Global Transaction Banking zusammengefasst, und zwar für private und öffentliche Institutionen sowie mittelständische und große Unternehmen.

Corporate Banking & Securities: Zu diesem Unternehmensbereich gehören die Verkaufs- und Handelsaktivitäten der Geschäftsbereiche Global Markets und Global Equities sowie das weltweite Corporate Finance-Geschäft.

Corporate Investments (CI): Einer der drei Konzernbereiche der Deutschen Bank, bestehend aus Private Equity, Immobilien und den traditionellen Industriebeteiligungen.

Corporate Trust & Agency Services: Treuhand- und Vermittlungsleistungen, die der Sicherstellung der reibungslosen Verwaltung von Aktien- und Rentenfinanzierungen dienen.

Debt Products: Handelbare Finanzinstrumente, die eine Verbindlichkeit oder einen Anspruch auf einen Vermögenswert darstellen.

Global Corporate Finance: Dieser Geschäftsbereich umfasst Mergers & Acquisitions (M&A) and Advisory, Equity Capital Markets, Credit Trading an Debt Products sowie Global Relationship Management.

Global Equities: Zum Geschäftsbereich Global Equities gehört das gesamte Aktiengeschäft, das sind Kassageschäfte, Analyse, Verkauf und Handel von Aktien, Strukturierung von und Handel in Aktienderivaten sowie Zusatzleistungen im Aktiengeschäft.

Global Markets: Der Geschäftsbereich Global Markets umfasst die Handels-, Verkaufs- und Research-Aktivitäten im Geschäft mit Devisen, Staats-, Unternehmens- und anderen Anleihen, u. a. Anleihen von Schwellenländern, mit börsennotierten und nicht börsennotierten Derivaten, mit Rohstoffen, strukturierten Transaktionen sowie mit Geldmarkt-, Repo- und Wertpapiertransaktionen.

Global Transaction Banking: Unternehmensbereich der Deutschen Bank, zu dem Corporate Trust & Agency Services, Global Trade Finance und Global Cash Management gehören.

Personal Banking: Als Personal Banking wird grundsätzlich das Geschäft mit Privatkunden, Geschäftskunden und kleineren Firmen bezeichnet. Bei der Deutschen Bank geht es um das Filialgeschäft einschließlich der ergänzenden Vertriebswege (Selbstbedienung, Online-Banking, Kartengeschäft). Das Private Banking gehört nicht dazu.

Private Banking: Geschäft mit vermögenden Privatkunden, die ihr Geld anlegen wollen.

Private Clients and Asset Management (PCAM): Einer der drei Konzernbereiche der Deutschen Bank. PCAM bestand Mitte 2003 aus zwei Einheiten: erstens Private & Business Clients, zweitens Private Wealth Management, Asset Management und Private Clients Services. Die erste Einheit wendet sich an vermögensbildende Privatkunden und kleinere Unternehmen, vor allem in Deutschland, Italien und Spanien, während das Private Wealth Management international für vermögende Privatkunden zuständig ist.

Private Equity: Private Equity bezeichnet grundsätzlich eine Kapitalbeteiligung an nicht börsennotierten Unternehmen. Bei der Deutschen Bank ist es Teil des Unternehmensbereichs Corporate Investments.

Literaturverzeichnis

Alfred Herrhausen Gesellschaft für internationalen Dialog (Hrsg.): Arbeit der Zukunft, Zukunft der Arbeit, Stuttgart 1994.

Ammann, Jean-Christophe u. a. (Hrsg.): Mr. Finanzplatz, Business ist Movement, München 2002.

Balkhausen, Dieter: Alfred Herrhausen. Macht, Politik und Moral, Düsseldorf 1992.

Bell, Daniel: Die nachindustrielle Gesellschaft, Frankfurt 1985.

Castells, Manuel: Das Informationszeitalter I, Die Netzwerkgesellschaft, Opladen 2001.

Caytas, Ivo G./Mahari, Julian I.: Im Banne des Investment Banking. Fusionen und Übernahmen überleben den Crash ’87, Stuttgart 1988.

Eglau, Hans Otto: Erste Garnitur. Die Mächtigen der deutschen Wirtschaft, Düsseldorf 1980.

ders.: Wie Gott in Frankfurt. Die Deutsche Bank und die deutsche Industrie, Düsseldorf 1989.

Engelmann, Bernt: Das ABC des großen Geldes, Köln 1985.

Fuhr, Eckhard: Geschichte der Deutschen 1949 –1990. Eine Chronik zu Politik, Wirtschaft und Kultur, Frankfurt 1990.

Gall, Lothar u. a. (Hrsg.): Die Deutsche Bank 1870–1995, München 1995.

Jaeggi, Urs: Kapital und Arbeit in der Bundesrepublik. Elemente einer gesamtgesellschaftlichen Analyse, Frankfurt 1974.

Knipp, Thomas: Der Machtkampf. Der Fall Metallgesellschaft und die Deutsche Bank, München 1998.

Krumnow, Jürgen/Gramlich, Ludwig (Hrsg.): Gabler-Bank-Lexikon, Wiesbaden 1999.

Landes, David: Wohlstand und Armut der Nationen. Warum die einen reich und die anderen arm sind, Berlin 1999.

Liedtke, Rüdiger: Wem gehört die Republik? 2003. Die Konzerne und ihre Verflechtungen, Frankfurt 2002.

Miegel, Meinhard: Die deformierte Gesellschaft. Wie die Deutschen ihre Wirklichkeit verdrängen, Berlin/München 2002.

Möntmann, Hans Georg: Die Bank als Räuber oder Wie nehmen wir den Kunden aus, München 2002.

Ogger, Günter: Das Kartell der Kassierer. Die Finanzbranche macht Jagd auf unser Geld, München 2001.

Oppermann, Christiane: Schwarzbuch Banken, München 2002.

Pfeiffer, Hermannus: Das Imperium der Deutschen Bank, Frankfurt 1987.

Pohl, Hans (Hrsg.): Deutsche Börsengeschichte, Frankfurt 1992.

Pohl, Manfred/Raab-Rebentisch, Angelika: Calendarium Deutsche Bank 1870–1997, München 1997.

Pritzkoleit, Kurt: Wem gehört Deutschland, Wien 1957.

Reuter, Edzard: Schein und Wirklichkeit. Erinnerungen eines Managers, Berlin 1998.

Scheuch, Erwin K. und Ute: Deutsche Pleiten. Manager im Größen-Wahn oder der irrationale Faktor, Berlin 2001.

Schmeh, Klaus: Die 55 größten Flops der Wirtschaftsgeschichte. Krimis, Krisen, Kuriositäten, Frankfurt/Wien 2002.

Schwarz, Friedhelm: Das gekaufte Parlament. Die Lobby und ihr Bundestag, München 1999.

Schwarz, Karl-Heinz/Uebbing, Helmut: Rückblick. 50 Jahre Wirtschaftspublizistische Vereinigung, Düsseldorf 1999.

Seagrave, Sterling: Die Herren des Pazifik. Das unsichtbare Wirtschaftsimperium der Auslands-Chinesen, München 1996.

Statistisches Bundesamt (Hrsg.): Statistisches Jahrbuch 2001 für die Bundesrepublik Deutschland, Wiesbaden 2001.

Toffler, Alvin: Machtbeben. Powershift. Wissen, Wohlstand und Macht im 21. Jahrhundert, Düsseldorf 1990.

Veiel, Andreas: Black Box BRD. Alfred Herrhausen, die Deutsche Bank, die RAF und Wolfgang Grams, Stuttgart 2002.

Weidemann, Kurt (Hrsg.): Alfred Herrhausen. Denken – Ordnen – Gestalten, Berlin 1990.

Weimer, Wolfram: Deutsche Wirtschaftsgeschichte. Von der Währungsreform bis zum Euro, Hamburg 1998.

Weltalmanach-Redaktion: Die Fischer Chronik Deutschland 1949–1999, Frankfurt 1999.

Es wurden außerdem Materialien aus dem eigenen Pressearchiv verwendet. Es enthält Pressemitteilungen, Geschäftsberichte, andere Unternehmenspublikationen, Zeitungs- und Zeitschriftenausschnitte sowie Ton- und Filmdokumente aus den Jahren 1985–2003, u. a. Veröffentlichungen aus: *Die Welt, Die Zeit, Financial Times Deutschland, Frankfurter Allgemeine Zeitung, Frankfurter Rundschau, Handelsblatt, Tageszeitung, Capital, Der Spiegel, Focus, Impulse, manager magazin, Wirtschaftswoche.*